ERMITAGE IMPÉRIAL

CATALOGUE
DE LA GALERIE DES TABLEAUX

PREMIER VOLUME

LES ÉCOLES D'ITALIE ET D'ESPAGNE

TROISIÈME ÉDITION

REVUE, AUGMENTÉE ET REMANIÉE PAR LE BAR. E. Brüningk ET A. Somoff

SAINT-PÉTERSBOURG
Imprimerie de la Cour Impériale C. Daline
(Perspective de Nevsky № 12)
1891

ERMITAGE IMPÉRIAL

CATALOGUE
DE LA GALERIE DES TABLEAUX

PREMIER VOLUME

LES ÉCOLES D'ITALIE ET D'ESPAGNE

TROISIÈME ÉDITION

REVUE, AUGMENTÉE ET REMANIÉE PAR LE BAR. E. Brüiningk ET A. Somoff

SAINT-PÉTERSBOURG

Imprimerie de la Cour Impériale C. Daline

(Perspective du Nevsky № 12)

1891

Permis d'imprimer

Direction de l'Ermitage Impérial.

IV

L'ERMITAGE IMPÉRIAL
(BEL ÉTAGE)

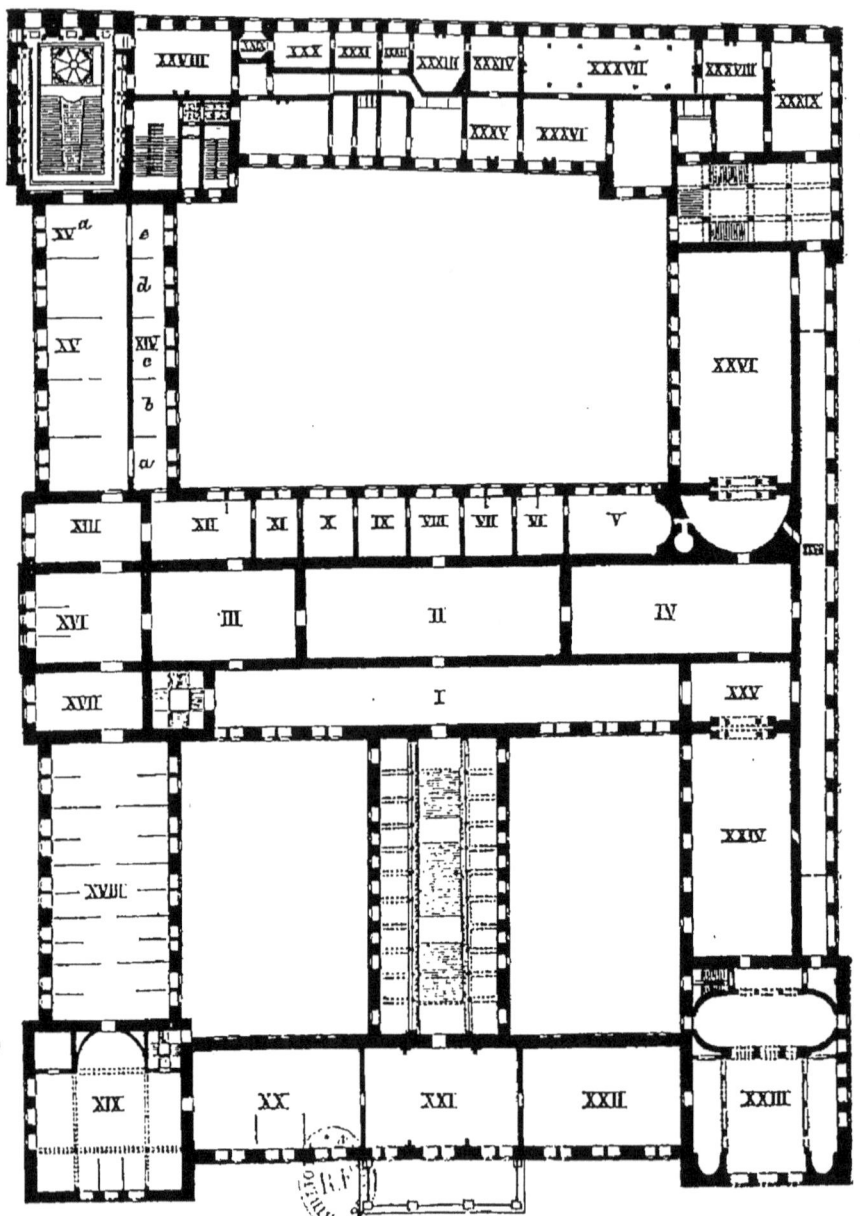

EXPLICATION

du plan de l'Ermitage IMPÉRIAL

BEL ÉTAGE

I. Galerie d'histoire de la peinture.
II. Tableaux italiens (de grandes dimensions).
III. Tableaux flamands (Rubens et ses imitateurs).
IV. Tableaux espagnols.
V. Fresques de l'école de Raphaël.
VI. Tableaux italiens (Beato-Angelico, Sandro Botticelli, L. da Vinci, Cima da Conegliano, Correggio, etc.).
VII. Tableaux italiens (Raphaël, G. Romano, Luini, Correggio).
VIII. Tableaux italiens (Tiziano, Giorgione, Palma, Bonifacio Veneziano, etc).
IX. Tableaux italiens (Tiziano, P. Veronese et autres maîtres vénitiens).
X. Tableaux italiens (Carracci, G. Reni, Domenichino, etc.).
XI. Tableaux de l'ancienne école allemande et de l'ancienne école néerlandaise.
XII. Tableaux de l'ancienne école allemande et de l'ancienne école néerlandaise (de plus L. Giordano et quelques autres italiens).
XIII. Tableaux italiens (Albani, P. da Cortona, C. Maratti etc.).
XIV. Tableaux hollandais et flamands: *a)* P. Potter, A. Cuijp, Camphuijsen, Wijnants, etc.; *b)* Teniers; *c)* Teniers et autres; *d)* et *e)* Wouwermann, van der Meulen et autres.
XV. Tableaux hollandais (Rembrandt et son école).
XVa. Ecole anglaise.

XVI. Tableaux flamands (esquisses de Rubens, etc.).
XVII. Tableaux allemands.
XVIII. Tableaux hollandais et flamands de petites dimensions).
XIX. Tableaux hollandais et flamands (Fleurs, Fruits, Nature morte, Animaux, Paysages).
XX. Tableaux français.
XXI.\
XXII.} Tableaux russes.
XXIII.\
XXIV.} Monnaies et Médailles.
XXV.∕
XXVI. Pierres gravées.
XXVII. Loges de Raphaël.
XXVIII—XXXIX. Ancien Ermitage (Quelques tableaux français, hollandais et flamands).

PRÉFACE

La galerie des tableaux de l'Ermitage, ainsi que ce musée en général, date des premières années du règne de Catherine II.

La prospérité de la Russie, le bonheur de ses sujets fut la constante préoccupation de l'illustre Souveraine. Au milieu de ses travaux incessants, elle aimait, pour se reposer, à passer les heures de loisir dans le cercle restrint d'une société qui savait joindre au charme des manières les agrements de l'esprit. Cette société d'élite se réunissait d'abord dans les salles du Palais d'Hiver; bientôt après, un bâtiment spécial, à côté du Palais, et nommé Ermitage, fut réservé à ces réunions. Là, se dépouillant du fardeau de la royanté, Catherine II devenait une femme du monde affable, charmant ses hôtes par les plus belles qualités de l'esprit et du coeur, auxquelles ses contemporains ont rendu de si fréquents et si légitimes tribus d'éloges. Là, banissant l'étiquette, elle cause avec Grimm, Orloff, Diderot, Potemkine, Harris, Zawadowsky, le prince de Ligne, Bezborodko, Ségur, Zouboff, Kobentzel, etc.; là, elle écoute les tragédies de Vonwiesen, les vers pompeux de Derjawine, ou bien se divertit aux spectacles d'amateur. Là encore, elle crée une bibliothèque composée des meilleurs ouvrages et rassemble des œuvres d'art de toute sorte, y compris les tableaux qu'elle fait acheter par ses correspondants chaque fois que l'occasion s'en présente, aux ventes des collections plus ou moins précieuses. Peu à peu, l'Ermitage de Catherine II, l'asile de ses divertissements, se transformait en un véritable musée qui, vers la fin de son règne, pouvait être mis au premier rang parmi les sanctuaires de ce genre en Europe. Son importance n'a fait que croître par la suite, grâce à l'acquisition des trésors artistiques dont les Héritiers de l'illustre Impératrice l'ont constamment enrichi.

L'édifice où se trouve ce musée a été d'abord un bâtiment annexé au Palais d'Hiver et qui s'appelle le «Pavillon de l'Ermitage», bâti en 1765 par l'architecte français Vallin de la Motte. La façade a conservé jusqu'à présent son aspect primitif, mais l'intérieur du bâtiment a été reconstruit par le professeur A. Stakenschneider, en 1859. A la magnifique salle de danse, au second étage, et au lieu même où s'élevait, du temps de Catherine II, une orangerie, il a ajouté un superbe jardin d'hiver empiétant sur le jardin suspendu, situé en plein air sur des arches, lequel date de la même époque et existe encore aujourd'hui. Des deux côtés de ce jardin s'étendent parallèlement deux galeries qui aboutissent au Pavillon; l'une, celle qui existait du temps de Catherine II, destinée maintenant à la collection des portraits de la Maison Romanoff, était, pour ainsi dire, le vestibule de l'Ermitage parce qu'il fallait la traverser pour pénétrer du Palais d'Hiver dans celui-ci; l'autre, celle où se trouvent le «Cabinet de Pierre le Grand» et la collection d'objets d'art et de bijoux, a été construite, sous le règne d'Alexandre I, par G. Quarenghi, là où, du temps de Catherine II, se trouvait une descente qui menait à l'étage inférieur.

Le second corps de l'Ermitage, qui s'étend le long de la Néva, réuni au Pavillon par un pont jeté à travers une ruelle, et formant un corridor, a été construit en 1775, sous la direction du professeur d'architecture J. M. Velten. De 1858 à 1859, cette partie, connue sous le nom de «Ancien Ermitage» (voir le plan XXVIII— XXXIX), a été reconstruite et restaurée par A. Stakenschneider; quant à la façade, elle est restée sans modifications notables. L'étage inférieur, à dater du règne de Nicolas I, a été le siège du Conseil de l'Empire et du Comité des Ministres, et ce n'est qu'en 1886 qu'il fut rendu à sa destination primitive; il est affecté maintenant à la section récemment ouverte des arts industriels du Moyen Age et de la Renaissance. Quant aux deux étages supérieurs, depuis Catherine II jusqu'en 1850, ils ont servi principalement à concentrer les collections de tableaux et d'autres objets d'art.

Après avoir érigé l'Ermitage, Catherine II fit joindre à cet édifice (voir le plan, XXVII) une galerie qui, par ses proportions et ses ornements, est la reproduction exacte des célèbres Loges de Raphaël, au Vatican, à Rome. Ces copies ont été faites par ordre de l'Impératrice, sous la surveillance du peintre Unterberger, au Vatican même, d'après l'original, à une époque où celui-ci était encore dans un meilleur état qu'aujourd'hui et que vers 1813 quand les Napolitains, qui occupèrent Rome, firent mettre des fenêtres aux arcades ouvertes de ces Loges à l'effet de préserver les peintures passablement endommagées par les intempéries.

Enfin, en 1780, Catherine II ajouta à l'Ermitage un théâtre pas trop spacieux mais élégant, relié à cet édifice par une salle reposant sur une arche jetée hardiment par dessus le Canal d'Hiver à sa sortie dans la Néva. Cette dernière construction, au lieu même où s'élevait le palais de Pierre le Grand, est due à G. Quarenghi.

A la mort de l'illustre Fondatrice de l'Ermitage, sous le règne des deux Empereurs qui lui succédèrent au trône, l'édifice n'ont subi aucun changement, bien que les nombreuses et importantes acquisitions de l'Empereur Alexandre I aient enrichi les collections au point que les salles furent surchargées de tableaux et d'autres objets d'art, repartis sans système rigoureux, dans des conditions défavorables de lumière et de distance.

L'idée d'écarter ces inconvénients et de transformer l'oeuvre de Catherine II en un véritable musée, accessible au public et organisé d'après un système sévère et rationnel, musée qui pût rivaliser, même par son extérieur, avec les premiers de l'Europe, cette belle idée vint au Monarque dont le nom est lié d'une manière indissoluble à l'histoire de l'art en Russie. Nicolas I ne se borna pas à faire de riches acquisitions pour l'Ermitage; il voulut le doter d'un nouveau bâtiment. L. de Klenze, architecte alors en renom, fut invité de Munich. D'après ses plans et sous sa direction, fut érigé de 1840 à 1849 le bâtiment principal de l'Ermitage, au lieu où s'élevait la maison Schépéleff. C'est dans ce nouvel édifice d'un grand luxe que l'on transporta de l'Ancien Ermitage, ainsi que des palais impériaux, les collections artistiques qu'avaient rassemblées les trois Monarques précédents et l'Auguste ami des arts. Tout le bel étage fut destiné à la galerie des tableaux. Une commission spéciale choisit, pour cette galerie, dans le grand nombre des tableaux, ceux des grands maîtres on bien ceux qui en général présentaient quelque intérêt pour l'histoire de la peinture; les autres furent répartis dans différents palais ou bien mis aux magasins de l'Ermitage et en partie vendus aux enchères, en 1853. L'inauguration solennelle du musée impérial renouvelé eut lieu le 5 février 1852. Dès lors la collection de tableaux, de même que les autres sections de l'Ermitage, n'a pas cessé d'être enrichie par des acquisitions faites pendant les dernières années du règne de Nicolas I, pendant celui de son successeur et pendant celui de Sa Majesté l'Empereur Alexandre III. Actuellement le nombre des tableaux exposés dans les salles de l'Ermitage dépasse celui de mille huit cents. En outre, dans diverses salles où le public n'a pas accès il se trouve nombre de tableaux d'une moindre valeur, qui, à défaut de place, ne peuvent figurer dans la galerie.

Il est intéressant de jeter un coup d'oeil retrospectif sur l'histoire de cette immense collection et d'énumérer les principales acquisitions qui l'ont formée.

Trois collections considérables, sous Catherine II, ont servi de base à ce musée. En 1769 fut achetée la collection de tableaux et de dessins originaux ayant appartenu au comte Henri de Brühl*), premier ministre d'Auguste II, roi de Pologne et électeur de Saxe. Parmi ces tableaux on remarque: l'Enlèvement d'Europe par Fr. Albani (№ 204), une Madone par Gr. Pagani (№ 249), Persée et Andromède, par Rubens (№ 522), un Portrait de Guillaume, prince d'Orange et de Nassau, par A. van Dyck (№ 611), trois tableaux de D. Teniers (№№ 696, 697, 710), deux portraits par Rembrandt (№№ 806, 808), la Réception de la missive, par Terborg (№ 872), deux Gaspard Netscher (№№ 884, 885), quatre Fr. van Mieris (№№ 915 — 918), trois A. van Ostade (№№ 956—958), toute une série de tableaux de F. Wouwerman (№№ 1000—1005, 1010, 1012—1014, 1017), deux J. van Ruysdaels (№№ 1138, 1145) et bon nombre d'autres tableaux de choix de l'école hollandaise et flamande.

Bientôt après, en 1771, Catherine II acquit, par l'entremise de Diderot, la galerie Crozat, baron de Thiers, lieutenant-général sous Louis XV. Le baron était neveu du célèbre amateur des arts, Joseph Antoine Crozat, marquis du Châtel, conseiller au parlement de Toulouse, plus tard maître des requêtes et lecteur du roi. Il avait réuni dans son hôtel de la rue Richelieu, à Paris, plus de quatre cents chefs d'œuvre qui, légués à un de ses neveux, furent vendus aux enchères en 1751. Profitant de cette occasion, le baron de Thiers acquit les meilleurs tableaux de son oncle et forma ainsi une galerie

---

*) „Recueil d'estampes gravées d'après les tableaux de la Galerie et du Cabinet de S. E. M. le comte de Brühl, etc. Dresde MDCCLIV", un volume in-folio. (Le second volume n'a pas paru). Dans le présent catalogue, lorsqu'il est question des gravures qui se trouvent dans ce recueil, nous ne citons pas le titre, nous bornant à l'abréviation suivante: „Recueil Brühl". Même procédé pour les autres recueils de gravures: „Recueil Crozat", „Recueil Cœsvelt", etc.

qui jouissait d'une réputation européenne *). Cette collection fournit à l'Ermitage encore un plus grand nombre de tableaux précieux que celle de Brühl. Nous nous bornons à citer les plus remarquables: la Madone avec St. Joseph imberbe et St. Georges, par Raphaël (№№ 37, 39) le Portrait du Cardinal Pole par S. del Piombo (19), une Madone par Fra Bartolommeo (№ 20), une Judith par Giorgione (№ 112), plusieurs esquisses de Rubens (№№ 567—572), la Vierge par van Oost (№ 663), quatre Portraits par A. van Dyck (№№ 628), 630—632), quelques tableaux de Rembrandt (№№ 802, 804, 819, 820, 822, 826), dans le nombre la Danaé, et de belles toiles dues au pinceau de N. Poussin, Coypel, Santerre, Mignard et autres maîtres français.

En 1779, l'Impératrice reunit à son musée les trésors qu'avait récelés Houghton-Hall, magnifique résidence de lord Walpole, comte d'Orford, premier ministre de George I et de George II d'Angleterre. Retiré de la vie publique et politique, cet homme d'Etat s'entoura, dans son château, de curiosités artistiques qu'il avait rassemblées en ami éclairé des arts. Horace Walpole, son fils, connu par son ouvrage: „Anecdotes of Painting in England", a fait paraître une description de la galerie de son père, ornée de fort belles gravures **). Elle contient une énumération complète et systématique de tous

---

*) „Catalogue des tableaux du Cabinet de M. Crozat, baron de Thiers. A Paris, chez de Bure l'aîné, quai des Augustins, du côté du pont St. Michel, à St. Paul MDCCLV". Plusieurs de ces tableaux figurent dans un ouvrage inachevé: „Recueil d'estampes d'après les plus beaux dessins qui sont en France dans le Cabinet du Roy, dans celui du Duc d'Orléans et dans d'autres cabinets etc., à Paris, de l'Imprimerie Royale MDCCXIX". 2 volumes in-folio, et dans la seconde édition (A Paris, chez Basan, MDCCLXXIII).

**) L'ouvrage a paru en 1747 sous le titre: „Aedes Walpolianae or a Description of pintures Houghton Hall, the Seat of the Right Honourable Sir Robert Walpole, Earl of Orford". Cet ouvrage, qui n'a pas été mis en vente, est d'une grande rareté. Il en parut dans la suite deux éditions, dont la dernière en 1767.

les objets d'art qui se trouvaient à Houghton-Hall y compris les portraits de famille, lesquels sont restés en Angleterre.

Parmi les tableaux de la galerie Walpole qui coûta à l'Impératrice 35,000 livres st. se trouvaient les œuvres suivantes exposées maintenant à l'Ermitage: la Déposition de la Croix par Parmigianino (№ 86), l'Adoration des bergers et les Pères de l'Eglise discutant sur l'Immaculée conception, par Guido Reni (№№ 182, 187), quatre Salvator Rosa (№№ 220—222, 225), dans ce nombre son chef-d'œuvre: L'Enfant prodigue, trois C. Maratta (№№ 302, 306, 307), quatre Murillo, parmi lesquels l'Adoration des bergers (363) et la Fuite en Egypte (368), treize Rubens y compris les admirables esquisses d'arcs de triomphe dressés en 1635 à Anvers à l'occasion de l'entrée dans cette ville du cardinal-infant Don Fernando (561—566), douze van Dyck, parmi lesquels la Vierge aux pedrix (603) et les portraits achetés aux héritiers du marquis Warton, dernier rejeton de l'illustre famille de ce nom (609, 610, 612, 615—621, 626), quatre Teniers (679, 688, 698, 706), le Sacrifice d'Abraham, par Rembrandt (792) etc. Les tableaux qui ont fait partie de la collection Walpole sont au nombre de 198, savoir: 79 tableaux italiens y compris quelques dessins, 75 allemands, 7 espagnols, 22 français, 5 anglais.

Outre les acquisitions ci-dessus mentionnées, Catherine II profitait de toutes les ventes de galeries célèbres pour y acheter ce qu'il y avait de plus remarquable. Voici les achats les plus importants:

Au mois d'avril 1772, eut lieu à Paris la vente publique du cabinet du duc de Choiseul, ministre de Louis XV. Elle comprenait 147 tableaux principalement des écoles flamande et hollandaise *). Le prince A. M. Galitzine,

---

*) Cent vingt trois tableaux de ce cabinet ont été gravés dans un ouvrage paru sous le titre: „Recueil d'estampes gravées d'après les tableaux du Cabinet de Monseigneur le Duc de Choiseul, par les soins du S-r. Basan. MDCCXXI. A Paris chez l'Auteur, Rue et Hôtel Serpente".

chargé par l'Impératrice de faire des acquisitions pour l'Ermitage, choisit dans cette collection onze chefs-d'œuvre parmi lesquels: un Enfant avec un chien et une Jeune fille avec des fleurs et des fruits, par Murillo (№№ 377, 378), Portrait d'une dame avec un enfant, par A. van Dyck (635), le Médecin, par Gérard Dow (903) deux Fêtes champêtres, par Teniers (№№ 674, 675), le Courre aux cerfs, par F. Wouwermann (№ 1034), un Paysage par Berchem (№ 1081). Tous ces tableaux ont été payés 107,904 livres, c'est à dire, à peu de chose près, le quart de la somme que la vente a atteinte.

A la vente du cabinet de Randon de Boisset, fermier général et ensuite receveur général aux finances, vente qui eut lieu à Paris en 1777, l'Impératrice fit acheter: une Halte de chasseurs par P. Potter (№ 1053) et plusieurs autres tableaux. Puis, un mois plus tard, à la vente de la galerie du grand prieur de France, prince de Conti, l'Impératrice fit faire des acquisitions importantes. Cette galerie comptait jusqu'à 900 tableaux dont 871 étaient portés sur le catalogue imprimé; la plupart de ces tableaux provenaient de la galerie du duc de Choiseul. Parmi les toiles du cabinet Conti achetées pour l'Ermitage, il faut mentionner une Sainte Famille par van der Werf (№ 985), un Château fort par J. van der Heyden (№ 1213) etc. Nombre de ces tableaux ne figurent pas dans le catalogue imprimé pour la vente, ce qui fait supposer qu'ils furent cédés à l'Impératrice avant l'enchère.

Cependant la plupart des tableaux du prince de Conti furent achetés à crédit par les marchands de curiosités Langlier et Lebrun, qui, dans la suite, ne furent pas en état de les payer. C'est pourquoi il y eut une seconde enchère, dont le catalogue comprenait 319 numéros. Mais à cette époque la passion pour les beaux-arts s'était refroidie: presque tous les tableaux provenant de la première vente du cabinet Conti furent adjugés avec perte. Dans cette dernière circonstance l'Impératrice fit acheter quelques tableaux qui d'ailleurs ne sont pas exposés maintenant à l'Ermitage.

En 1780, nouvelle acquisition de tableaux de choix qui faisaient partie de la fameuse galerie de Gerrit-Braamcamp d'Amsterdam, vendue aux enchères au mois d'août 1771. Par malheur, le vaisseau qui les transportait à St. Pétersbourg fit naufrage dans la mer Baltique, et l'Ermitage n'eut que le tableau de Mignard: le Retour de Jephté (№ 1455), expédié sur un autre bâtiment.

Quelques bons tableaux flamands et hollandais revinrent à l'Ermitage de la collection Dezalier d'Argenville, amateur éclairé des beaux-arts et auteur d'un ouvrage sur la vie des peintres. Il mourut en 1766. Sa collection fut vendue partiellement. Parmi les tableaux qu'elle a fournis à l'Ermitage une Scène d'hiver par Wouwerman (№ 1040) mérite une mention particulière. En 1780, furent achetés pour l'Ermitage les tableaux de la collection du comte Baudouin, à Paris, presque tous de prémier ordre. En outre des tableaux furent choisis dans les galeries de Gotzkowski, à Berlin, de Tronchin, à Genève, etc. L'Impératrice avait autorisé, à Paris, Diderot et Grimm; à Rome, R. Mengs à lui faire de semblables acquisitions.

Non contente de ces acquisitions si importantes, l'Impératrice commandait pour son compte des tableaux aux artistes célèbres de son temps. Parmi les peintres russes qu'elle fit travailler on peut citer A. P. Lossenko, A. M. Matwéieff, Th. A. Alexéieff, B. L. Borowikovsky, D. G. Levitsky, etc., et parmi les étrangers, R. Mengs, Angélique Kauffman, J. Vernet et J. Reynolds. Ce dernier eut la faculté de choisir le sujet d'un grand tableau et d'en fixer le prix. Encouragé par tant de munificence, le coryphée de l'école anglaise travailla „con amore" son Hercule enfant étouffant les serpents (№ 1391), allégorie éveillant l'idée d'une Russie jeune, mais déjà forte; c'est à bon droit le chef-d'œuvre de l'artiste.

A l'avènement de Paul I, il y eut comme un arrêt dans le développement qu'avait pris la galerie des tableaux. L'Ermitage, sous le règne de ce Monarque ne fit l'acquisition que de quelques tableaux dont les plus remarquables sont cinq beaux paysages par J. Vernet (№ 1549, 1550, 1554, 1556, 1559).

Cette période de stagnation ne dura par longtemps: l'Empereur Alexandre I, imitant son auguste Aïeule, se mit à enrichir la galerie par des acquisitions importantes profitant des occasions qui se présentèrent surtout vers le milieu de son règne.

En 1804, on acheta au comte de Narp un magnifique tableau de J. Miel, le Charlatan (№ 720), deux tableaux de J. Vernet (№ 1543, 1546), trois de J.-L. de Marne (№ 1521, 1522, 1525), un de L.-M.-A. Bilcoq (№ 1539), et du comte Boutourline deux J. Vernet (№ 1551 et 1552).

L'année 1815 fut particulièrement féconde en acquisitions. L'Ermitage s'accrut, cette année, de deux collections importantes tant par le nombre des tableaux que par leur valeur artistique. Premièrement, on acheta, pour la somme de 940.000 francs, 38 tableaux de différentes écoles du musée de la Malmaison, formé par l'impératrice Joséphine. Nombre de ces tableaux provenant de la collection du landgrave de Hesse, à Cassel, avaient été enlevés par les Français, en 1806. Parmi les tableaux de maîtres italiens, il faut citer: la Sainte Famille par A. del Sarto (№ 24), le Jeune Tobie par J. Biliverti (№ 245), Mater dolorosa par C. Dolci (№ 251) etc. Parmi les tableaux flamands et hollandais méritent une mention particulière les magnifiques toiles: un D. Teniers le jeune, les Arquebusiers d'Anvers (№ 672), la célèbre Ferme, la Vie du Chasseur et le Chien de basse-cour par P. Potter (№ 1051, 1052, 1055), les Anges annonçant aux bergers la naissance du Messie, par N. Berchem (№ 1070), trois vues des villes par J. van der Heijde (№№ 1206, 1207, 1211), etc. Quant aux tableaux français de la Malmaison, on peut citer les Quatre parties du jour par Claude Lorrain (№№ 1428—1431). Une autre collection, encore plus considérable que celle de la Malmaison, vint combler les lacunes qu'il y avait alors dans certaines écoles représentées à l'Ermitage d'une manière bien incomplète. L'Empereur acquit à Amsterdam, pour une somme relativement modique de 8,700 livres st.,' la collection de tableaux du banquier W.-G. Cœsvelt, ami éclairé des arts, qui, profitant des guerres dont l'Italie et l'Espagne étaient le théâtre, se créa une des plus riches galeries de l'Europe. L'Ermitage choisi d'abord 67 tableaux, puis encore 7. Les meilleurs, au nombre de cinquante-trois, sont exposés actuellement dans la salle espagnole à l'Ermitage.

En 1817, le musée de l'Ermitage recut 7 tableaux achetés au docteur Creighton, à St. Pétersbourg. On y remarque une belle étude de vieillard attribué à Velazquez (№ 424), une Marine par A. van Capelle attribuée à tort à Rembrandt (№ 831), un Paysage par C. Dujardin (№ 1089) et l'Improvisateur par Lingelbach (№ 1274).

En 1819, l'Empereur autorisa le prince Wassili Serguéevitch Troubetzkoy, son aide-de-camp général, d'acheter des tableaux à l'étranger lorsque l'occasion s'en présenterait. Cet ami éclairé des arts rapporta de ses voyages en France et en Italie: une Madone attribuée à R. Ghirlandaio (№ 31), une Sainte Famille attribuée à G. del Pacchia (№ 36), une Madone par le Titien (№ 93), l'Apparition du Christ ressuscité par An. Carrache (№ 174), la Madeleine par Dolci (№ 252), la Sainte Agnès par F. Vanni (№ 256), l'Adoration des Mages par C. Maratti (№ 303) et d'autres tableaux.

Outre la mission qu'il avait confiée au prince Troubetzkoy, l'Empereur en donna une semblable au baron D. Vivant Denon, directeur du musée du Louvre. C'est par son entremise que furent achetés, à diverses reprises, un grand nombre de tableaux plus ou moins précieux. Nous citerons: une Madone par J. B. Rosso de' Rossi (№ 32), une esquisse pour la Résurrection des Justes par Tintoretto, tableau qui orne la salle du Grand Conseil au palais des Doges à Venise (№ 133), le Martyre de St. Pierre et le Joueur de mandoline par M.-A. da Caravaggio (№№ 216, 217), une Pietà par L. Gior-

XVIII

dano (№ 291), l'Echelle de Jacob et Isaac bénissant Jacob par Murillo (№ 359, 360), trois fragments de tableau de F. Porbus le Jeune: Henri IV recevant les prévôts de Paris (№№ 487, 488, 489), l'Adoration des Mages par Lambert-Lombard (№ 491) et le Départ d'Abraham pour la terre de Chanaan par L. de la Hire (№ 1459).

La dernière acquisition faite pour l'Ermitage pendant le règne d'Alexandre I consistait en deux tableaux d'une grande valeur, qui avaient appartenu au peintre del Chiari: Bethsabée au bain par Al. Allori (№ 126) et la Circoncision par L. Cigoli (№ 246).

L'empereur Nicolas I ne cessa d'enrichir l'Ermitage qu'il aimait beaucoup et qu'il réorganisa complètement; parmi les acquisitions faites sous son règne, voici quelles sont les plus importantes:

En 1826, furent achetés aux héritiers du comte Miloradovitch neuf tableaux parmi lesquels: une Sainte Famille par C. Maratta (№ 299), un paysage par Zuccarelli (№ 325), un Concert par Ochterweldt (№ 891) et le Portrait de Gérard Dow peint par lui-même (№ 906). Les neuf tableaux ont été payés 21,800 roubles assignats.

En 1829, l'Ermitage s'accroît de trente tableaux de choix qui avaient figuré dans la galerie de la duchesse de Saint-Leu (ci-devant reine Hortense de Hollande). Ils furent payés 180,000 francs. Nous citerons: une Sainte Famille par G. Bugiardini (№ 29), un Portrait de jeune femme attribué à Aless. Bronzino (№ 125), un Saint Sébastien par Ribera (№ 331), un Portrait de famille par B. van der Helst (№ 778), le Portrait de Ph. van Dorp par Rembrandt (№ 828).

En 1831, s'est vendue à Paris la galerie de tableaux du prince de la Paix Manoël Godoy, ci-devant ministre du roi Charles IV d'Espagne et généralissime des armées espagnoles. A cette enchère l'Ermitage acquit, par l'entremise de M. Lafontaine, commissionnaire du gouvernement russe, trente-trois tableaux moyennant 567,935 francs, dans ce nombre: une Descente de croix par A. Carracci (№ 172), le Martyre de Saint Etienne par P. de

Cortone (№ 281), un Saint Jérôme par J. Ribera (№ 333), la Mort de Pedro Arbuez par Murillo (№ 374), le Christ devant Pilate par Honthorst (№ 746) etc.

En 1835, furent achetées, à la vente des tableaux de M. Gessler, consul général de Russie à Cadix, trente-deux toiles principalement de l'école espagnole. Voici celles qui méritent une mention particulière: une Adoration des Bergers par Murillo (№ 364), le Portrait du cardinal Puerto-Carrero par M. Cerezo (№ 434) et un St. Joseph par C. de Torres (№ 395).

Dans la même année, cinquante-et-un tableaux furent achetés à M. Paez de la Cadeña, ministre d'Espagne à la cour de Russie. Cette nouvelle acquisition agrandit notablement l'école espagnole où figurent maintenant: un Baptême du Christ et une Descente de croix par Valdes Leal (№№ 392, 393), un Paysage attribué à Velazquez (№ 425), la Visitation par A. del Castillo (№ 357), un St. Jean-Baptiste par Murillo (№ 376), un Portrait de vieillard par un peintre inconnu (№ 438) et Ste. Marie l'Egyptienne par M. Cerezo le Jeune (№ 351).

En 1836, M. Cœsvelt, auquel on avait acheté douze ans auparavant une collection de tableaux espagnols, vendit à l'Ermitage les meilleurs tableaux de sa galerie de Carlton-Terrace, à Londres *). Les plus remarquables sont: la Madone d'Albe par Raphaël (№ 38), une Sainte Famille par G. Romain (№ 57), les Saintes Femmes au sépulcre du Seigneur par An. Carracci (№ 173) et un Amour, attribué à Dominichino (№ 180).

La même année l'Empereur acquit, pour la somme de 100,000 roubles assig., quarante-deux tableaux de l'aide-de-camp général le prince A. Lobanoff-Rostovsky. La plupart de ces tableaux figurent à présent au palais du Kremlin, à Moscou.

---

*) Ces tableaux ont été reproduits en gravures dans l'ouvrage intitulé: „Collection de Monsieur W. G. Cœsvelt, de Londres. Londres chez Carpenter et fils, libraires, 14 Old Bond Street 1836".

XX

En 1838, le prince Lieven fit hommage à l'Empereur de six tableaux qu'il avait rapportés d'Italie. Le plus remarquable est une ancienne copie de Judith d'après Cr. Allori (№ 248).

L'année suivante, six tableau de l'école italienne furent achetés à Munich, du peintre Noé, moyennant 140,000 roubles assignats: une Madone attribuée à And. del Verrocchio (№ 1), une Sainte Famille attribuée à Ghirlandajo (№ 30), la Fornarine par G. Romano (№ 58), David tenant la tête de Goliath par Guido Reni (№ 181), une Sainte Famille qui était considérée comme un original du Titien, attribuée maintenant à Bonifacio Veneziano le Jeune (№ 107), et enfin une copie d'après Raphaël laquelle ne figure plus à l'Ermitage.

En 1845, l'Ermitage reçut la collection de tableaux, de sculptures et d'objets d'art que le grand chambellan D. P. Tatistcheff avait léguée à l'Empereur. Parmi les tableaux que cet amateur avait réunis, principalement pendant son séjour à Vienne où il fut ambassadeur de Russie, on peut citer une copie par M. Oggione de la Sainte Cène de Lionardo da Vinci (№ 16), une Sainte Famille par G. Bugiardini (№ 35), une Madone avec Ste. Catherine par G. Francia (№ 70), Célestine et sa fille par Murillo (№ 375), une Madone par L. Moralès (№ 400), un diptyque représentant le Crucifiement et le Jugement dernier par J. van Eijck (№ 444), etc.

En 1850, la galerie de l'Ermitage s'accroît considérablement. Ce sont d'abord les meilleurs tableaux de la galerie Barbarigo, qui attirait, à Venise, tant de voyageurs dans le palais de cette noble famille. Le catalogue de cette galerie publié en 1845 par le peintre G.-C. Bevilaqua comprend 102 tableaux. Cette acquisition fournit à l'Ermitage toute une série d'œuvres du Titien (№№ 94—99, 101), entre autres la Madeleine repentante et la Toilette de Vénus; puis un Portrait d'homme et une esquisse: l'Enfant Jésus prêchant au temple par P. Véronèse (№№ 153, 142). Dans le courant de la même année, trente tableaux de premier ordre, ayant appartenu à la galerie privée du roi Guillaume II des Pays-Bas, entrèrent à l'Ermitage à la mort de ce monarque. Cet achat, qui monta à 173,823 florins, fut fait de l'assentiment de Sa Majesté par M. F. Bruni, alors directeur de la seconde section de l'Ermitage. Voici quels sont ces tableaux: une Descente de croix par S. del Piombo (№ 18), un Portrait de vieillard par Raphaël (№ 40), un Portrait de femme (la Colombine) par B. Luini (№ 74), un Portrait de jeune homme par A. Allori (№ 127), la Fuite en Egypte par G. Reni (№ 184), le Martyre de Ste. Catherine par Guercino (№ 240), les Portraits en pied du roi Philippe IV d'Espagne et du comte Olivarez par Velazquez (№№ 419, 421), l'Annonciation par J. van Eijck (№ 443), la partie droite d'un tableau qui a été partagé à cette époque: Saint Luc dessinant l'image de la Sainte Vierge, par R. van der Weiden (№ 445), le Couronnement de la Vierge par Quintin Matsys (№ 449), une Descente de croix par Bernard van Orley (№ 474), enfin un grand tableau de famille par B. van der Helst (№ 777).

En 1852, M. Bruni fut envoyé à Paris pour assister à la vente de la galerie du maréchal Soult, duc de Dalmatie. Cette collection par la richesse des tableaux espagnols était unique dans son genre. Le digne représentant de l'Ermitage y acquit un Portement de croix par S. del Piombo (№ 17), le St. Laurent par Zurbaran (№ 349), Saint Pierre aux liens par Murillo (№ 372), une ancienne copie du même artiste: Jésus-Christ et St. Jean-Baptiste (№ 382) et St. François d'Assise par Gomez (№ 386). En même temps M. Bruni acheta à la vente de la galerie Morny un Portrait d'homme, attribuée à Rembrandt (№ 815), et à la vente des tableaux de la baronne d'Este, l'Apparition de la Vierge à un dominicain par A. Cano (№ 354), et à M. Laneuville, un chef-d'œuvre de Murillo, la Vision de St. Antoine de Padoue (№ 373).

L'Empereur Alexandre II s'interessa vivement à la prospérité de l'Ermitage, qui pendant son règne s'agrandit de plus en plus, non de collections entières, mais de tableaux séparés achetés à divers termes: la Vierge avec l'Enfant Jésus par A. Baldovinetti (№ 2), un St. Sébastien par B. Luini (№ 73), un Portrait d'homme par Ph. de Champaigne (№ 664) et quelques tableaux qui ne sont par exposés dans la galerie. Outre les œuvres de maîtres anciens, l'Ermitage s'enrichit de quelques tableaux d'artistes russes: I. K. Aïvazowsky, A. P. Bogoliouboff, G. P. Willewald, T. A. Neff, C. E. Makowsky, le comte A. N. Mordvinoff.

Abstraction faite de tableaux achetés isolément, trois acquisitions sont à noter sous le règne de l'Empereur Alexandre II. En 1861, on acheta avec une partie des objets du musée du marquis Campana, à Rome, huit fresques de l'école de Raphaël, qui avaient orné la Villa-Mils et dont l'une provenait de la Villa-Raphaël (№ 47—55). En 1864, furent acquis huit tableaux de la collection du conseiller privé Fonton, autrefois ministre de Russie en Suisse; dans ce nombre mérite une mention particulière une Marine par J. Asselijn (№ 1066a). En 1866, M. Guédéonoff, alors directeur de l'Ermitage, fut autorisé par l'Empereur à acquérir pour 100,000 fr. quatre tableaux de la galerie du comte de Litta, à Milan, galerie qui eut une renommée européenne. Voici quelles sont ces œuvres: la Vierge nourrissant l'Enfant Jésus par L. da Vinci (№ 13a), Apollon et Marsyas par Correggio (№ 82) et un Madone par Sassoferrato (№ 260a).

A l'avènement au trône de Sa Majesté l'Empereur Alexandre III, la galerie de l'Ermitage s'agrandit considérablement. Rappelons d'abord qu'en 1880—1881, deux chefs-d'œuvre sont légués à l'Ermitage par feu l'Impératrice Marie Alexandrovna: la Madone Conestabile, par Raphaël (№ 1667) et Saint Jean l'Evangéliste, par Domenichino (№ 1643).

En 1886, Sa Majesté l'Empereur ordonna d'acquérir du prince S. M. Galitzine, pour 800,000 roubles, le célèbre musée Galitzine, à Moscou (musée qu'avaient créé les ancêtres du prince) avec tous les objets qu'il renfermait, y compris une riche bibliothèque. La principale partie de ce musée qui, par ordre de Sa Majesté, fut annexé à l'Ermitage consistait en 182 tableaux. Les plus remarquables, au nombre de 74, sont répartis dans les salles de l'Ermitage, selon les écoles auxquelles ils appartiennent; ceux de moindre importance sont placés dans divers appartements du Palais d'Hiver; d'autres, conformément à la volonté de Sa Majesté, ont été expédiés au Musée Radischteff, à Saratow. Parmi les tableaux de la collection Galitzine, qui figurent à l'Ermitage, il faut mentionner: un beau triptyque représentant le Crucifiement, œuvre de la jeunesse de Raphaël (№ 1666), l'Annonciation, tableau capitale de Cima da Conegliano (№ 1675), St. Charles Borromée et une Descente de croix par An. Carracci (№№ 1649, 1677), l'Allégresse des Israélites après le passage la mer Rouge, par Domenichino (№ 1644), le Triomphe de Galatée par C. Maratti (№ 1651), Saint Jean l'Evangéliste et Tobie avec l'ange par C. Dolci (№№ 1639, 1640), une petite Vue de Venise par A. Canale (№ 1648), la Vierge avec l'Enfant Jésus par Rubens, un Portrait de femme par P. Faes, Loth et ses filles par A. van der Werff, un Paysage par N. Berchem, quelques Vues par P. Nefs, un Paysage par J. Wouwerman, Chevaux se baignant par Ph. Wouwerman, un Portrait de Louis XIV à cheval par A. van der Meulen, le Portrait de R. Mengs par lui-même, deux petits tableaux de J. A. Demarne etc.

Outre les deux acquisitions importantes dont il a été fait mention ci-dessus — les deux chefs-d'œuvre de l'école italienne légués par l'Impératrice Marie Alexandrovna et les tableaux du musée Galitzine — la galerie de l'Ermitage s'est considérablement accrue par plusieurs tableaux anciens dont l'importance n'échappera pas à tous de ceux qui s'intéressent à l'histoire de la peinture ancienne. Ainsi, en 1882, avec l'assentiment de Sa Majesté, on fit une révision de tous les tableaux disséminés dans les divers palais et pavillons Impériaux aux environs de St. Pétersbourg, et on en choisit 32 jugés dignes de figurer à l'Ermitage. En 1882 et en 1886, Sa Majesté l'Empereur fit don à l'Ermitage de deux tableaux, vrais chefs-d'œuvre de l'école italienne, qui sont d'autant plus précieux que la section italienne de la galerie, surtout pour la première époque de la Renaissance, est bien pauvre. Ce sont Saint Dominique et Saint Thomas d'Aquin adorant la Vierge, fresque par Beato Angelico (№ 1874), achetée à Florence, en 1882, des peintres A. Mazzanti et C. Conti pour 46,000 francs. Puis, deux parties du triptyque dépareillé: Constantin embrassant le christianisme par A. del Castagno, achetées en 1886, à Rome, et provenant de la galerie Alberici. Par un heureux hasard on put compléter en 1884 le précieux tableau de R. van der Weiden: l'Evangéliste St. Luc dessinant le portrait de la Vierge (№ 445), tableau dont l'Ermitage ne possédait que la partie droite, — on put le completer en achetant, à Paris, chez le marchand de tableaux A. Behr, pour 60,000 francs, la partie gauche qui avait appartenu à la reine Isabelle d'Espagne. En 1886 on acheta à M. Kauffmann, à St. Pétersbourg, pour 8,000 roubles, deux tableaux qui avaient orné les châssis du triptyque: Guérison de l'aveugle de Jéricho par Lucas de Leyde (№ 468), et de cette manière on put reconstruire cette œuvre capitale du célèbre artiste. Enfin, la galerie de l'Ermitage s'agrandit les derniers temps de 7 tableaux de bataille d'anciens peintres hollandais, peintures provenant de l'ancien Arsenal de Tsarskoë-Sélo; puis, par l'acquisition d'œuvres de peintres qui n'étaient pas encore représentés ou bien qui l'étaient d'une manière peu satisfaisante. C'est ainsi qu'entrèrent dans la galerie: deux portraits dus au pinceau de G. Gorzius, un Intérieur d'église par G. J. van Baden, une Vue aux environs de Harlem par A. van Croos, un Paysage hollandais par Coelenbier, St. Jean-Baptiste prêchant dans le désert, par P. Brueghel d'Enfer, une Tête de jeune fille, par J.-B. Greuze, un Portrait de femme par D. Levitsky et le Portrait de Tourguéneff, don de M-me Viardot, une des meilleures toiles du peintre russe A. A. Kharlamoff. Actuellement l'administration de l'Ermitage tâche surtout de combler les lacunes, c'est-à-dire, compléter la galerie, autant que le permettent les ressources et les occasions, d'artistes que l'Ermitage ne possède par encore, afin de donner autant que possible à la section des tableaux l'importance d'une histoire complète de la peinture.

Toute galerie de tableaux, et à plus forte raison quand elle est vaste et précieuse comme celle de l'Ermitage, gagne beaucoup au point de vue de instruction, quand il existe une description exacte des œuvres qu'elle renferme. C'est de cette pensée que s'inspira l'Impératrice Catherine II, lorsqu'elle ordonna, en 1774, de publier le premier catalogue des tableaux de l'Ermitage, petit volume in-12⁰ intitulé: «Catalogue des Tableaux qui se trouvent dans les Galleries et dans les Cabinets du Palais Impérial de St. Pétersbourg». Cet ouvrage n'a que 176 pages dont six en blanc pour y inscrire les tableaux qui devaient entrer ultérieurement; il renferme un court inventaire de 2,080 tableaux et est suivie du «Catalogue des Migniatures, Peintures en émail et à gouache, faisant partie des Tableaux de Sa Majesté Impériale» (pages 177—192 dont quatre en blanc), dans lequel il est fait mention de 77 pièces. Mais ce petit inventaire a été dressé à la hâte, les tableaux y sont inscrits pêle-mêle, sans indication des dimensions. L'exemplaire que possède l'Ermitage, outre les 2,080 numéros, en porte encore 125 inscrits à la plume sur les pages en blanc. Ce catalogue étant devenu une rareté bibliographique, M. Paul Lacroix (le Bibliophile Jacob) a cru utile de le réimprimer sans changements, en 1860, dans le XII volume de la Revue universelle des arts.

Vers la même époque, Catherine II chargea le comte Ernest Munnich [*]) de faire un catalogue plus détaillé de sa galerie. Ce travail commencé en 1773 fut achevé en 1783. Il ne fut pas imprimé et est resté en manuscrit dont deux exemplaires, chacun en deux volumes, se trouvent à la bibliothèque de l'Ermitage.

[*]) Le comte Ernest Gustave de Munnich, fils du comte Jean Ernest et de la comtesse Anne Dorothée, née baronne Mengden, mourut général-major en 1812.

XXVI

Le troisième volume, renfermant un supplément, fut achevé en 1785. D'après ce catalogue, le nombre des tableaux, dans les galeries, salons et cabinets du Palais Impérial, montait à 2,658. Actuellement, plusieurs ds ces tableaux ne sont plus à l'Ermitage: les uns, comme nous l'avons dit plus haut, ont été répartis dans divers palais de St. Pétersbourg; d'autres ont été donnés par l'Impératrice à des personnes de sa cour; quelques-uns ont été, par ordre de l'Empereur Nicolas I, vendus aux enchères; un certain nombre enfin a été remis à l'Académie Impériale des beaux-arts et au Musée Radistcheff, à Saratoff. Malgré bien des erreurs et des inexactitudes, l'ouvrage du comte Munnich sert encore de guide précieux pour l'étude des tableaux de l'Ermitage.

Sous l'Empereur Paul I, il fut ordonné de faire une révision de tous les objets d'art conservés à l'Ermitage, d'apposer le cachet aux initiales de l'Empereur sur les tableaux, dessins, gravures, et d'instituer une commission composée des membres de l'Académie des beaux-arts: Akimoff, Ougrumoff, Gordéieff, Koslowsky, Rodcheff, Voïnoff et de F. Labensky, à l'effet de dresser un catalogue de la galerie des tableaux. Ce catalogue rédigé en russe n'a pas été imprimé; son laconisme rappelle plutôt un simple inventaire, et ce qui est plus grave, on y relève de nombreuses erreurs. 3.996 tableaux y sont portés.

En 1838, parut le deuxième catalogue imprimé, rédigé en français par M. Planat, adjoint de M. F. Labensky. Cet ouvrage devenu bien rare porte le titre: «Livret de la Galerie Impériale de l'Ermitage de St. Pétersbourg, contenant l'explication des tableaux qui la composent, avec de courtes notices sur les autres objets d'art ou de curiosité qui y sont exposés. St. Pétersbourg, de l'Imprimerie d'Edouard Pratz et C-ie. 1838» (531 pages in 8⁰). On y trouve la description de 1.683 tableaux, sans compter les miniatures, les sculptures, vases et autres objets d'art qui se trouvaient alors à l'Ermitage. Les tableaux y sont mentionnés sans système, sans critique sérieusee quant aux écoles auxquelles ils appartiennent, tout simplement d'après leur disposition dans les appartements de l'Ermitage.

Lorsque la galerie fut instalée dans le nouveau bâtiment et transformée en un musée rationnellement organisé, ouvert au public, l'urgence d'un guide-manuel se fit vivemeut sentir. C'est pour y répondre que parut, en 1860, un catalogue rédigé par M. Gille, conservateur à cette époque de la 1-re section de l'Ermitage, et par le baron de Köhne, conseiller de l'Ermitage: «Musée de l'Ermitage Impérial. Notice sur la formation de ce musée et description de diverses collections qu'il renferme, avec une introduction historique sur l'Ermitage de Catherine II. Saint-Pétersbourg, Imprimerie de l'Académie Impériale des sciences 1860» (XXXII et 384 pages in 8⁰, avec deux plans). Ce catalogue ne fait mention que des objets qui étaient exposés dans les salles du rez-de-chaussée, et parmi ces objets, 111 tableaux de l'école italienne. Une traduction russe de ce livre fut publiée l'année suivante.

Ce guide incomplet du Musée Impérial fut bientôt reconnu defectueux par suite de changements dans la disposition des collections et aussi par suite du transport de la bibliothèque et des manuscrits de l'Ermitage à la Bibliothèque Impériale Publique. C'est pourquoi, dès l'apparition de l'ouvrage de M. Gille et du baron de Köhne, on se mit à préparer de nouveaux catalogues complets et systématiques et dans ce nombre un nouveau catalogue de la galerie des tableaux. Pour assurer à ce travail une valeur scientifique et redresser les erreurs qui auraient pu s'y glisser, il fut jugé utile de recourir aux lumières d'un célèbre connaisseur et critique d'art M. le professeur G.-F. Waagen, directeur de la galerie des tableaux du Musée de Berlin, qui dans ce but est venu à St. Pétersbourg en 1861 et en 1862. Après un long et minutieux examen des tableaux de l'Ermitage, l'honorable savant fit faire quelques déplacements, fit enlever de la galerie les tableaux qui, selon lui, n'étaient pas dignes de figurer dans la collection, donna de précieuses indications sur les peintres de certains tableaux et contribua en général par ses connaissances à la composition du catalogue publié en 1863, en russe et en français, sous le titre: «Ermitage Impérial. Catalogue de la galerie des tableaux. Saint-Pétersbourg. Imprimerie Centrale du Ministère des Finances» (XXXVI, 365 pages in-12 y compris un plan du bel-étage de l'Ermitage).

De 1869 à 1871 parut seconde édition de ce catalogue, revue et considérablement augmentée. On y trouve la description détaillée des tableaux, des indications sur leur provenance, sur les œuvres analogues figurant dans d'autres musées, sur les meilleures gravures exécutées d'après ces tableaux, etc. Ce catalogue parut en 3 volumes; il est dû à la plume du baron de Köhne, qui, outre les indications de M. Waagen, profita pour son travail des remarques et rectifications que lui communiquirent les fameux critiques de Paris: Burger (Thoré) et Paul Lacroix. Dans cette édition sont décrits 1.642 tableaux, répartis par écoles, dans l'ordre historique, avec le classement des peintres en idéalistes, en naturalistes, en éclectiques, etc. Cette seconde édition du catalogue a été réimprimée plusieurs fois sans le moindre changement et a servi jusqu'à ce jour de guide pour étudier la galerie de l'Ermitage.

En dehors des publications officielles ont paru, à diverses époques, quelques ouvrages relatifs à l'Ermitage.

De 1805 à 1809, deux volumes in-4°, en français et en russe: «Galerie de l'Ermitage, gravée au trait d'après les plus beaux tableaux qui la composent. Avec la Description historique, par Camille de Genève. Ouvrage approuvé par S. M. I. Alexandre I et publié par F. X. Labensky. A. St. Pétersbourg chez Alici, Libraire de la Cour, et à Londres chez Boydel. De l'Imprimerie de Schnor. MDCCCV—MDCCCIX». Ce recueil contient 75 estampes gravées au trait par Sanders, Skotnikoff, Podolinsky, Tchessky et Kohlmann d'après les dessins de

Reichel, Jakovleff, Schoustoff, Mikhaïloff, etc. En outre, 23 planches furent préparées par ces artistes pour le 3-me volume qui n'a pas été publié *).

En 1827 a été édité par J. G. Schintzler un guide en français sous le titre: «Notice sur les principaux tableaux du Musée Impérial de l'Ermitage. A St. Pétersbourg, chez J. Brieff, Libraire et éditeur de musique, commissionnaire des théâtres impériaux, ainsi que de l'Université de Kharkoff. Grande Morskoï, maison Gonoropoulo. A. Berlin, chez T. Trautwein, Libraire et éditeur de musique» (in-16°, XII et 155 pages avec une lithographie représentant l'édifice de l'Ermitage). Ce livre fut utile en son temps, surtout aux touristes qui visitaient St. Pétersbourg.

De 1845 à 1847 paraissait l'ouvrage intitulé: «Galerie Impériale de l'Ermitage, lithographiée par M-rs Dupressoir, Huot, Emile Robillard, Hippolyte Robillard, etc., artistes français. Imprimée par Paul Petit. Ouvrage dédié à Sa Majesté l'Impératrice. Sous la protection spéciale de Sa Majesté l'Empereur. Editeurs: Gohier Desfontaines et Paul Petit. Saint-Pétersbourg». Cette publication se composait de 30 livraisons formant deux volumes; outre les portraits de l'Empereur Nicolas I, de l'Impératrice Alexandra Fedorovna (d'après deux originaux), du Grand Duc Héritier Alexandre Nicolaevitch, du Grand Duc Constantin, elle renferme 120 planches avec texte explicatif en russe et en français. De même que l'ouvrage de F. Labensky, ce recueil resta inachevé. Les planches augmentées de quelques nouvelles lithographies parurent en 1866, dans une édition au prix réduit, avec le titre russe seulement et sans texte.

En 1859, le besoin qui se faisait sentir d'un guide à la portée de tout le monde donna naissance au livre intitulé: „Картины Императорскаго Эрмитажа. Для посѣтителей

---

*) Ces planches, de même que celles qui ont servi à la première édition, sont conservées à l'Ermitage; on peut en recevoir de fort bonnes épreuves.

этой галереи составилъ А. Сомовъ. Санктпетербургъ. Въ типографіи Александра Якобсона" (177 pages in-12). Bien que ce guide laissât beaucoup à désirer parce que l'auteur était encore peu versé dans l'histoire des beaux-arts et n'avait qu'une connaissance superficielle des galeries de tableaux en Europe, le public accueillit ce livre avec bienveillance. Il fut bien vite épuisé.

En 1872, parut à Leipzig, chez M. Drugulin, un recueil d'eaux-fortes de N. S. Mossoloff, reproduisant les tableaux choisis de l'Ermitage. Outre ce recueil intitulé: «Les Chefs-d'œuvre de l'Ermitage Impérial à St. Pétersbourg», M. Mossoloff fit paraître, en 1876, chez le même éditeur, un autre recueil intitulé: «Les Rembrandts de l'Ermitage Impérial» comprenant 40 eaux-fortes d'après les tableaux de Rembrandt.

La professeur Waagen, ne s'étant pas borné à être le collaborateur du premier catalogue raisonné de la galerie des tableaux de l'Ermitage, déposa le résultat de ses études sur ces tableaux dans un ouvrage intitulé: «Die Gemäldesammlung in der Kaiserlichen Ermitage zu St. Petersburg, nebst Bemerkungen über andere dortige Kunstsammlungen, von D-r. G. F. Waagen, Munchen. Fr. Bruckmanns Verlag, 1864». Six années plus tard, en 1870, ce travail estimable, tout en étant un peu vieilli, parut sous la forme de seconde édition à St. Pétersbourg, chez le libraire Röttger.

Enfin il nous teste à rappeler que des photographies ont été faites d'après les tableaux de l'Ermitage. Une série de ces photographies en grand et en petit format a été publiée, avec la permission de Sa Majesté, par Röttger. Celles qui reproduisent les tableaux de Leonard de Vinci, de Raphaël, du Corrège, de Gérard Dow et des peintres anglais, sont accompagnées d'un texte explicatif en russe, en français et en allemand. Puis, en 1882, l'éditeur bien connu A. Braun, à Dornach, a reproduit, avec l'autorisation de Sa Majesté l'Empereur, les meilleurs tableaux de l'Ermitage, au nombre de 388. Ces photographies sont exécutées d'une manière artistique, sans retouches; elles sont inaltérables et donnent le mieux l'idée des chefs-d'œuvre de l'Ermitage.

Vingt-cinq années se sont écoulées depuis que M. Waagen a fait la révision des tableaux de l'Ermitage, et que, sur ses indications, a été composé le catalogue officiel, vingt-cinq années pendant lesquelles l'histoire de la peinture est entrée dans une nouvelle phase de développement et s'est enrichie de nouvelles données et déductions. D'une part, les recherches faites dans les archives ne cessent de fournir les éclaircissements et renseignements relatifs aux anciens peintres et leurs œuvres; d'autre part, les moyens de communication sont devenus dans toute l'Europe plus faciles et moins coûteux; cela permet à ceux qui écrivent sur les beaux-arts de visiter les musées même lointains et de cette manière étudier et comparer de plus près les monuments de la peinture disséminés dans diverses collections. Le moyen qui a le plus puissamment contribué à ce genre d'étude, la photographie, a fait de tels progrès que, grâce à eux, des galeries entières viennent en quelque sorte étaler leurs richesses dans le cabinet du savant. Les notices biographiques sur les artistes sont devenues plus exactes, on voit paraître des monographies artistiques et historiques qui changent bien des faits; la diagnostique des tableaux et des peintres est devenue presque infaillible; partout on publie des catalogues descriptifs de collections, rédigés sur les données acquises de cette manière et conformes aux règles reconnues les meilleures par les spécialistes.

Dans ce mouvement de la science, le catalogue de la galerie des tableaux de l'Ermitage paraissait depuis longtemps vieilli, ne répondant plus à sa destination et exigeant un remaniement radical. Bien qu'on fût convaincu de la nécessité absolue de cette réforme, on n'y procéda pas longtemps parce que, parmi les conservateurs de l'Ermitage, il n'y avait point d'homme aimant passionnément son art et ayant les connaissances spéciales qui le rendissent apte à entreprendre cette œuvre de révision et de critique fondée sur les matériaux qui s'étaient accumulés. Enfin cet homme parut. C'était un jeune savant, le baron Brüiningk *), entré à l'Ermitage en 1873, d'abord en qualité d'adjoint du conservateur des gravures et des dessins, puis exerçant les mêmes fonctions dans la galerie des tableaux. C'est avec un zèle rare qu'il travailla à la composition du nouveau catalogue, soit en compulsant les archives de l'Ermitage, soit en consultant les sources littéraires, soit enfin en voyageant à l'étranger pour y faire, dans les musées, des études comparatives de tableaux et nouant des relations avec les connaisseurs et critiques d'art étrangers, etc. Mais il n'était par réservé à l'assidu travailleur de voir achever l'œuvre à laquelle il s'était voué avec passion malgré une grave maladie qui l'avait miné les dernières années. Lorsque la mort le surprit, il avait eu le temps de recueillir des matériaux considérables pour la composition du catalogue des tableaux de l'école italienne et ne laissa que des notes détachées relatives aux tableaux des autres écoles.

La tâche si enviable d'être le continuateur de l'œuvre du défunt baron Brüiningk est échue à celui qui écrit ces lignes, et il considère comme son devoir sacré d'apporter ici le tribut d'estime et de reconnaissance à son prédécesseur. Aussitôt que les notes de feu M. Brüiningk lui furent confiées, il se mit à les ranger, à les revoir, à les compléter, et acheva la rédaction du catalogue; il il y ajouta ses propres notes sur les tableaux de l'Ermitage, qu'il avait étudiés depuis nombre d'années, profita des

---

*) Le baron Edmond Brüiningk, né le 26 juillet 1846, en Livonie, fit ses études au gymnase privé de M. Schmidt, à Fellin, puis à l'Université Impériale de Dorpat. Dès l'enfance il se passionna pour les beaux-arts, et y acquit des connaissances profondes en étudiant les tableaux à l'étranger pendant divers séjours dans les centres artistiques de l'Europe, en 1875, 1879, 1880 et 1883. Il mourut de la phthisie, à Méran, le 28 janvier 1885.

nouveaux aperçus de la littérature, qui avaient échappé à son prédécesseur ou bien qui parurent après sa mort, fit la description, accompagnée de notes historiques et critiques, des tableaux qui sont entrés à l'Ermitage les cinq dernières années, et de cette manière put achever le remaniement de la partie du catalogue qui embrasse les écoles d'Italie et d'Espagne.

Une critique sévère, aidée des renseignements fournis par les archives et des données actuelles de la science, de même que les observations personnelles des auteurs de ce catalogue, les a amenés souvent à mettre d'autres noms d'artistes que ceux auxquels on avait attribué certains tableaux jusqu'à ce jour. Nous avons eu aussi la possibilité de mieux établir l'origine des tableaux, de les accompagner de notes plus détaillées et, en général, de jeter plus de lumière dans la galerie de l'Ermitage. Nous osons espérer que ces modifications n'amoindriront pas la portée de la galerie aux yeux des amateurs, mais, au contraire, lui assureront le rang élevé qui lui appartient à bon droit parmi les autres musées de peinture de premier ordre. Espérons aussi que les omissions et les erreurs qui se sont, peut-être, glissées dans le livre à notre insu ne tarderont par à être rectifiées dans les éditions ultérieures du catalogue; c'est pourquoi l'administration de l'Ermitage accueillera avec reconnaissance toutes les indications qui seront faites à ce sujet.

Ce nouveau catalogue est divisé en trois parties: 1º les écoles italiennes et espagnoles; 2º les écoles allemande, hollandaise et flamande; 3º les écoles française, anglaise et russe. Nous en publions pour le moment la première partie; quant aux deux autres, nous y travaillons activement, et elles ne doivent pas tarder à être mises au jour.

Dans chaque partie, nous avons adopté l'ordre alphabétique (et non l'ordre chronologique comme on l'avait fait précédemment), plus commode pour les recherches,— système d'ailleurs adopté dans les meilleurs catalogues des galeries européennes. Quant aux numéros des tableaux, ils n'ont par été changés. Pour faciliter les recherches, nous avons ajouté à la fin du livre, une liste dans l'ordre numérique avec indication des artistes sous le nom desquels les tableaux figuraient auparavent et sous le nom desquels ils sont catalogués actuellement, Les dimensions sont exprimées en mètres et leurs fractions décimales. Chaque fois qu'un tableau porte la signature ou le monogramme de l'artiste, un fac-simile exact les reproduit dans le catalogue.

A. Somoff,
Conservateur en chef de l'Ermitage Impérial pour la section des tableaux, dessins et gravures.

Explication des abréviations.

(☥) Tableau acquis par l'Impératrice Catherine II.
(♠)   id.   par l'Empereur Paul I.
(♅)   id.   par l'Empereur Nicolas I.
(♠)   id.   par l'Empereur Alexandre II.
(♠)   id.   par Sa Majesté l'Empereur Alexandre III.
(B.) peint sur bois.
(C.) » sur cuivre.
(F.) » sur fer.
(M.) Marouflé, c.-à-d. toile collée sur bois.
(T. T.) Transporté du bois sur toile, sans indication de date.
(T. T. 1881) Transporté du bois sur toile en 1881.
(T. s. T.) Toile transportée sur toile.

    Tous les tableaux qui ne portent aucune de ces indications sont peints sur toile, à l'exception d'un très petit nombre peint sur ardoise ou sur marbre, ce qui est toujours mentionné.

    Les dimensions sont exprimées en mètres et leurs fractions décimales. Le premier chiffre indique la hauteur, le deuxième—la largeur; par exemple: 1,72×0,84, signifie: hauteur 1,72, largeur 0,84.

    Le point d'interrogation mis en parenthèse à côté d'un № indique qu'il est douteux que le tableau appartienne à l'artiste sous le nom duquel il est porté dans le catalogue.

PEINTURE ITALIENNE.

ABBATE CICCIO; voir Solimena.

ALBANI (Francesco). Elève d'abord de Denis Calvaert, puis de l'académie des Carracci. Né à Bologne, le 17 mars 1578; mort dans la même ville, le 4 octobre 1660. — *Ecole bolonaise.*

202. L'Annonciation. — A droite, la Ste. Vierge, à genoux devant un prie-Dieu, écoute l'archange Gabriel qu'on voit agenouillé sur un nuage, les bras croisés sur la poitrine et tenant dans la main droite une branche de lis en fleurs. Derrière la Vierge, sous une draperie verte, on aperçoit sa couche. Au-dessus, dans le ciel ouvert, entourée d'une auréole de lumière apparait la figure de Dieu le Père les bras ouverts; un peu plus bas, sous la forme d'une colombe, le Saint-Esprit entouré d'anges. A droite, au bas du tableau, l'inscription: FRANC^{cvs} ALBANVS BOLONIEN.
Walpole. — C. — 0,62 × 0,47.

Ce tableau acheté en 1779 de la galerie Walpole fut payé 200 livr. st. — Gravé par J. Sanders (Descr. de l'Erm., I, 5); lithographié par E. Huot (Gal. de l'Erm. par Gohier et P. Petit, I, cahier 14). — Une répétition de ce tableau, avec des différences notables dans les couleurs, figure à la Pinacothèque de Parme. Une composition identique quant aux figures de la Vierge et de l'archange, mais dans laquelle la tête de la Vierge n'est pas recouverte d'un manteau, est gravée par J. Audran d'après un tableau qui, de son temps, a appartenu à M. Ménard.

203. Le Baptême du Christ. — Au milieu du Jourdain, le Christ debout s'appuyant du genou droit sur une pierre a la jambe gauche dans l'eau. Le corps est penché à droite, la tête est baissée, la main droite est appuyée contre la poitrine, [la] gauche retient une draperie bleue qu'enlève un ange p[la]nant au-dessus de l'eau. A la droite du Christ, St. Jea[n] Baptiste, ayant mis le genou en terre au bord de la riviè[re] de la main droite verse, avec une coquille, l'eau sur la tê[te] du Christ; de la gauche, il tient une croix dont le ha[ut] est entouré d'un listel avec l'inscription: ECCE AGN[US] DEI. Au-dessus, le Saint-Esprit sous la forme d'une c[o]lombe blanche, et plus haut, six anges et un ciel ouver[t].

Walpole—2,68×1,9[4].

Ce tableau a appartenu autrefois au célèbre banquier Jo[hn] Law, contrôleur général des finances sous Louis XV. Payé 700 li[v]. st. lorsqu'on en fit l'acquisition pour l'Ermitage.

204. L'Enlèvement d'Europe. — Jupiter, sous la figure d'un tau[reau blanc, nage sur la mer en emportant sur son dos [la] fille d'Agénor, qui de la main droite a saisi une corn[e] de l'animal, tandis que sa main gauche est tendue vers [le] rivage lointain où sont restées sous un arbre les quatr[e] compagnes de la nymphe. Quatre petits amours voltigen[t] au-dessus d'Europe et du taureau; deux d'entre eux tiennen[t] un voile brun-rouge, un troisième conduit le taureau a[u] moyen d'une guirlande de fleurs jetée autour de so[n] front et de son cou; le quatrième, par derrière, aiguillonn[e] le taureau de sa flèche. Dans le lointain, à droite, la sur[-]face de la mer; à gauche, une cote escarpée avec une ville et des arbres.

Brühl—1,7×2,24[.]

Gravé par Skotnikoff (au trait, Descript. de l'Erm., I, 88[).] Une répétition de ce tableau, avec quelques variations, se trouve dan[s] la galerie Leuchtenberg à St. Pétersbourg; elle a été gravé par J. Frey lorsque le tableau se trouvait encore à Rome, dans la galerie d[u] comte Bolognetti, et par F. del Pedro (au trait, en 1835, pour l'ouv[r]age de Müxel: Galerie Leuchtenberg).

81.

Antonio Allegri — Antonio Allegri

ALFANI (Domenico di Paris—). Elève de P. Perugino et condisciple à l'école de ce maître de Raphaël Sanzio. On ignore la date de sa naissance et de sa mort.—*Ecole ombrièune.*

8. L'Adoration de l'Enfant Jésus.—L'Enfant Jésus est couché sur un drap étendu sur l'herbe. Devant lui sont agenouillées la Vierge et Ste. Barbe; à gauche, St. Martin en habits d'archevêque, également à genoux. Derrière St. Martin on voit St. Joseph debout et appuyé sur son bâton. Dans le lointain un paysage.

$$\stackrel{*}{H}-T.\ T.\ 1836-1,72\times1,77.$$

Ce tableau se trouvait dans l'église de Castel Franco di sotto, près de Florence, jusqu'en 1835, époque où il fut acheté pour l'Ermitage par l'entremise du peintre Brioschi, comme une œuvre authentique de Raphaël. Il figura longtemps sous ce nom, puis il fut classé dans l'école ombrienne sans designation de peintre. M. Waagen en 1861 l'attribua, mais à tort, à *Giov. di Pietro*, surnommé *Lo Spagna*. — Lithographié par Robillard (Galerie de l'Erm. par Gohier et P. Petit I, cah. 11); photographié par A. Braun.

ALLEGRI (Antonio), dit il CORREGGIO. Elève d'Antonio Bartolotti, de son oncle Lorenzo Allegri et de Francesco Bianchi, il développa aussi ses talents en étudiant les maîtres de Ferrare (principalement Lorenzo Costa) et Léonard de Vinci. Né à Correggio, dans le Modénais, en 1494; mort dans la même ville, le 5 mars 1534. — *Ecole lombarde.*

81. La Vierge avec l'Enfant Jésus et l'ange (Madonna del latte). — La Vierge, assise sous un arbre, se tourne à gauche en offrant le sein à l'Enfant Jésus, qui repose sur ses genoux et qui, avec un sourire gracieux, tourne la tête vers des fruits qu'un petit ange lui présente. Figures à mi-corps, à l'exception de l'Enfant Jésus.

$$\mathit{8}-B.-0,695\times0,573.$$

Ce tableau, selon Pungileone (Memorie istoriche di Antonio Allegri, detto il Corregio. Parma 1817, tom. I, pag. 89), est peint en 1519, selon M. Waagen, en 1525. Il a appartenu jadis au roi d'Espagne (Charles IV (?)). Nagler, dans son Dictionnaire, raconte sans en indiquer la source, que le roi donna ce tableau à son confesseur, qui en mourant le légua aux jésuites. Puis, ce tableau se retrouva à Rome où, tout sali et détérioré, il fut acheté par B. Cavaceppi pour 3 ducats. C'est dans cet état qu'il fut acquis et restauré par un amateur de Dresde, Jos. (Jean) Casanova qui, par l'entremise du célèbre peintre Raph. Mengs, le céda à l'Impératrice Cathérine II. Il y a encore deux tableaux originaux du Corrège sur le même sujet: l'un appartient au prince Torlonia à Rome, l'autre se trouve dans la galerie Esterhazy à Budapesth; ces deux tableaux sont peints sur toile et présentent quelque différence entre eux de même qu'avec le tableau de l'Ermitage. On ignore laquelle de ces trois Madones est l'œuvre primitive de l'artiste: La Sainte Vierge offrant le sein à l'Enfant Jésus, mentionnée par Domenico Ottonelli (Odemenigo Leonetti) dans son „Trattato della pitura" (Florence, 1652, pag. 155) et dont on peut suivre l'histoire jusqu'à la fin du XVIII siècle. D'anciennes copies de cette Madone, avec quelques variantes, se trouvent dans divers musées. Au Musée Public de Moscou on voit une superbe copie du tableau de l'Ermitage, par B. L. Borowikowsky. L'esquisse de cette composition, reconnue pour l'ébauche authentique du Corrège, se trouve au Palais Bonfigliuoli, à Bologne.—Le tableau de l'Ermitage est gravé par F. Stiere (avec une dédicace au jésuite P. Olivo, le confesseur du roi d'Espagne ci-dessus mentionné ou bien provincial de l'ordre des jésuites) et par J. Sanders (Descript. de l'Ermitage, t. I, № 18); litographié par Huot (Gal. de l'Ermit. par Gohier et P. Petit, t. II, cah. 28); photographié par A. Braun.

82. L'Assomption de la Ste. Vierge, esquisse du milieu de la célèbre fresque qui décore la coupole de la cathédrale de Parme. — Le milieu du tableau représente un ciel ouvert par où pénètrent des flots de lumière. Presque au centre, entourée de nuages, apparaît dans un raccourci et comme estompée, la figure de l'archange Gabriel. Dans les nuages, les figures des saints et des anges dans diverses attitudes et avec des raccourcis hardis: les uns jouent des instruments de musique, les autres brûlent de l'encens; la plupart sont groupés autour de la Ste. Vierge qui est portée sur des nuages, la tête renversée en arrière, les bras étendus.

&—Forme octogone, 0,872×0,82.

La fresque de la cathédrale de Parme (S. Giovanni) pour laquelle ce tableau a servi d'esquisse, fut commandée en 1522, par le chapitre de la cathédrale, et commencée en 1526, mais resta inachevée par suite d'une brouille survenue entre l'artiste et les chanoines. L'esquisse de l'Ermitage est d'autant plus précieuse que la fresque originale est tout à fait détériorée. Elle fut achetée à Modène *) du chevalier Rossi pour la collection de tableaux qu'il recueillait pour le roi de Pologne Stanislas Lesczinsky; mais le roi ayant perdu son trône, Rossi vendit cette esquisse au marchand Odni, duquel elle fut acquise par Cathérine II. Elle a souffert passablement des restaurations antérieures.—Photographiée par A. Braun.

82ª. Apollon et Marsyas. — Au milieu d'un paysage montueux quatre scènes sont représentées. La première, au premier plan, à droite: la lutte musicale entre Apollon et Marsyas. Le roi de Phrygie Midas est représenté nu, une couronne dentée sur la tête, une draperie verte jetée sur les genoux, et Minerve vêtue d'une tunique rose tendre avec une ceinture dorée, un casque sur la tête, une lance dans la main gauche; ils écoutent Marsyas qui joue de la flûte; près de lui, Apollon, portant un himation jaune, le dos tourné vers le spectateur, joue du violon. Tous les quatre sont assis sur des pierres, au pied d'un rocher. A gauche de ce groupe, presque au centre du tableau, au second plan, la deuxième scène: Apollon, qui a dépouillé de leur

---

*) J. Meyer (dans sa monographie: Correggio, Leipzig 1871) prétend à tort que jadis elle a figuré dans la collection du Prince de la Paix (Emmanuel Godoy).

peau les jambes de Marsyas terrassé, est penché vers lui; de sa main gauche il le prend par l'oreille et de l'autre le menace de son couteau. Sous Marsyas—une draperie verte, non loin, à terre,—sa flûte brisée, près du rocher—l'himation et le violon d'Apollon. Encore plus à gauche, au troisième plan, Apollon met des oreilles d'âne à Midas; près de lui on voit Minerve tenant une lance de la main droite, le bouclier dans la gauche. Enfin, au bord du tableau, à gauche, au premier plan, le barbier de Midas, couché près des roseaux, leur confie le secret de son maître.

Å—T. T. 1865—0,48×1,19.

Peint sur un couvercle d'un instrument à cordes dans le genre d'un clavecin (apricordo) auquel on a donné une forme carrée en ajoutant un morceau triangulaire au coin gauche. Il serait bien difficile de dire pour qui cette œuvre fut exécutée. D'après Pungileone (Memorie istoriche di Antonio Allegri, tom. I, pag. 96), ce clavecin aurait appartenu à Ginevra Rangoni, épouse du duc Gian Galeazzo de Milan; d'autres critiques prétendent qu'il a été destiné à la femme-poète Véronique Gonzague, à qui appartenait la ville de Correggo. Il est plus que probable que le clavecin aura appartenu à un membre de la famille d'Este. En 1562, Giulio Sanuto a gravé ce tableau avec une dédicace à Alphonse de Ferrare à qui, sans doute, appartenait l'original à cette époque. Lodovico Dolci (dans Dialogo dei colori, Venezia 1565) cite „Apollon et Marsyas" comme une œuvre parfaite du Corrège; Massarengo (Pungileone, tom. I, pag. 96) loue aussi ce tableau comme un travail d'Allegri. Puis, pendant cent ans, on n'en parle plus; ce n'est que par les lettres inédites du Père Resta (Voy. Julius Meyer: Correggio, Leipzig 1871, pag. 384) à la date du 31 mars 1699 et à celle du 16 novembre 1709, que nous apprenons que de son temps le tableau se trouvait à Milan, chez le comte Orazio Archinto. De ce dernier il passa chez le comte Giulio Visconti et finalement il fut acquis par les ducs de Litta. Pendant trois siècles et demi personne n'a douté que ce tableau ne fût du Corrège, lorsque, en 1871, J. Meyer, dans une monographie sur cet artiste (publiée plus tard dans son Allgem. Künstler-Lexicon), se basant sur l'appréciation qu'il tenait de O. Mündler, soutint que est l'œuvre non du Corrège, mais de l'école florentine, peut-être de *Rosso Rossi*. A l'appui de ce jugement, il prétend que ce tableau tant à l'ensemble qu'au détail ne correspond pas au caractère des œuvres du Corrège et donne d'autres considérations encore dans la monographie ci-dessus mentionnée. Cependant ses conclusions ne sont pas convaincantes et ne suffisent pas pour prouver que l'œuvre n'est pas du Corrège — d'autant plus qu'aux témoignages cités plus haut il faut ajouter le nom d'Annibal Carrache, admirateur passionné du Corrège, lequel dans une de ses œuvres (l'Adoration des Mages, gravée par T. Aliamet, dans édition Boydel) a copié une des principales figures d'après la figure de Marsyas, ce qu'il ne pouvait faire qu'en s'inspirant du tableau original de son maître favori; en second lieu, à Paris, dans la collection de dessins au Louvre, sous le № 51, il y en a un dessin au crayon rouge, original du Corrège (reconnu comme tel même par M. Meyer), représentant un adolescent jouant de la flûte, figure à mi-corps; sur ce dessin, de côté, est représentée une jambe gauche; un coup d'oeil suffit pour y reconnaître l'étude pour la figure de Marsyas tel qu'il est représenté dans le tableau de l'Ermitage. Ce tableau fut acquis en 1865 des ducs de Litta avec trois autres toiles, par M. S. Gédéonoff, ci-devant directeur de l'Ermitage, pour 100,000 francs, et peu de temps après transporté sur toile par le restaurateur de l'Ermitage A. Sidoroff; mais on dut par nécessité supprimer les ornements qui décoraient le revers du tableau. Après avoir enlevé le bois, on remarqua que l'artiste avait d'abord dessiné Marsyas avec des pieds de bouc et les remplaça ensuite par des jambes d'homme. Ceci explique pourquoi le dessin du Louvre représente Marsyas jusqu' aux genoux; quand l'artiste abandonna l'idée de le représenter avec des pieds de bouc, il esquissa à côté une jambe humaine, — circonstance qui prouve aussi que le tableau est bien du Corrège. En admettant que le tableau lui appartienne, il faut croire qu'il fut exécuté non vers 1519 comme on l'a supposé, mais avant 1514 — époque où le style du maître n'était pas encore formé. — Gravé par Giulio Sanuto (grandeur de l'original, avec dédicace du 18 juillet 1562 à Alphonse II, duc de Ferrare; les espaces du haut sont remplis d'un côté par les neuf muses du „Parnasse" de Raphael, de l'autre — par une vue de la Place de Saint Marc à Venise). Gravé aussi par G. Zancon. Photographié par A. Braun.

Copie d'après le Corrège, contemporaine à ce maître.

83. Le Mariage mystique de Ste. Catherine. — La Sainte est représentée agenouillée devant l'Enfant Jésus qui, assis sur les genoux de sa Mère, passe l'anneau des fiançailles au doigt de la main gauche de la Sainte. A terre, un glaive et une roue brisée, emblèmes de son martyre. Au fond, un paysage montueux avec un arbre derrière la Vierge.

Bruhl—0,289×0,237.

Ce tableau avait appartenu autrefois à un duc de Modène, qui en fit présent au comte H. Brühl. Il fut considéré comme une œuvre originale du Corrège jusqu'en 1861 — époque où M. Waagen le déclara une copie faite par un des meilleurs élèves de A. Allegri d'après son tableau qui se trouve au musée de Naples. Selon M. Waagen, le tableau de l'Ermitage doit occuper une des premières places parmi les copies de cette œuvre du Corrège. Au revers de cette copie il y avait une ancienne inscription qui n'en est pas moins contrefaite: Laus Deo per Donna Mathilda d'Este Antonio Lieto da Correggio fece il présente quadretto per divozione A° 1517. Cette inscription disparut en 1838, quand le tableaux fut collé sur bois.— Gravé par P. E. Moitte (Galerie Brühl), par J. Sanders (Descript. de l'Ermit., I, 10); lithographié par H. Robillard (Galerie de l'Ermit. par Gohier et Petit, I, cah. 7). D'après l'original du musée de Naples ont gravé: A. Coppellar (1772), L. Felsing (1832) et J. Heath; d'après d'autres reproductions et copies: J. M. Mitelli, M. L. Marelli, Angélique Kauffman (à l'eau forte, 1780), J. Scott (d'après une copie de L. Carrache, qui se trouve au Louvre), F. Gibert (id.), J. B. Mercati (à l'eau-forte, 1620) etc.

Ancienne copie d'après le Corrège.

1634. La Vierge avec l'Enfant Jésus, d'après le tableau bien connu: Madonna della Scala. — La Vierge assise sur un parapet tient sur ses genoux l'Enfant Jésus, qui a posé la main droite sur son épaule gauche, le corps tourné à droite, la tête tournée un peu à gauche et regardant le spectateur. La Vierge est revêtue d'une tunique rose, d'un manteau bleu clair à revers vert, elle porte une coiffe blanche sur des cheveux dénoués. L'Enfant Jésus porte une chemise blanche qui laisse à découvert les bras et les jambes. Un paysage avec deux arbres sert de fond. La figure de la Vierge est un peu plus grande qu'à mi-corps.

Galitzine—0,73×0,62.

Ce tableau a appartenu en 1816 à Carlo Sanquirico, à Milan; en 1820 il fut acquis par le prince M. A. Galitzine comme une œuvre authentique du Corrège et figurait comme telle à Moscou, au musée Galitzine. L'original peint à la fresque en 1510, sur le mur de la Tour de Parme, se trouve maintenant à la pinacothèque de cette ville.—Gravé par A. Friks (Aug. Fox?), Ravenet, Cumano, B. Bonvicini (à l'eau-forte), S. Zamboni (à l'eau-forte), Normand (à l'eau-forte, médaillon), Landon (Vies et œuvres des peintres les plus célèbres, au trait), Cornachini, Biot, J. M. Leroux, P. Toschi (deux fois, dans un médaillon de petite dimension, et dans l'édition inachevée : Di tutti gli affreschi di Correggio e di quattro del Parmigianino in Parma) et F. Schmidt (dans Italiens Kunstschätze, édition Payne). Ayant les dimensions presque indentiques à celles de l'original, la copie de l'Ermitage présente cepedant quelques différences avec celle-ci dans les draperies et surtout dans le fond.

ALLORI (Alessandro), du nom de père Al. di Cristofano di Lorenzo, surnommé **Al. BRONZINO**. Élève de son oncle Ang. Bronzino; subit la puissante influence de Michel-Ange. Né à Florence, le 3 mai 1535; mort dans la même ville, le 22 septembre 1607. — *Ecole florentine.*

126. Bethsabée au bain.—La femme d'Urie, après s'être baignée, est entourée de trois servantes qui l'aident à s'habiller; une quatrième porte un plateau chargé de parfums et de rafraichissements. Le fond du tableau est un paysage avec un palais à droite; le roi David du haut d'une terrasse du palais contemple la baigneuse.

Å—T. T. 1889—1,82×1,5.

Ce tableau a figuré autrefois dans la galerie du comte Peccori, à Florence, où il a été acheté pour l'Ermitage par l'entremise du peintre del Chiari, qui l'a payé 40,000 roubles assign., y compris un tableau de Cigoli: La Circoncision, et un faux Seb. del Piombo. Jusqu'en 1861 il fut considéré comme une oeuvre d'*Angelo Bronzino*, mais à cette époque M. Waagen le reconnut pour une oeuvre du neveu de ce peintre.

127. Portrait d'un jeune homme. — Il est assis, le visage tourné vers le spectateur, le corps quelque peu tourné à gauche. Ses cheveux chatain foncé sont coupés ras, ses yeux sont bruns. Il ne porte ni barbe ni moustaches. Il est habillé d'un vêtement en soie noire fort court, brodé en noir, à manches étroites formant bouffes. Dans la main droite, il tient une médaille d'or représentant une femme ailée; de la main gauche, il montre un incendie qu'on voit par une fenêtre dans le lointain, au milieu du paysage. Au fond, à droite, est suspendue une draperie rouge. Figure un peu plus grande qu'à mi-corps.

Ḫ— T. T. 1827—1,17×0,87.

Ce tableau acheté pour l'Ermitage en 1850 de la galerie du roi Guillaume II des Pays-Bas, a été payé 5,000 fl. et était considéré comme une oeuvre d'*Ang. Bronzino* et comme un portrait d'un des fils de Cosme de Médicis, grand duc de Florence. En effet, le visage a quelque ressemblance avec celui du prince Cosme de Médicis, né en 1590, devenu plus tard grand duc sous le nom de Cosme II et mort en 1621; mais la forme du corps et celle des mains donnent lieu de supposer que l'artiste a représenté non un jeune homme, mais une jeune femme habillée d'un costume d'homme. M. Waagen, en 1861, est le premier qui a reconnu que ce tableau n'est pas d'Ang. Bronzino, mais bien d'Aless. Bronzino.

ALLORI (Angelo), proprement dit Angelo di Cosimo, connu aussi sous le nom de **Angelo BRONZINO**. Elève de Raffaellino del Garbo et de J. Pontormo, il se développa plus tard en étudiant Michel-Ange. Né à Monticelli, près Florence, en 1502 ou 1503; mort à Florence, le 23 novembre 1572. — *Ecole florentine.*

124. Portrait d'une jeune dame. — Elle est représentée jusqu'à la ceinture, le visage et le corps presque tournés droit vers le spectateur; ses bras sont baissées de manière qu'on ne voit pas les mains. Sa tête est ornée d'un bandeau brodé d'or et orné de perles. Elle porte des boucles d'oreille en or, un corsage bleu verdâtre avec broderies rouges ornées d'un cordon d'or, avec un grand col droit doublé de rose. La robe blanche est garnie d'une broderie en couleur. A gauche, sur un fond gris, on voit un orgue.

8—T. T. 1868—0,665×0,492.

Ce portrait a été considéré pendant bien des années comme une oeuvre de *Marcello Venusti*. A juger par la ressemblance de la personne représentée avec les portraits d'Eléonore de Tolède, femme du grand duc de Florence Cosme I Médicis, qui se trouvent dans la galerie des Offices à Florence, on peut y voir le portrait d'une parente assez proche d'Eléonore, peut-être bien d'une de ses filles.— Photographié par A. Braun.

125 (?). Portrait d'une jeune femme. — Elle est représentée à mi-corps, en profil, tournée à droite. Elle porte une robe blanche garnie d'une soutache en couleur et un mantelet en velours vert, brodé d'or. Elle met une rose et deux oeillets dans un vase qui est devant elle sur une table.

Saint-Leu—0,69×0,53.

Dans la galerie de la duchesse de Saint-Leu, puis pendant nombre d'années à l'Ermitage, ce tableau passait pour un *Titien*;

en 1861 M. Waagen y reconnut la main d'Ang. Bronzino. Ma[i]
le tableau a trop souffert des retouches pour qu'on puisse tran[
cher la question.—Photographié par A. Braun.

ALLORI (Cristofano), surnommé parfois **BRONZINO le jeune**
Elève de son père Alessandro Allori, de Santi di Tito e[t]
de Gregorio Pagani. Né à Florence, le 17 octobre 1577[,]
mort dans la même ville en 1621. — *Ecole florentine.*

Copie de l'époque.

248. Judith. — Vêtue d'une superbe robe jaune et d'un man[teau]
teau bleu à revers rouges, elle est debout et tient, de s[a]
main gauche baissée, la tête d'Holopherne par les che[veux]
veux, tandis que sa main droite est armée d'un glaive[.]
Derrière elle on voit sa servante, Abra, tenant un sac[.]
A droite, au bas du tableau, un coin de tabouret avec u[n]
coussin en velours vert brodé d'or. Dans le fond, o[n]
peut distinguer les plis d'une draperie verte. Figure
mi-corps.

$H-1,4\times1,18$

Reproduction du célèbre tableau peint, d'après le témoignag[e]
de Baldinucci, pour le cardinal Alexandre Orsino et qui figur[e]
maintenant à Florence dans la galerie Pitti. Le prince Lieven, e[n]
1838, fit hommage de cette copie à l'empereur Nicolas I. La tra[-]
dition prétend que l'artiste représenta, sous les traits de Judit[h]
son amante, la courtisane Mazzafirra, sous ceux d'Abra, la mère d[e]
cette femme, sous ceux d'Holopherne il se représenta lui-même dan[s]
l'intention d'exprimer l'idée que l'objet de sa passion lui ava[it]
fait *perdre la tête*. Tout cela est plus ou moins plausible; toutefo[is]
le portrait de Cristofano, qui se trouve dans la galerie des Office[s]
à Florence, ressemble bien peu au capitaine assyrien représenté su[r]
le tableau. Le même tableau, mais des dimensions plus petite[s]
se trouve dans la galerie des Offices. A Vienne, au Belvédère, il [y a]
aussi un tableau qu'on prétend être la répétition de celui du palai[s]
Pitti, mais ce n'est apparemment qu'une bonne copie. Une étude pou[r]

la tête de Judith se trouve au musée Rath, à Genève.—Le tableau de la galerie Pitti a été gravé par A. Tardieu (d'après le dessin de J. B. Vicar, dans la „Galerie de Florence" de ce dernier) par Gandolfi (en 1819, d'après le dessin de Fineschi), par G. Cantini, (en 1801), par L. Classens, par Paradisi (d'après le dessin de Calendi, dans la „Galerie du palais Pitti", éd. Bardi), par J. Cartens (en 1847, dans „Europäisch. Galerien"), par Jazet (aquatinte), par J. L. Lerouge et Dambrun (à l'eau-forte), par J. P. Bitterheiser et Ruben (en 1864).

AMERIGHI ou **MERISI** et **AMERIGI (Michelangelo)**, surnommé **Michelangelo da-CARAVAGGIO**, peintre et graveur. Elève de Giuseppe Cesari. Né à Caravaggio, près Milan, en 1569; mort à Porto Ercole, en 1609. — *Ecole romaine*.

215. Ecce Homo.—Le Christ, découvert jusqu'à la ceinture, est assis sur un banc de pierre; il se tourne du côté gauche. Ses mains sont liées, il tient le roseau de la main gauche. Derrière lui, un soldat, le genou appuyé à un banc, attache avec une corde sur la tête du Christ la couronne d'épines. La figure du Christ est plus grande qu' à mi-corps.

$ &—T. T. 1839—1,26 \times 0,91. $

Ce tableau fut acquis pour l'Ermitage, de la collection Tronchin, comme une oeuvre d'*Ann. Carrache*, mais déjà dans le catalogue de la galerie de l'Ermitage édit. 1837 il est à bon droit attribué à Caravaggio. — Lithographié par Robillard (Galerie de l'Ermit. par Gohier et P. Petit, I. cah. 1).

216. Le Martyre de St. Pierre.—Une croix à laquelle est cloué l'apôtre la tête en bas et représenté tout nu sauf un linge autour des reins, occupe le centre du tableau. Quatre soldats dressent cette croix. Derrière eux, encore deux soldats; l'un tient une hallebarde. A droite, au bord du tableau, on voit la tête et les mains d'un vieillard appuyé sur une bêche.

$ Å—2,35 \times 2. $

Ce tableau a dû d'abord figurer à Rome, dans l'église de Santa Maria del Popolo, comme tableau d'autel; puis il passa dans la galerie Giustiniani et de là chez M-me Levi de Montmorency, où il fut acheté pour l'Ermitage en 1808 par l'entremise du bar. Vivant Denon. Selon M. Waagen, l'impression que ce tableau produisit sur Rubens, qui l'avait vu à Rome, fut si forte, que, trente ans plus tard il traita le même sujet dans un tableau qui se trouve aujourd'hui dans l'église de Saint Pierre à Cologne.

217. Jeune homme jouant de la mandoline.—Un jeune homme à la figure féminine est assis derrière une table en pierre; il chante et joue de la mandoline en regardant le spectateur. Il porte une chemise blanche, découverte sur la poitrine, et un bandeau blanc sur la tête autour de ses cheveux noirs. Sur la table, devant lui, deux cahiers de musique, un violon, et quelques fruits; à gauche, un bouquet de fleurs dans un vase en verre. Figure à mi-corps.

$\text{H}—0,94 \times 1,19.$

Ce tableau était d'abord dans la galerie Giustiniani d'où il fut acheté pour l'Ermitage en 1808 par l'entremise de bar. Vivant Denon. Dans le catalogue de 1838 il était mentionné comme représentant une Allégorie de l'Amour et formant, avec deux autres tableaux du Caravage, un poëme pittoresque de l'Amour. Ces derniers faisaient aussi partie de la collection Giustiniani (maintenant au musée de Berlin).—Gravé (fort mal) dans l'édition de la galerie Giustiniani et par Podolinski (Descrip. de l'Erm., II, 72); lithographié par Robilland (Galerie de l'Ermitage par Gohier et P. Petit, I, cah. II); photographié par A. Braun.

218. Portrait d'un jeune homme.—Un jeune homme imberbe et sans moustaches, debout, la tête tournée à gauche, presque de profil. Vêtement brun rougeâtre et manteau gris jeté sur l'épaule gauche. Les oreilles sont ornées de boucles avec perles, sur la poitrine une chaîne avec un anneau d'or qui réunit les bords de l'habit. Figure à mi-corps.

$\text{A}—0,73 \times 0,57.$

217.

М. А. Америги — M. A. Amerighi

Autrefois dans la galerie Giustiniani d'où il fut acheté pour l'Ermitage en 1808, par l'entremise de bar. Vivant Denon. Considéré alors comme une oeuvre d'un peintre inconnu de l'école bolonaise. Mentionné pour la première fois comme une oeuvre du Caravage dans l'inventaire des tableaux de l'Ermitage en 1859.—Lithographié par Robillard (Galerie de l'Ermitage par Gohier et P. Petit, t. I, cah. 7)

35. Jeune berger. — Il est représenté à mi-corps, vêtu d'un manteau brun, avec un chapeau de paille à larges bords, marchant d'un pas alerte; la figure et les regards tournés à gauche, le bras droit est tendu en avant avec un geste qui exprime la surprise. Le soleil éclaire seulement le bord de son chapeau et le bas du visage laissant les autres parties du tableau dans l'ombre. Derrière le berger, à droite, on voit un rocher. Le fond est foncé.

$0,85 \times 0,73.$

L'époque et les circonstances de l'entrée du tableau à l'Ermitage sont inconnues. Il n'en est pas fait mention dans les anciens catalogues du musée, et jusqu'à ces derniers temps, il s'est trouvé aux magasins de l'Ermitage inscrit dans l'inventaire comme une peinture d'un artiste inconnu de l'école espagnole. Cependant le dessin, le coloris et toute la facture y font reconnaître la main de M. A. da Caravaggio.

AMIDANO (Giulio Cesare). Elève et imitateur de Parmigianino, a vécu vers 1560—1628. — *Ecole de Parme.*

65. Le Massacre des Innocents.—Au milieu d'un paysage, au premier plan, quatre femmes accablées de désespoir sont tombées à genoux; l'une d'elles serre contre son sein un enfant qui s'est réfugié dans ses bras; une autre, celle qui tourne le dos au spectateur, regarde le cadavre d'un enfant massacré; la troisième qu'on voit également du dos, défend son enfant contre un soldat casqué; enfin la quatrième qu'on voit de face, tient dans ses bras un enfant mourant. Au second plan, quelques femmes poursuivies par des soldats; les unes se réfugient sous le portique d'un édifice qui s'élève à droite; de l'autre côté, on voit quelques soldats qui approchent.

Crozat—B—0,455×0,64.

Probablement c'est une esquisse pour un grand tableau. Attribué autrefois, mais à tort, à *Bart. Schidone*.

269. La Sainte Famille. — La Vierge debout, derrière un parapet, soutient l'Enfant Jésus qui se trouve dessus. Il est nu, ses bras entourent le cou de sa Mère, il regarde le spectateur. A droite, on voit St. Joseph. A gauche, au bord du tableau, un livre posé sur une table. Les figures de la Vierge et de St. Joseph à mi-corps.

Crozat—0,94×0,7.

Attribué autrefois, mais à tort, à *Bart. Schidone*.

ANSELMI (Michelangelo), surnommé **Michelangelo da Lucca** et **Michelangelo da Sienna**. Elève de Sodoma, il subit plus tard l'influence du Corrège. Né à Lucques en 1491, mort à Parme, en 1554. — *Ecole siennoise*.

67 (?). La Visitation. — A l'entrée de la maison de Zacharie, Ste. Elisabeth embrasse la Vierge; à gauche, à quelque distance, St. Joseph appuyé sur son bâton. Au-dessus, une gloire d'anges.

Å—1,27×0,875

Ce tableau fut acquis pour l'Ermitage en 1814, par l'entremise du baron Vivant Denon, qui en l'envoyant à St. Pétersbourg, dit avoir acheté ce tableau au lieu même où il avait été commandé, faisant allusion, sans doute, à une des églises de Sienne. Bien que depuis cette époque il ne cessât pas d'être considéré comme une oeuvre d'Anselmi, cependant le faire de l'artiste diffère, passablement des tableaux de ce peintre, fort rares à l'étranger. Il présente plus de ressemblance avec ceux de *Domenico Beccafumi* (1486–1551).

ARPINO (cavaliere d'-); voir Cesari.

BACCIO della Porta; voir Bartolommeo (Fra-).

BALDOVINETTI (Alessio), peintre et mosaïste. On ignore qui fut son maître, mais on peut lui reconnaître une certaine parenté quant au talent avec P. Uccello, A. del Castagno, Peselli et Domenico Veneziano. Né à Florence en 1427, mort dans la même ville en 1499. — *Ecole florentine.*

2. **La Vierge avec l'Enfant Jésus.** — La Vierge, assise sur un trône, a dans la main droite une fleur de lis et de l'autre soutient sur ses genoux l'Enfant Jésus, qui tient dans sa main gauche un globe d'or avec l'inscription: ASIA. AFRICHA. EVROPA.

$\mathring{A}$—B—$0,89 \times 0,42.$

Ce tableau fut acquis pour l'Ermitage en 1856 et payé 500 roubles au marchand Saja qui l'attribuait à *Masaccio*. M. Waagen l'a reconnu pour un tableau de *Cosimo Rosselli* avec lequel il n'offre guère de ressemblance.—Photographié par A. Braun.

BALESTRA (Antonio), peintre et graveur. Elève de G. Zeffib, d'Ant. Belluci et de C. Maratti. Né à Vérone en 1666; mort dans la même ville, le 21 avril 1740. — *Ecole vénitienne.*

09. **Le Martyre de St. Sébastien.**—Le martyr a les bras attachés à un arbre sous lequel il est affaissé et semble privé de vie. A la gauche du tableau, Ste. Irène penchée au-dessus de St. Sébastien retire une flèche de sa poitrine.

Entre ces deux figures, au second plan, la servante de Ste. Irène avec un petit vase contenant un baume. Non loin du martyr gît son casque. Le fond est un paysage. Figures à mi-corps.

ծ—1,11×1,3.

Dans la liste des gravures d'après Balestra, insérée dans Allgem. Künstler-Lexicon de J. Meyer, figure, au № 24, une estampe qui semble représenter le tableau de l'Ermitage.

BARBARELLI (Giorgio), dit il GIORGIONE. Elève de Giovanni Bellini. Né probablement à Vedelago, près Castelfranco, vers 1476; mort à Venise, en 1511. — *Ecole vénitienne.*

112. Judith. — La jeune femme richement vêtue et ornée de bijoux précieux est debout sous un arbre, au milieu d'un paysage. Sa main droite est appuyée sur le glaive. Elle regarde la tête décapitée d'Holopherne qu' elle foule du pied gauche.

Crozat—T. T. 1838—1,44×0,65.

Volet d'un tableau d'autel. Il fut apporté d'Italie en France par Forest et vendu à Bertin, qui le céda ensuite à Crozat. Ce tableau a été d'abord considéré comme une oeuvre de *Raphaël* et c'est sous ce nom qu'il fut gravé (à la manière noire, 1620) par H. H. Quitter, par un graveur inconnu du XVII siècle (avec le monogramme: L. Sa.), par Toinette Larcher (Recueil Crozat), par Demadril, par J. Sanders (au trait, Descript. de l'Ermitage, I, 39) et par N. Mossolof (à l'eau forte, dans les „Chefs d'oeuvre de l'Erm.); lithographié par V. Dollé (Galerie de l'Ermitage par Gohier et P. Petit, t. I, cah. 5). Selon M. Waagen, c'est un tableau d'*Alessandro Buonvicino* (Moretto da Breschia); le célèbre critique allemand trouvait que cette oeuvre remarquable porte dans toutes ses parties l'empreinte de cet artiste, et que c'est même un de ses meilleurs tableaux (Die Gemäldesamm. in der Ermit. 1870, pag. 66).

112.

Дж. Барбарелли — G. Barbarelli.

Conformément à cette opinion de M. Waagen le tableau fut attribué à Buonvicino dans l'ancien catalogue de l'Ermitage et photographié comme tel par A. Braun. Cependant une comparaison plus minutieuse avec les tableaux authentiques de Buonvicino dans les églises de Brescia (S. Clemente, S. Francesco, S. Giovanni) et dans différents musées, demontre le peu fondé de l'opinion de M. Waagen. Au contraire, le type de Judith, le dessin, les draperies et d'autres détails offrent une si grande ressemblance avec *Giorgione*, surtout avec sa célèbre Madone qui est à l'église de Castel Franco, qu'on peut à coup sûr y reconnaître le travail de cet artiste.

BARBIERI (Giovanni Francesco), surnommé il **GUERCINO,** c'est à dire „le Louche". Elève de Barth. Bertozzi, de G. B. Cremonini et de Paolo Zagnoni; son talent s'est surtout développé en copiant L. Carracci et M.-A. da Caravaggio. Né à Cento (entre Bologne et Ferrare), au commencement du février 1591 (baptisé le 8 février); mort à Bologne, le 22 décembre 1666. — *Ecole bolonaise.*

238. **Ste. Anne enseignant la lecture à l'Enfant Jésus.**—Sur une estrade, la Vierge est assise dans un fauteuil sculpté, à haut dossier; de sa main gauche elle soutient l'Enfant Jésus deshabillé, à cheval sur son genou gauche, et feuilletant un livre que tient Ste. Anne agenouillée devant lui. Au fond, une draperie verte et une grande fenêtre.

Prince de la Paix—2×1,655.

Bon spécimen de la première manière de l'artiste.

239. **L'Assomption de la Vierge.** — Dans la partie supérieure du tableau, la Vierge, portée sur des nuages par trois anges, monte au ciel, vers lequel elle lève les yeux et le bras droit. En bas, les onze apôtres, dans diverses attitudes, regardent avec étonnement dans l'intérieur du tombeau vide, qui est en pierre et orné d'un bas-relief. Parmi eux

St. Jean, à droite, à la tête des autres, a fléchi le geno
sur un livre. Quelques roses s'échappent du tombeau.

H—3,1×3,32

Un des premiers tableaux que Guercino exécuta, à son retou
à Rome, en 1623, pour Alessandro Tanari. C'est dans la famille d
Tanari qu'il fut acquis pour l'Ermitage en 1844. Dans la galerie Dori
à Rome, il y a un tableau de Guerchino, représentant St. Jean; c'es
la répétition presque exacte de la figure de cet apôtre tel qu'il es
dans „l'Assomption de la Vierge"; peut-être est ce une esquiss
qui a servi pour ce tableau, faite en ce cas avant 1623, lors d
premier séjour de l'artiste à Rome.

243. La Vision de Ste. Claire. — La sainte habillée en nonn
est agenouillée et serre tendrement contre sa poitrin
l'Enfant Jésus. A sa gauche, la Vierge assise sur un
estrade est tournée de profil vers la sainte et la re
garde. Derrière la Vierge, St. Joseph. Au second plan
deux anges, dont l'un joue du violon. Derrière eux
sur un nuage, deux anges, dont l'un tient au-dessus d
sa tête un listel avec une inscription effacée.

Crozat—0,5×0,38

Ce tableau appartient à la seconde manière de l'artiste. Il
figuré dans la galerie de Tugni, puis dans celle du duc de Talard
à la vente de cette dernière il fut payé 781 liv. ster. Dans le recuei
d'estampes de F. Bartolozzi, de Vevey et d'Ottaviano, intitulé: „Raccolt
di alcuni disegni di Barbieri da Cento", au № 13, il y a une gravur
de Bartolozzi, qui représente un dessin de Guercino du mêm
sujet, mais avec des changements notables: c'est probablemen
l'esquisse qui a servi au tableau. A Venise, dans la Pinacothèqu
Manfredini (Seminario particolar), il y a une ancienne copie qu'or
donne pour l'orginal.

242. St. Laurent adorant la Ste. Vierge et l'Enfant Jésus.—La Vierge
assise sur des nuages tient sur son genou gauche l'Enfant

Jésus nu et regarde St. Laurent qui est à genoux devant elle, les bras croisés, les yeux levés vers elle. Le saint est revêtu de l'habillement de diacre, rouge foncé avec or; à ses pieds, un gril en fer, instrument de son martyre. Un paysage avec une ville dans le lointain sert de fond au tableau.

$\overset{*}{A}$—0,49×0,31.

Ce tableau est de la seconde manière de l'artiste. Il a figuré d'abord dans la galerie Lebrun, à Paris, où il fut acheté pour l'Ermitage, en 1810, par l'entremise du baron Vivant Denon.—Gravé dans l'édition Lebrun: „Recueil de gravures au trait de tableaux de différentes écoles" etc.

240. Le Martyre de Ste. Catherine. — La sainte est représentée agenouillée, vêtue d'une tunique en soie jaune et d'un manteau rouge brodé d'or. Près d'elle, à gauche, le bourreau tient un glaive dans sa main droite abaissée, tandis que de la gauche, il incline la tête de la victime sur l'épaule droite. Le bourreau, nu jusqu'à la ceinture, porte sur la tête un bonnet rouge. Derrière le bourreau, une roue en bois avec dents en fer appuyée contre la base d'une colonne. Au ciel, un petit ange tient dans la main droite la couronne de martyre au-dessus de la tête de Ste. Catherine, et dans la gauche une palme. Dans le lointain, un pont et une tour.

$\overset{*}{\text{B}}$—2,25×1,59.

Un des meilleurs spécimens de la troisième (dernière) manière de l'artiste, probablement le tableau dont parle Bellori (Vita di Fr. Barbieri), que Guercino fit en 1653 pour la commune de Cento. Il a appartenu au roi de Hollande, Guillaume II, et lors de la vente de sa galerie en 1850 fut acheté pour l'Ermitage moyennant 23,017 francs.

241. St. Jérôme au désert. — Le saint vieillard, le corps nu, sauf les reins qui sont recouverts d'un drap rouge, a fléchi le genou gauche sur la pierre devant un fragment de rocher sur lequel il y a trois livres ouverts et un encrier. Le bras droit étendu, la main armée d'une plume, il fait un mouvement pour se relever et regarde en haut, à gauche, d'où il entend dans les nuages le son d'une trompette.

$\text{\^{B}}$—2,17×1,64.

Oeuvre de la troisième (dernière) manière de l'artiste. Selon toutes les probabilités, c'est le tableau qui a été peint, d'après Bellori (Vita di Fr. Barbieri), en 1641 pour Ridolfo Strumi, à Rimini.—Lithographié par E. Robillard (Galerie de l'Ermitage par Gohier et P. Petit, t. II, cah. 6).—A Venise, à la Pinacothèque Manfredini (Seminario particolar), il y a une petite copie, considérée là comme une oeuvre originale de Guercino.

BAROCCIO (Frederigo). Elève de son père, Ambrogio Baroccio, de Fr. Menzocchi da Forli et de G. B. Franco, il s'est développé surtout en copiant les œuvres du Titien, de Raphaël et du Corrège. Né à Urbino, en 1528; mort dans la même ville, le 30 septembre 1612. — *Ecole romaine.*

129. **La Sainte Famille.**—Dans une modeste chambre, la Vierge assise sur une chaise soulève la couverture jaune d'un berceau qui est à ses pieds, afin d'y coucher l'Enfant Jésus endormi sur ses genoux. La Vierge porte un vêtement d'un rouge clair; son manteau bleu est jeté sur le dossier de la chaise. A gauche, à travers l'embrasure d'une porte, on aperçoit St. Joseph assis près d'une fenêtre et lisant un livre. Au-dessus de la Vierge, dans les nuages, trois têtes de cherubins.

$\text{\^{B}}$—0,47×0,36.

130. **Portrait d'homme.**—Un jeune homme blond à barbe clairsemée, debout, tourné un peu à gauche, regarde le spectateur. La tête est découverte. Il est vêtu d'un pourpoint

blanc en satin et d'un justaucorps jaune sans manches; un col blanc rabattu sur une épaulière en acier; une écharpe blanche à laquelle est attachée une épée, passe par dessus l'épaule gauche; il s'appuie sur la garde de son épée. Figure à mi-corps.

Baudouin—1,07×0,88.

Avant de faire partie de la collection de l'Ermitage et depuis, ce tableau a été considéré comme une oeuvre du *Titien*, représentant le comte Gaston de Foix. M. Waagen a parfaitement établi en 1861 que c'est une oeuvre de Baroccio.—Photographié par A. Braun.

28 (?) La Naissance de Jésus-Christ. — La Vierge à genoux, dans l'étable, les bras étendus, regarde tendrement l'Enfant Jésus couché dans une crèche et enveloppé d'une couverture bleue. Au-dessus de la crèche, une grille en bois fixée au mur et derrière laquelle on voit une botte de paille. Au premier plan, à droite, on aperçoit la tête d'un âne et celle d'un boeuf; à gauche, un panier avec du pain et un sac avec des épis. Dans le fond, St. Joseph ouvre la porte à deux bergers qui entrent dans l'étable avec un agneau; il leur montre l'Enfant Jésus.

Crozat—0,41×0,31.

L'authenticité de ce tableau est revoquée en doute: un tableau identique, incontestablement original de Baroccio, dans lequel les figures sont plus grandes, se trouve à la collection Ambrosienne, à Milan. On peut voir la copie de ce tableau, à peu près de même dimension que celui de l'Ermitage, au Belvédère à Vienne, et il y a tout lieu de croire que le tableau de l'Ermitage est une copie de cette copie. „La Naissance de Jésus" de Vienne a été gravée par Prenner (dans Prodromus, Viennae 1735, p. 83) et par Eisner (dans C. Haas, K. K. Bilder-Gallerie im Belvédère, Wien 1828, IV).

BARTOLOMMEO PAGOLO, dit **B. di Paolo del Fattorino, B. della Porta** et **Baccio della Porta**, en religion **FRA BARTO-**

LOMMEO DI SAN-MARCO. Elève de Cosimo Rosseli, son talent s'est développé sous l'influence de Léonard de Vinci et de Raphaël Sanzio. Né à Florence en 1475; mort dans la même ville, le 31 octobre 1517.—*Ecole florentine.*

20. **La Vierge avec l'Enfant Jésus et les Anges.** — La Vierge assise par terre embrasse son Fils qu'elle tient sur ses genoux. Près d'elle, quatre anges, dont deux jouent de la mandoline. Au-dessus de la Vierge, l'inscription: MATER DEI, et au-dessous, à gauche: BAR. FIORN. ORD. P.-DICATORUM. (c'est-à-dire, Bartolommeo le florentin de l'ordre des Frères Prêcheurs.

Crozat—T. T. 1872—1,3×1,3.

Ce tableau malheureusement a beaucoup souffert des retouches maladroites.—Gravé par Ch. Simonneau (Recueil Crozat) et par J. Sanders (Descrip. de l'Erm. II, № 15); photographié par A. Braun.

BASSANO (Jacopo); voir Ponte (Jacopo da-).

BASSANO (Leandro); voir Ponte (Leandro da-).

BATTONI (Pompeo Girolamo), peintre et miniaturiste, dont le talent s'est développé par l'étude des œuvres de Raphaël et des antiques. Né à Lucques, le 5 février 1708; mort à Rome, le 4 février 1787.—*Ecole romaine.*

326. **La Sainte Famille.** — La Vierge debout, le genou droit appuyé sur le berceau, tient sur son bras gauche l'Enfant Jésus qui regarde le jeune Jean-Baptiste et de sa main droite touche l'épaule de celui-ci. St. Jean, le pied gauche à terre, le pied droit appuyé contre le dos d'un agneau couché non loin de lui, serre avec dévotion contre son sein une longue croix en roseau, entouré d'un listel avec l'inscription: ECCE AGNUS, et baise l'extrémité du pied

droit du Sauveur. A la gauche de la Vierge, Ste. Elisabeth assise près du berceau tend ses bras pour prendre l'Enfant Jésus. Derrière elle, St. Joseph, appuyé contre une table recouverte d'un tapis bigarré a interrompu la lecture d'un livre pour regarder cette scène. Sur la table, un vase avec un bouquet de roses et de lis derrière laquelle on voit une fenêtre par où pénètre le jour. Dans le fond, à gauche, près de la porte, une chaise sur laquelle il y a une corbeille avec une cassette à demi-recouverte d'une étoffe blanche. Au-dessus de la Vierge et de l'Enfant, volent deux anges tenant une touffe de fleurs d'oranger.

⚓—2,27×1,495.

Une des oeuvres capitales de l'artiste, executée avant 1780. Le Céssarewitch Paul, pendant son voyage en Italie, acheta ce tableau à Battoni lui-même pour 1000 pistoles et l'offrit à l'Impératrice Cathérine II, probablement en 1783.—Gravé par J. Walker (à la manière noire, en 1788, avec une dédicace à l'Impératrice Cathérine II).

BEATO-ANGELICO; voir Fiesole.

BELLINI (Giovanni). Elève de son père Jacopo Bellini, il s'est développé ensuite sous l'influence de son beau-frère Andrea Mantegna. Né à Venise vers 1428, mort dans la même ville, le 29 novembre 1516.—*Ecole vénitienne.*

Ecole de ce peintre.

5. **La Sainte Vierge.**—Elle est représentée à mi-corps tenant sur ses genoux l'Enfant Jésus. Derrière elle, une draperie brune à fleurs.

T. T. 1865—0,7×0,53.

On ignore l'époque et les circonstances dans lesquelles ce tableau entra à l'Ermitage, mais il s'y trouvait en 1859 et fut attribué alors à *Giovanni da Udine*. M. Waagen se borna à le classer dans l'école de Bellini. On peut l'attribuer avec une certaine probabilité à *Andrea Previtali*, élève de ce peintre.

BELLOTTO (Bernardo), dit CANALETTO, peintre et graveur. Elève de son oncle, Antonio da Canal, à qui il emprunta le surnom de Canaletto. Né à Venise, le 30 janvier 1720; mort à Varsovie le 17 octobre 1780.—*Ecole vénitienne.*

320. Vue du Grand Canal à Venise. — A gauche, au premier plan, une partie du quai du Canal. Quelques gondoles avancent, d'autres sont immobiles sur le Canal; on y voit aussi d'autres bateaux. Sur le quai, un levantin transporte d'un bateau des balles de marchandise marquées des lettres MMT et MT. Encore plus à gauche, jeté par dessus le Canal, le Pont de Rialto. Sur la rive opposée, Fondaco dei Tedeschi, où sont représentés deux hommes qui se battent, un troisième étendu par terre et d'autres figures.

$1,31 \times 1,96.$

Ce tableau provient, selon toutes les probabilités, du palais de Varsovie et est entré à l'Ermitage en 1832.

BENVENUTI (Giovanni Battista), dit ORTOLANO (le Jardinier). Elève de L. Costa, puis il étudia les œuvres de Raphaël et de Bagnacavallo. Né avant 1488, mort vers 1525.—*Ecole de Ferrare.*

65. La Mise au tombeau. — Le corps du Seigneur est soutenu par Marie Madeleine et par Joseph d'Arimathie. La Vierge contemple les plaies de son Fils. Derrière elle, on voit St. Nicodème.

Tatistcheff—T. T. 1867—$0,24 \times 0,335.$

En travaillant à ce tableau, Benvenuti était évidemment sous l'impression de la composition de F. Francia sur le même sujet. Sa ressemblance avec „la Mise au tombeau" de Francia, qui se trouve à la Galerie Nationale à Londres, n'est pas douteuse, mais il ressemble encore plus à un tableau de la galerie de Turin du même maître, sur le même sujet. Ce tableau a été peint à l'époque où Ortolano se trouvait à Bologne et faisait ses études chez L. Costa, par conséquent, au commecement du XVI siècle (avant 1513).

64 (?). La Femme adultère devant le Christ. — Sur le parvis d'un temple, le Sauveur est entouré de pharisiens et de scribes. A gauche, la foule s'approche de lui, avec la pécheresse en avant conduite par deux hommes; à ses pieds, un petit garçon à cheval sur un bâton.

$\frac{8}{}$—T. T. 1811—0,45×0,61.

Ce tableau à été considéré comme une oeuvre de *Garofalo* jusqu'à l'époque où M. Waagen, visitant l'Ermitage, y reconnut le tableau d'Ortolano. Cependant l'opinion du célèbre critique allemand est fort contestable; il y a quelque fondement de croire que ce tableau est sinon de Garofalo au moins d'un de ses élèves, peut-être de *Domenico Panetti*.

BERETTINI (Pietro), dit **Pietro da CORTONA**, peintre et architecte. Elève de son oncle Filippo Berettini et d'Andrea Commodi, son talent s'est développé plus tard sous l'influence de Poccetti. Né à Cortone, le 1 novembre 1596; mort à Rome, le 16 mai 1669.—*Ecole florentine*.

281. Le Martyre de St. Etienne.—Le martyr revêtu de l'aube et d'une dalmatique rouge est étendu par terre, les bras croisés sur la poitrine, les yeux levés vers le ciel où sur des nuages on voit le Père Éternel et Jésus-Christ entourés d'anges. A gauche, un ange descend vers le saint avec une palme et une couronne de laurier; en bas, deux hommes lapident le martyr. A droite, au second plan, un jeune homme qui apporte des pierres et un groupe de spectateurs, dans ce nombre Saulus, appuyé sur un bâton. La scène se passe au milieu d'un paysage.

Prince de la Paix—2,615×1,49.

Une répétition du tableau d'autel de l'église S. Ambrogio, à Rome.—Gravé par Jean Langlois et par F. Louvemond.

282. (?). Le Martyre de St. Etienne. — St. Etienne revêtu de ses habits sacerdotaux est renversé à terre; il a les bras étendus et regarde le ciel où entourés de nuages apparaissent des anges. Autour du martyr, six bourreaux, dont deux lui jettent des pierres, le troisième et le quatrième ramassent des pierres, les deux autres s'approchent pour prendre part à l'exécution. Dans le lointain, un paysage avec des arbres à gauche et une ville à droite.

ð—0,28×0,2.

Ce petit tableau a fait partie de la collection Valenti vendue à Amsterdam en 1763, où il fut acheté par Tronchin avec son pendant: „Le Martyre de St. Laurent" (payés 465 florins); ces deux tableaux étaient attribués alors à *F. Lauri*. Acheté à Genève pour l'Ermitage, avec d'autres tableaux de la collection Tronchin. Dans le catalogue de l'Ermitage édit. 1838, il est porté comme un tableau de *Ciro Ferri*. Bien que M. Waagen y voie un original de P. Berettini, il est permis de révoquer en doute le bien-fondé de cette attribution et admettre que ce serait peut-être là un travail de *Ciro Ferri*, élève de Berettini, peint sous l'impression du tableau de ce dernier à l'église de St. Ambroise, à Rome (voir la notice ci-dessus).

279. La Sainte Famille. — La Vierge assise par terre, dans une grotte, tient sur ses genoux l'Enfant Jésus endormi. Devant lui, à genoux, Ste. Catherine avec la palme à la main gauche. Derrière la Vierge, St. Joseph debout a interrompu la lecture d'un livre; il regarde Ste. Catherine. A droite, à travers l'entrée de la grotte, on voit un paysage.

$$\text{8—C—0,24}\times\text{0,3.}$$

Ce tableau a dû être fait au début de la carrière de l'artiste. On l'attribuait jadis à *Guercino*.

280. L'Apparition du Christ réssuscité à la Madeleine. — Dans le Jardin des Oliviers, Ste. Madeleine, à genoux, adore le Christ ressuscité. A droite, dans le lointain, on voit le sépulcre ouvert et à côté deux anges. Plus loin encore, un clocher de village.

$$\text{Walpole—B—0,55}\times\text{0,51.}$$

Gravé par J. Walker en 1766 (à la manière noire, Recueil Boydel) et par John Murphy en 1781 (aquatinte); gravure au trait dans le „Musée" Reveil—copie d'une des gravures mentionnées.

283. La Vision de St. François d'Assise. —L'Enfant Jésus apparaît dans un nuage au saint qui est agenouillé et qui ouvre ses bras pour recevoir le Seigneur. Aux pieds du saint, une fleur de lis, et devant lui, sur une table recouverte d'une nappe, un livre ouvert et une tête de mort. La scène se passe dans une rotonde entourée de colonnes.

$$\text{8—0,375}\times\text{0,27.}$$

C'est certainement une esquisse pour un grand tableau.

284. La Vision de St. François d'Assise. — La Vierge tenant l'Enfant Jésus dans ses bras apparaît dans un nuage au saint qui, à genoux, lève ses bras pour recevoir l'Enfant Jésus; celui-ci tend également vers lui ses bras. Aux pieds du saint, une croix et un livre de prières;

derrière lui, dans le lointain, son disciple endormi. Au-dessus de la Vierge, trois chérubins dans les nuages.

Crozat—0,96×0,735.

Photographié par A. Braun.

285 (?). **Renaud abandonnant Armide.** — Renaud, en costume de guerrier romain, s'embarque sur un vaisseau, en regardant tristement Armide évanouie sur l'herbe. Dans le vaisseau, dont la proue est ornée d'une figure de triton, un guerrier et une jeune femme assis tiennent des avirons; un autre guerrier va entrer dans le vaisseau après Renaud.

♚—1,256×1,72.

BIAGIO (Vicente di-), surnommé **CATENA**, imitateur de Giovanni Bellini. Né à Trévise, vers la seconde moitié du XV siècle; mort après 1531.—*Ecole vénitienne.*

9. La Vierge avec l'Enfant Jésus et les saints. — La Vierge tient son Fils sur ses genoux. A droite, St. Jean Baptiste; à gauche, l'apôtre St. Pierre lisant l'Évangile. Figures à mi-corps.

Saint-Leu—T. T. 1862—0,75×1,395.

Ce tableau a été considéré jadis comme une œuvre de *M. Basaïti* et attribué à bon droit à V. Catena par M. Waagen en 1861. Il a été exécuté probablement vers 1520.

BILIVERTI (Giovanni), proprement **Jan Bilivert**. Elève de L. Cardi (Cigoli). Né à Florence en 1576; mort dans la même ville en juillet 1644.—*Ecole florentine.*

245. Le jeune Tobie prenant congé de l'ange.—Le jeune Tobie, à genoux, offre à l'ange, qui l'a accompagné dans son voyage, un collier de perles, une chaîne émaillée et d'autres présents que l'ange refuse en déclarant qu'il est le messager de Dieu. Non loin de Tobie on voit son père qui est debout et, au second plan, sa mère et d'autres femmes.

Malmaison—1,89×1,44.

Ce tableau a été réputé jusqu'au dernier temps comme une oeuvre de *Cigoli*. Un tableau absolument identique de Biliverti se trouve dans la galerie Pitti, à Florence (gravé par Ferrari, dans la „Galerie du palais Pitti", édition Bardi, t. I). Il est difficile d'établir si c'est le tableau de l'Ermitage, ou bien celui de Florence, qui est l'oeuvre première de Biliverti sur ce sujet, œuvre exécutée, d'après le témoignage de Baldinucci, pour le sénateur florentin Giov. Cerretani, bien que dans le tableau florentin (sur le sac que tient le père de Tobie) on voie les initiales du peintre et le millésime de 1612.

50. Agar dans le désert. — L'ange du Seigneur console Agar, assise sous un arbre. Dans le lointain, Ismaël couché et mourant de soif.

Tatistcheff—1,945×1,56.

BISSOLO (Pier-Francesco), probablement le peintre qui signait ses tableaux: **Petrus de INGAÑATIS**. Elève de Giovanni Bellini, qui imitait Giorgione. Il travaillait à Venise en 1492—1530. — *Ecole vénitienne.*

6. La Vierge avec l'Enfant Jésus. — Assise et tenant un livre, elle contemple l'Enfant Jésus qui repose sur ses genoux. Dans le lointain, un paysage.

Crozat—T. T. 1872—0,44×0,365.

Ce tableau fut considéré jadis comme appartenant à un peintre inconnu de l'école de G. Bellini.

BONIFACIO VENEZIANO (ou **BONIFACIO VERONESE**) le Vieu[x]
Elève de Palma le Vieux. L'année de sa naissance est i[n]connue; mort à Venise, en 1540. — *Ecole vénitienne.*

109. L'Adoration des bergers. — Devant l'entrée d'une maiso[n] la Ste. Vierge est assise, tenant dans ses bras l'Enfa[nt] Jésus; non loin d'elle, St. Joseph. Devant la Vierg[e] sont agenouillés un berger, sa femme et leur fils; i[ls] apportent en offrande à l'Enfant un agneau, des colom bes et d'autres présents.

Saint-Leu—0,71×1,0[?]

Photographié par A. Braun.

BONIFACIO VENEZIANO (ou **BONIFACIO VERONESE**) le Jeun[e]
Elève de son père ou de son oncle Bonifacio·Veneziano l[e] Vieux, imitateur de Palma le Vieux. Né vers 1441; mo[rt] à Venise, le 19 octobre 1553.—*Ecole vénitienne.*

90 (?). L'Adoration des bergers.—Deux bergers sont à genou[x] devant l'Enfant Jésus, que leur montre sa mère. Derrièr[e] elle, St. Joseph. Dans le lointain, à gauche, on voit le[s] ruines d'un édifice antique; au centre, plusieurs château[x] à droite, un groupe de chasseurs.

Walpole—B—0,76×1,1[?]

Ce tableau, qui a été considéré jusqu'à ces derniers tem[ps] comme une œuvre de *Palma le Vieux*, a figuré jadis dans la g[a]lerie du marquis de Vrillière, secrétaire d'Etat de Louis XV. - Lithographié par Robillard (Galerie de l'Ermitage par Gohier [et] P. Petit, t. I, cah. 12); photographié par A. Braun, comme un tablea[u] de Palma le Vieux.

92 (?) La Sainte Familie.—L'Enfant Jésus, assis sur les genou[x] de sa mère, reçoit, du petit St. Jean, des fleurs, qu[e]

113.

Алессандро Буонвичино — Alessandro Buonvicino

Ste. Élisabeth lui présente dans un panier. A droite, St. Joseph lisant dans un livre et Ste. Catherine s'appuyant sur une roue. Dans le fond, un édifice d'architecture antique avec un écusson d'azur représentant une tour d'argent et deux C, probablement les initiales de la famille vénitienne Castello, dont l'un des membres a commandé ce tableau. A droite, dans le lointain, un homme à cheval, fuyant devant un tigre.

Walpole—T. T. 1837—0,805×1,355.

Ce tableau a figuré jadis dans la galerie Flink. Il a été considéré autrefois comme une œuvre de *Palma le Vieux*.—Photographié par A. Braun, comme un tableau de ce peintre.

107. (?) La Sainte Famille. — La Vierge assise tient sur ses genoux l'Enfant Jésus, à qui St. Joseph, couché derrière eux, offre une pomme. La scène se passe au milieu d'un paysage.

Ĥ—T. T. 1840—0,96×0,86.

Ce tableau, acheté en 1839 du peintre Noé, comme un original de *Titien*, fut ensuite estimé être une œuvre de son école.

BORDONE (Paris). Elève du Titien, il s'est formé par l'étude des œuvres de Giorgione. Né à Trévise, vers 1500; mort à Venise, le 19 janvier 1570.—*Ecole vénitienne*.

110. La Sainte Famille. — Au milieu d'un paysage, la Vierge tenant un livre et Ste. Catherine, avec une palme à la main, sont assises par terre. A droite, St. Joseph, assis près d'elles, prend l'Enfant Jésus dans ses bras.

Crozat—T. T. 1869—0,69×0,89.

C'est probablement le tableau qui, selon le témoignage de Ridolfi (Maraviglie dell'arte, 1648, t. I, pag. 213), a appartenu de son temps à Bernardo Giusti, à Venise. La figure de St. Joseph est répétée dans un autre tableau de Bordone, de la galerie Brera, à Milan.

111(?). Une Femme avec un enfant. — Une dame, âgée de 25 à 30 ans, vêtue d'une robe de brocart vert ornée de rubans et de fourrure, portant au cou un collier d'or et de perles et coiffée d'un bonnet de fourrure, tient par la main un petit garçon, qui porte un habit rouge tailladé.

$$\text{\bf\textit{δ}}—0{,}97\times 0{,}77.$$

Cette peinture a été considérée à tort comme un portrait d'Isabelle d'Este, épouse en première noce de Gianfrancesco, marquis, puis duc de Mantoue, et de son fils.—Photographié par A. Braun.

136. Portrait d'un noble vénitien. — Un homme en costume noir avec une barrette également noire et enrichie de pierres précieuses. Figure à mi-corps.

$$\text{\bf\textit{δ}}—B—0{,}85\times 0{,}61.$$

Ce tableau a été attribué avant à *J. Robusti* (Tintoretto).

BOTTICELLI; voir Filipepi.

BRESCIA, da-; voir Buonvicino.

BRONZINO (Alessandro); voir Allori (Alessandro).

BRONZINO (Angelo); voir Allori (Angelo).

BRONZINO (Cristofano); voir Allori (Cristofano).

BRUSASORCI; voir Riccio.

BUGIARDINI (Giulio), du nom de son père **Giuliano di Pietro**, qui a généralement signé ses tableaux: **Julien de Florence** (Julianus Florentinus). Elève de Dom. Ghirlandajo, fut quelque temps l'aide de M. A. Buonarroti et de Mariotto Albertinelli. Né à Florence, le 29 décembre 1475; mort dans la même ville, le 16 février 1554. — *Ecole florentine*.

29. **La Sainte Famille.** — L'Enfant Jésus, couché sur un drap, tient une croix dans ses mains. Derrière lui, la Vierge en adoration et St. Jean-Baptiste à genoux. A droite, deux anges debout avec des flûtes. A travers une fenêtre, on voit, au milieu d'un paysage, St. Joseph chassant devant lui le bœuf et l'âne.

Saint-Leu—T. T. 1835—Rond, diam. 1,44.

Ce tableau fut attribué autrefois a *R. Corrado* (Ghirlandajo). Reconnu pour une œuvre de Bugiardini par Crowe et Cavalcaselle (Hist. of Paint. in Italy, III, 524).

35. **La Sainte Famille.**— La Vierge, assise sur l'herbe, tient dans ses bras l'Enfant Jésus, qui a un livre dans ses mains et regarde sa mère. A gauche, dans l'ombre, on voit St. Jean-Baptiste endormi. Dans le lointain, on aperçoit St. Joseph.

Tatistcheff—T. T. 1850—Rond, diam. 0,87.

Ce tableau a été attribué avant à *Girolamo del Pacchia*. Crowe et Cavalcaselle (Hist. of Paint. in Italy, III, 383, 496) l'ont reconnu pour une œuvre de Bugiardini.

BUONARROTI (Michelangelo), peintre, sculpteur, architecte et poète. Elève de Domenico et de Davide Ghirlandajo. Né à Caprese (Chiusi), près de Florence, le 6 mars 1474; mort à Rome, le 18 février 1563. — *Ecole florentine*.

De l'école de ce peintre:

23. La Sainte Famille. — La Vierge, assise sur un banc de marbre, tient dans ses mains un livre dans lequel on lit: IN SILENTIO ET IN SPE ERIT FORTITVDO VRA (vestra). A côté d'elle, l'Enfant Jésus endormi a posé sa tête et son bras droit sur les genoux de sa mère. Derrière eux, à droite, St. Joseph, et à gauche, St. Jean-Baptiste. Sur le pied du banc on lit: M. A. BVON. INV. —SEB. VENET. F. (M. A. Buonarroti invenit. Sebastianus Venetus fecit).

Cœsvelt—T. T. 1867—0,4×0,28.

Les inscriptions ci-dessus certainement ont été faites postérieurement à la peinture du tableau, et Sebastiano del Piombo ne saurait être l'auteur de cette peinture sur laquelle sa signature est apocryphe. Dans le catalogue illustré de la galerie Cœsvelt, publié en 1836, il est dit que ce pseudo-travail de del Piombo fut donné par le roi d'Espagne Philippe III aux religieuses du couvent de la Soledad, à Madrid, d'où il fut acheté par le possesseur de la galerie. Ce tableau a été peint, tans doute, d'après un dessin de Michel-Ange. — Gravé par E. Joubert (au trait, dans le catalogue cité plus haut).—Les reproductions de cette composition de Buonarrotti se trouvent dans plusieurs musées. L'une d'elles, qui a figuré autrefois dans la galerie P. G. A. d'Orléans, est gravée par Beljambe.

33. Le Christ sur la croix.—Au pied de la croix sur laquelle Jésus-Christ est crucifié, Ste. Madeleine est agenouillée; à droite, St. Jean et, à gauche, la Vierge, tous les deux debout.

8—T. T.—0,69×0,48.

Ce tableau a été considéré autrefois comme une œuvre de *Marcello Venusti*; puis M. Waagen l'a attribué à *Daniel da Volterra*. Mais ces deux supposition ne paraissent par fondées, et on peut affirmer que ce tableau a été fait, d'après un dessin de Michel-Enge, par un de ses imitateurs ou élèves.

34. La Piété.—Le corps du Christ, soutenu par deux anges, repose sur les genoux de la Vierge, assise au pied de la croix. Dans le lointain, on voit Jérusalem.

Å—T. T. 1832—0,51×0,38.

Acheté à Paris, en 1819, avec 17 autres tableaux, par l'entremise de l'aide-de-camp général Prince W. S. Troubetzkoy, et jusqu'à l'arrivée de M. Waagen à St. Pétersbourg, en 1861, à été considéré comme une œuvre de *Daniel da Volterra*. Des tableaux de la même composition, qu'on rencontre dans diverses galeries, sont les reproductions du dessin ou du tableau de Michel-Ange. Le baron Lichtenstein, à Wiesbade, possédait, en 1880, et probablement possède encore, un tableau pareil qui se trouvait jadis à Rimini et que Grimm tenait pour l'original du Buonarroti. — Gravé par Julius Bononensis, Agostino Carracci et G. R. Cavalleriis.

BUONVICINO (Alessandro), dit MORETTO da BRESCIA. Elève de Fioravante Fierramola, à Brescia, il se perfectionna par l'étude de Romanino, de Titien et de Raphaël. Né à Brescia, vers 1496; mort dans la même ville, en 1555. — *Ecole vénitienne.*

113. La Foi. — Une belle jeune femme, vêtue d'une tunique rouge et d'un manteau jaune, avec un voile diaphane sur la tête, tient dans la main droite un calice surmonté d'une hostie, tandisque son bras gauche enlace une croix de grande dimension. Figure un peu plus qu'à mi-corps. Au bas du tableau, sur un parapet, un bouquet de roses et de jasmins, entouré d'une listel sur lequel on lit: JVSTVS EX FIDE VIVIT.

Crozat—B—1,03×0,78.

Ce tableau faisait partie, en 1662, de la galerie Muselli, à Vérone, et était considéré avec raison comme une œuvre de A. Buonvicino; mais lorsqu'il passa dans la collection Crozat, et de là, à l'Ermitage, il fut attribué, d'abord à *Paris Bordone*, puis, à *Palma le Vieux,* jusqu'à ce que, en 1861, M. Waagen ait rétabli le véritable nom du peintre. Crowe et Cavalcaselle (Hist. of Paint. in N. Italy, II, 404) supposent que ce tableau date de la même époque que „La Ste. Marguerite", qui se trouve à l'église de San Francesco à Breschia, c'est à dire vers 1530.—Lithographié par Robillard (Galerie de l'Ermitage par Gohier et P. Petit, t. I, cah. 8); photographié par A. Braun.

114 (?). Portrait d'homme. — Un homme d'environ 35 ans, vêtu de noir, s'appuie de la main gauche, dans laquelle il tient ses gants, contre un piédestal en marbre orné de sculptures en relief. Figure à mi-corps.

Baudouin—1,05×0,865.

Dans la galerie du comte de Badouin ce tableau était considéré comme un portrait d'Andrea Vesale, médecin de l'empereur Charles Quint et de Philippe II (1514—1564) exécuté par *J. da Calcar* dans la manière de Titien. M. Waagen est le premier qui ait établi que ce portrait est dû au pinceau d'A. Buonvicino, ce qui ne contredit par l'opinion émise par Crowe et Cavalcaselle (Hist. of Paint. in N. Italy, II, 413) qui trouvent cependant possible seulement de l'attribuer à ce peintre.

CAGNACCI; voir Canlassi.

CALDARA (Polidoro), surnommé **Polidoro da CARAVAGGIO.** Elève de Raphaël Sanzio. L'année de sa naissance est inconnue. Il travailla dès 1514; mort à Messine, en 1543. — *Ecole romaine.*

1647. Les Gladiateurs.—A droite, au second plan, un empereur romain, une couronne de laurier sur la tête, est assis sur son trône; derrière lui, debout, deux de ses confidents. A ses pieds, sur les marches du trône, est assis un guerrier. A gauche, au premier plan, on voit quatre gladiateurs nus, luttant. Peint en grisaille.

Galitzine—0,61×0,76.

Paolo Veronese — Paolo Veronese

CALIARI (Paolo), surnommé **Paolo VERONESE**. Elève de son oncle Antonio Badile, il s'est développé ensuite sous l'influence de Paolo Morando (Cavazzola), de Brusasorci et des grands maîtres vénitiens. Né à Vérone, en 1528; mort à Venise, le 19 avril 1588. — *Ecole vénitienne*.

145. Descente de croix. — Le corps du Christ, descendu de la croix, est représenté à demi-couché sur un linceul; il est soutenu par la Vierge et par un ange en tunique violette. Ils regardent le Sauveur avec une expression de profonde douleur.

Crozat — 1,49 × 1,12.

Ce chef-d'œuvre de Caliari se trouvait d'abord à l'église San Giovanni e Paolo, à Venise, où le roi Charles I d'Angleterre, l'ayant acheté, le fit remplacer par une copie d'Alessandro Varotari. Après la mort tragique du roi, le tableau original a appartenu successivement au duc de Longueville, à M. Le Nain, au comte d'Armagnac, grand-écuyer de France, et enfin au baron Crozat. — Gravé par Agost. Carracci, par Gasp. Duchange, par J. Sandert (au trait, Descript. de l'Ermit., I, 12) et par un artiste inconnu (en sens inverse); lithographié par Krougekine (publ. par la Société pour l'encouragement des beaux-arts à St. Pétersbourg) et par Huot (Galerie de l'Erm. par Gohier et P. Petit, t. I, cah. 5); photographié par A. Braun. — Un autre tableau de P. Veronese du même sujet se trouve probablement en Espagne; une composition semblable, mais avec des figures à mi-corps, et où la Vierge est remplacée par un second ange, a été gravée par Lenormand (dans la „Galerie Giustiniani").

151. Mars et Venus. — Le dieu de la guerre en armure d'or, avec un manteau rose, est à genoux devant Vénus qui, debout, s'appuie de la main gauche sur l'épaule du dieu, tandisque de la droite elle presse son sein gauche pour en faire sortir quelques gouttes de lait. Aux pieds de Vénus, un amour lie avec un ruban rose le pied gauche de la déesse au pied droit de Mars. A droite, au second plan, un autre amour, devant un cheval blanc attaché à un arbre, tient le glaive de Mars. La scène se passe au milieu d'un paysage, près des ruines d'un édifice d'architecture antique, orné d'une figure de faune.

Prince de la Paix—1,32 × 1,72.

Un des dix tableaux de P. Veronese, qui se trouvaient autrefois dans la célèbre galerie de la reine de Suède, Christine. A sa mort (en 1689), ses tableaux, et dans le nombre celui de l'Ermitage, passèrent au duc de Bracciano et, après sa mort, furent acquis, en 1720, par le duc Philippe d'Orléans; ensuite, le tableau de l'Ermitage se trouvait probablement en Angleterre. Quelques-uns prétendent que les figures de Mars et de Vénus sont des portraits, que, sous les traits du dieu, est représenté Alphonse d'Este, fils d'Alphonse I, duc de Ferrare et de Modène, et que sous ceux de Vénus, il faut voir son amante. — Gravé par J. Couché et par M. Aubert; photographié par A. Braun.

138. Moïse sauvé des eaux. — Une femme à genoux présente à la fille de Pharaon le petit Moïse qu'elle vient de prendre d'une corbeille tenue par un nègre. La princesse, vêtue d'un riche costume du temps du peintre, est entourée de suivantes et d'un nain tenant une flûte. Dans le lointain, on voit la mère de Moïse qui s'éloigne.

Crozat—0,58 × 0,45.

Esquisse du tableau de la galerie de Madrid (gravé par Araujo, à l'eau-forte, Gazette d. beaux-arts, 1890). Des compositions identiques se trouvent dans les galeries de Cassel, de Dresde, de Turin, de Lion et de Dijon. — Gravé par Ed. Jeaurat (Recueil Crozat); photographié par A. Braun.

139. L'Adoration des Mages. — La Vierge, assise près d'un édifice en ruines, tient dans ses bras l'Enfant Jésus.

Devant elle, les Mages en adoration. A droite, St. Joseph, s'appuyant sur un bœuf, soulève le voile qui couvre le divin Enfant. Dans le lointain, on voit les personnes de la suite des Mages, des chameux et des chevaux. Les personnages principaux sont des portraits d'amis de l'artiste.

Crozat—C—0,46×0,34.

Cette esquisse, avant de faire partie de la galerie Crozat, a appartenu successivement au maréchal Plessis-Praslin, au chevalier Avice, à Bertin et à M. de Vanolles. — Gravé par N. Dupuis (Recueil Crozat).

140. **Repos en Egypte.** — La Vierge assise, et l'Enfant Jésus près d'elle, achèvent un frugal repas. A droite, St. Joseph, vu du dos; à gauche, au-dessus de la Vierge, un ange arrache d'un dattier une branche chargée de fruits. Sous l'arbre on voit un âne.

8—1,2×0,85.

Gravé par Podolinski (au trait, Descript. de l'Erm., t. II, 66). Il éxiste une grande gravure d'une pareille composition de Paolo Veronese, dans laquelle figure encore un ange venant du côté droit et portant un plat de fruits.

142. **Jésus prêchant dans le temple.** — L'Enfant Jésus, assis en une chaire, explique la Sainte Ecriture à des pharisiens et des scribes, sous les traits desquels sont représentés, comme on le suppose, des contemporains du peintre. A droite, la Vierge et St. Joseph à la recherche de l'Enfant.

Barbarigo—0,24×0,63.

Esquisse.

144. **Le Crucifiement.** — Des soldats attachent le Sauveur à la croix couchée à terre. A gauche, deux soldats à cheval,

vêtus de costumes du temps du peintre. Dans le lointain les deux larron conduits au supplice.

Crozat—C—0,25×0,22

Esquisse. — Gravé par Brébiette et par Agostino Carracci.

149. Diane. — La déesse de la chasse, debout dans une niche, tient dans la main gauche une flèche, et pose la droite sur le cou d'un beau lévrier.

Crozat—0,28×0,16.

Esquisse. Pendant du № 150.

150. Minerve. — La déesse est debout dans une niche, le casque en tête et une lance à la main; près d'elle, un bouclier ovale, orné d'une tête de Méduse.

Crozat—0,28×0,16.

Esquisse. Pendant du № 149.

152. Portrait d'un sénateur vénitien de la maison Capello. — Il porte une fourrure d'hermine, recouverte de brocart; devant lui, quelques livres à reliure rouge. Figure à mi-corps.

⌘—1,36×1,05.

Ce portrait se trouvait autrefois au palais Grassi, ci-devant Capello, à Venise. Acheté au peintre Schöfft et considéré longtemps comme une œuvre de *Titien*.

153. Portrait d'homme. — Il est représenté en buste et vêtu d'un pourpoint noir tailladé de rouge.

Barbarigo—0,63×0,51.

1645. Portrait du patricien vénitien Giovanni Barbarigo. — Un jeune homme aux cheveux ras et à barbe courte, est représenté en trois quarts, tourné à gauche et regardant le spectateur. Il porte une fourrure d'hermine. Sur un fond brun, l'inscription: AN. XXVI. — Buste.

C—Ovale, 0,101×0,075.

Ce petit portrait, qui est le pendant du suivant, a été peint en 1538, comme on voit par l'inscription au revers — incontestablement inscription de l'époque:

MDXXXVIII

ADI. V MARZO

EFFIGIE DI DOMINE

GIO BARBARIGO

PAVLO VERONESE

FECE.

D'où et quand le tableau est entré à l'Ermitage, on l'ignore. Il est inscrit pour la première fois dans l'inventaire de la galerie dressé en 1859.

1646. Portrait d'un patricien vénitien. — Un homme âgé et chauve, avec une longue barbe grise en fourche, est représenté de trois quarts, tourné à gauche et regardant le spectateur. Il porte une fourrure foncé. Sur fond brun, l'inscription: AN. L. — Buste.

C—Ovale, 0,098×0,079.

Ce tableau est le pendant du précédent et représente, selon toutes les probabilités, un membre de la famille Barbarigo. On ignore l'époque et les circonstances dans lesquelles il entra à l'Ermitage. Porté pour la première fois sur l'inventaire de la galerie, dressé en 1859, mais attribué à tort à *J. Bassano*.

141 (?). La Sainte Famille.—Le jeune St. Jean offre un agneau à l'Enfant Jésus que sa mère tient sur ses genoux. Près d'elle, St. Joseph. Figures à mi-corps.

Baudouin—1,05×0,99

143 (?) Le Riche et Lazare. — Sous un portique orné de statues et de bas-reliefs, le riche est assis à table faisant bombance avec ses amis. A droite, un garde appuyé sur une hallebarde et des domestiques portant de mets. A gauche, Lazare couché par terre; deux chiens lèchent ses pieds.

Walpole—0,8×1,045

Autrefois dans la galerie Morville.

146 (?). La Sainte Famille avec Ste. Catherine. — La Vierge présente l'Enfant Jésus à Ste. Catherine, qui, à genoux devant lui, l'embrasse. Derrière la Vierge, St. Joseph debout appuyé sur une balustrade; à côté de la Vierge Ste. Anne. A gauche, deux anges: l'un tenant un cahier de musique, l'autre jouant de la mandoline.

Crozat—1,46×2,05

Ce tableau se trouvait autrefois dans le cabinet du surintendant des finances Fouquet, de qui, après avoir passé dans différentes mains, il parvint à M. Crozat. — Gravé par F. Hortemels (Recueil Crozat); le texte, qui accompagne cette gravure, exprime un doute sur l'authenticité du tableau: „Quelques amateurs croient que c'est là l'œuvre de *Benedetto Caliari*". On pourrait avec plus de vraisemblance l'attribuer à *Giov. Antonio Fasolo;* mais comme il est impossible d'affirmer que l'auteur de ce tableau soit vraiment ce dernier ou tel autre imitateur de P. Caliari, le nom de ce maître a été maintenu.

147 (?). Une Allégorie.—La Vérité, sous les traits d'une jeune femme, le front orné d'un soleil, indique à un prêtre, agenouillé et tenant un encensoir, un objet placé au-dessus d'un autel.

$$0,26 \times 0,275.$$

Esquisse. Pendant du № 148.

148 (?). Une Allégorie.—Saturne s'éloigne de l'Ambition, figurée par un jeune homme assis et tenant sous le bras gauche une corne d'abondance, dans laquelle on voit une couronne et un sceptre.

$$0,255 \times 0,27.$$

Esquisse. Pendant du № 147.

École de P. Caliari:

156. Présentation de l'Enfant Jésus au temple. — La Vierge, tenant l'Enfant Jésus dans ses bras, est agenouillée sur les marches de l'autel, devant le grand-prêtre entouré de ses acolytes. A côté de la Vierge, St. Joseph.

$$1,46 \times 1,83.$$

Autrefois dans le cabinet du comte de Plettenberg.

CANAL (Antonio da-), surnommé **CANALETTO**, peintre et graveur. Elève de son père Bernardo da Canal. Né à Venise, le 18 octobre 1697; mort dans la même ville, le 20 août 1768. — *Ecole vénitienne.*

318. Réception du comte Gergi à Venise.—L'ambassadeur du roi de France Louis XV vient de descendre de sa gondole et est conduit solennellement au palais des doges, qu'on voit sur le côté droit du tableau. Au-delà du Palais, la Piazzetta avec les colonnes de St. Marc et de St. Théodore, l'édifice des Nouvelles Procuraties, et encore plus loin, au-delà du Canal Grande, l'église de Santa Maria della Salute avec la Dogana di Mare. A gauche, sur le Canal, beaucoup de gondoles dorées et noires avec un public divers et des gondoliers dans des livrées de gala.

$-1,81 \times 2,59$.

Pendant du № 319 — Lithographié par Dupressoir (Galerie de l'Erm. par Gohier et P. Petit, tom. I, cah. 11).

319. Départ du Doge pour les épousailles avec l'Adriatique. — Devant le palais des doges, sur le Canal Grande, une galère magnifiquement parée, «le Bucentaure», avec un grand pavillon flottant à son mât. Elle est remplie de personnes en habits de fête et entourée d'autres gondoles de gala portant les seigneurs et les dames de Venise. Au-delà du Canal on voit, à droite, une partie de la Riva dei Schiavoni, à gauche, la Piazzetta, avec les colonnes de St. Marc et de St. Théodore, la cathédrale, le clocher de St. Marc, la tour du Maure et l'édifice des Procuraties.

$-1,81 \times 2,59$.

Pendant du № 318.—Lithographié par Huot (Galerie de l'Erm. Gohier par P. Petit, tom. II, cah. 24).

1648. Une Perspective. — Dans une porte large et haute d'un édifice en pierre voûté, formant deux arcs, à droite, à la porte d'une boutique, on voit un homme debout causant avec une marchande de poissons. Une corde est attachée à la voûte, au bout de laquelle est suspendue une grande lanterne en verre. Au travers de la porte, on voit divers bâtiments et un pont travenant un canal. Quelques hommes animent le tableau.

Galitsine—B—$0,52 \times 0,39$.

CANLASSI (Guido), dit **CAGNIACCI.** Elève de G. Reni. Né à Castel Sant-Arcangelo, près de Rimini, en 1601; mort à Vienne, en 1681. — *Ecole bolonaise.*

194. Ste. Marie Madeleine portée au ciel.—Deux grands anges et deux petits enlèvent la sainte vers le ciel. A gauche, en bas, on voit une croix et une tête de mort devant lesquelles la Madeleine faisait ses prières.

Malmaison—B—0,7×0,52.

244 (?) David. — Il tient la fronde dans la main gauche et le glaive de Goliath dans la droite. Devant lui, sur une table, la tête décapitée du géant. Figure jusqu'aux genoux.

 ẟ—0,99×0,74.

Ce tableau, dans la dernière édition du catalogue de l'Ermitage, était attribué à *L. Cardi* (Cigoli), bien que, autrefois, il a été toujours considéré comme une œuvre de Canlassi, une des nombreuses répétitions de son „David" qui appartenait du temps de Lanzi aux princes Colonna, à Rome, et, d'après cet écrivain, répété et copié aussi souvent que le célèbre „David" de Guido Reni (voir Lanzi, Hist. de la peint. en Italie, Paris 1824, tom. IV, pag. 326). Cependant, la galerie Colonna ne possède plus à présent ce tableau, et une répétition ne se rencontre pas non plus dans d'autres musées

CANTARINI (Simone), dit il **PESARESE,** peintre et graveur dont le talent se développa d'abord sous l'influence des peintres de Vérone et de Venise, puis élève et imitateur de G. Reni. Né à Oropezza, près Pesaro, en 1612; mort à Vérone, le 15 octobre 1648. — *Ecole bolonaise.*

196. La Sainte Famille. — La Vierge tient dans ses mains un livre ouvert et enseigne à lire à l'Enfant Jésus, assis sur un coussin vert. Près de ce groupe on voit St. Joseph,

Ste. Elisabeth et le jeune St. Jean Baptiste. Figures à m[i]-
corps, à l'exception de l'Enfant Jésus.

Walpole —Rond. diam. 1,0[...]

197.(?) La Sainte Famille. — La Vierge, assise sous un arbr[e]
allaite l'Enfant Jésus, couché sur ses genoux. Près d'ell[e]
assis et tournant le dos au spectateur, St. Joseph plong[é]
dans la méditation.

8—0,41×0,3[...]

Esquisse pour un grand tableau.

198(?). Le Repos en Egypte. — La Vierge, assise sous u[n]
palmier, allaite l'Enfant Jésus. Elle est tournée ver[s]
St. Joseph, qui indique de la main gauche une vill[e]
qu'on voit dans le lointain.

Saint-Leu—1,32×1,9[...]

CAPRIOLO (Domenico), probablement le même peintre qu[i]
s'appela **Francesco Domenico MANCINI**, de Trévise. Imitateu[r]
de G. Bellini et de Giorgione, il travailla en 1500—152[0]
—*Ecole vénitienne.*

89. Portrait de l'artiste.—Il est représenté à mi-corps et à l'âg[e]
de 25 ans, comme cela est indiqué au bas du tableau
à droite, sur une médaille dorée représentant une bich[e]
couchée, avec la date **MDXII**. Domenico, tourné [à]
gauche, est vêtu d'un justaucorps jaune avec ornement[s]
de velours rouge et vert, d'un manteau de fourrure et d'un[e]
barrette noire; il tient un portefeuille bleu. On voit dan[s]
le lointain, à droite, une niche avec une statue de Vénus
sans tête ni bras, et à gauche, une église.

Crozat—1,17×6,94[...]

Ce tableau a été considéré jadis comme une œuvre de Giorgione sous le nom duquel il a été gravé par Skotnikoff (au trait, dans Descript. de l'Erm., I, 34). Les répétitions de ce portrait avec une signature semblable se trouvent à Londres, dans les collections Edw. Cheney et William Russell, et à Pavie. Une ancienne copie, avec quelques variations, à la Pinacothèque de Munich; c'est celle qui probablement fut gravée par Pigage (Galerie de Dusseldorff) comme un portrait de Giorgione, peint par D. Feti.

CAPUCINO (il-); voir Strozzi.

CARAVAGGIO (Michelangelo da-); voir Amerighi (Michelangelo).

CARAVAGGIO (Polidoro da-); voir Caldara.

CARDI (Lodovico), dit CIGOLI, peintre, sculpteur, architecte et poète. Elève d'Alessandro Allori et de Santo di Tito, imitateur de Correggio. Né à Cigoli, près de Florence, le 12 septembre 1559; mort à Rome, le 8 juin 1613. — *Ecole florentine.*

246. La Circoncision de Jésus.—En face de l'Enfant Jésus, qui se trouve entre les mains des lévites, on voit la Vierge à agenoux et auprès d'elle St. Joseph debout. Dans le ciel apparaissent Dieu le Père et quatre anges, dont deux tiennent des fleurs.

$\text{Â}—3,29 \times 2,16.$

Ce tableau fut acheté pour l'Ermitage en 1825 au peintre del Chiari. -- Gravé par Benedetto Eredi.

247(?) Le Mariage de Ste. Catherine. — Dans une pièce ornée de colonnes de marbre, la Vierge assise tient sur ses genoux l'Enfant Jésus, qui met l'anneau des fiançailles au doigt de Ste. Catherine agenouillée et appuyée sur la roue. Figures à mi-corps, à l'exception de celle de l'Enfant Jésus.

$-1,16\times0,94$.

CARRACCI (Annibale). Élève de son cousin, Lodovico Carracci, qui fonda avec lui et avec Agostino Carracci l'académie degl'Incamminati, à Bologne. Né dans cette ville, le 3 novembre 1560; mort à Rome, le 15 juillet 1609. — *École bolonaise.*

169. La Sainte Famille. — La Vierge, assise près de la porte d'une maison, soutient d'une main l'Enfant Jésus sur ses genoux, prépare de l'autre le berceau, tandis que le jeune St. Jean Baptiste offre à Jésus des fruits qu'il apporte dans le pan de sa tunique. A droite, au second plan, St. Joseph lisant dans un livre.

$-0,57\times0,43$.

Gravé par J. Sanders (au trait, dans Descript. de l'Ermit., I, 23).

171. Le Repos en Egypte. — La Vierge, assise près d'un arbre, tient sur ses genoux l'Enfant Jésus endormi que deux anges adorent. A droite, St. Joseph conduit l'âne vers un ruisseau pour l'y faire boire. Dans le lointain, un paysage.

Crozat—Rond, diam. 0,84.

Lithographié par V. Dollet (Galerie de l'Ermit. par Gohier et P. Petit, t. I, cah. 4). Le groupe de la Vierge, de l'Enfant Jésus et des anges est gravé de la grandeur de l'original (forme carrée) par F. Poilly.—Au musée de Berlin il y a une copie de ce tableau qu'on y prétend être un original.

172. La Descente de croix. — Le corps du Seigneur, qui vient d'être descendu de la croix, est étendu sur un linceul. Un ange, à genoux, soutient la tête du Christ; un autre ange, également à genoux, examine la plaie de la main gauche. A gauche, deux petits anges pleurant, et à droite, dans le lointain, le Golgotha.

Prince de la Paix—1,55×2,01.

73. Les Saintes Femmes au tombeau du Seigneur. — L'ange, assis au bord du tombeau en pierre, montre qu'il est vide à Ste. Madeleine, à Marie mère de Jacques et à Salomé et leur annonce la résurrection du Christ. A droite, dans le lointain, un homme à cheval et un piéton au milieu du paysage.

Coesvelt—1,21×1,45.

Ce tableau a fait partie successivement des collections Filar mini, du duc della Torre et de Lucien Bonaparte. — Gravé par Roullet, E. Joubert (au trait, Recueil Coesvelt), - Pauquet (en sens inverse) et par un anonyme.

74. L'Apparition du Christ réssuscité aux Saintes Femmes.—Le Sauveur apparait, dans le jardin des Oliviers, aux trois Saintes Femmes tombées à genoux devant lui; l'une d'elles baise les pieds du Seigneur.

Â—0,88×1,09.

Acheté en Italie, en 1819, par l'aide-de-camp général prince W. S. Troubetzkoy.

77. Jeune fille endormie (Vénus). — Elle est représentée nue, couchée sous une draperie rouge. Dans le lointain, un paysage montagneux.

Walpole—B—Ovale, 0,23×0,35.

Gravé par Bartolozzi (dans la grandeur de l'original), par Reveil (au trait) et par J. Adam.

78. Paysage sombre.—Au premier plan, une cascade, près de laquelle sont assis un pêcheur et une femme. Dans le lointain, des montagnes.

$$\text{◊}-1{,}19\times 1{,}73.$$

176. Portrait d'Annibale Carracci. — Un chevalet sur lequel est placé le portrait de l'artiste, représenté en justaucorps noir avec un col blanc. Au bas du chevalet, un chien et un chat.

$$\text{Crozat}-\text{B}-0{,}43\times 0{,}3.$$

168. St. Jean Baptiste. — Le saint, représenté comme adolescent, est assis et tient dans la main gauche une croix entourée d'un listel, sur lequel on lit: ECCE AGNUS DEI. Près de lui, on voit un agneau. Dans le lointain, un paysage. Figure à mi-corps.

$$\text{Brühl}-1{,}02\times 0{,}91.$$

Ce tableau a été attribué autrefois à *L. Carracci.*—Gravé par Moitte (Recueil Brühl).

170 (?). La Sainte Famille. — L'Enfant Jésus, debout sur les genoux de sa mère, tient une pomme dans la main gauche et regarde St. Joseph, qui, un livre à la main, est debout près de la Vierge. A gauche, le petit St. Jean, appuyé sur le berceau. Dans le lointain, un paysage.

$$\text{Coesvelt}-\text{C}-0{,}37\times 0{,}29.$$

Gravé par E. Joubert (au trait, Recueil Coesvelt). Il y a encore d'autres gravures de la même composition, mais il est difficile d'établir si elles reproduisent le tableau de l'Ermitage ou bien une répétition ou une copie. Ce sont les gravures de G. Ant. Stefanoni, de C. Bloemaert, de A. Blooteling (en sens inverse), de P. Lombart (en sens inverse et avec quelques changements), de P. Landri, de N. Poitty et de V. Vaillant.—Au musée des Offices, à Florence, il y a une répétition de ce tableau qui n'est porté que dans l'école d'An. Carracci.

649. St. Charles Borromée.—Le célèbre archevêque de Milan est représenté jusqu'aux genoux, vêtu d'une soutane blanche et d'un camail rouge. Ses yeux sont levés vers le ciel, et il semble adresser une fervente prière; sa main gauche repose sur la poitrine, tandisque la droite est levée. Près de lui, à gauche, une table couverte d'une nappe verte, sur laquelle on voit un livre ouvert, un crucifix, une barrette rouge et une tête de mort.

Galitzine—1,53×1,24.

677. La Descente de croix. — Le Christ, la tête tournée du côté droit, repose sur un linceul blanc, le corps sur les genoux de l'ange, les pieds par terre; un petit ange soutient sa main gauche. Derrière le Christ, Ste. Madeleine agenouillée, plongée dans une profonde douleur, et à ses pieds, un vase avec de la myrrhe. Près d'elle, un petit ange, les bras étendus. Au premier plan, à droite, un panier dans lequel on voit la couronne d'épines, les clous et le marteau.

Galitzine—F—0,33×0,45.

CARRACCI (Lodovico), peintre, graveur et sculpteur. Elève de Prospero Fontana, de Tintoretto et de Passignano, il a été le fondateur de l'académie degl'Incamminati, à Bologne, et de l'école éclectique du XVII siècle. Né à Bologne, le 21 avril 1555; mort dans la même ville, le 13 décembre 1619. — *Ecole bolonaise.*

63. La Sainte Famille au palmier.—La Vierge, assise sous un palmier, tient sur ses genoux l'Enfant Jésus. Devant elle, St. Joseph debout et appuyé sur un bâton; derrière la Vierge, deux anges debout. Au haut du tableau, des chérubins.

8—0,42×0,3.

Ce tableau a été considéré autrefois comme une œuvre d'*Ann. Carracci.*

164. La Sainte Famille avec Ste. Barbe et St. Laurent.—La Vierge, assise sur une estrade, tient sur ses genoux l'Enfant Jésus. Près d'elle, à gauche, St. Joseph, à droite, Ste. Elisabeth et le jeune St. Jean Baptiste. Devant la Vierge, Ste. Barbe agenouillée avec une tour à la main et St. Laurent appuyée sur le gril en fer, instrument de son martyre.

Crozat—C—0,43×0,33.

165. Portement de croix.— Jesus, représenté à mi-corps, porte la croix sur l'épaule gauche, la tête tournée à gauche.

Å—0,97×0,78.

Ce tableau, attribué d'abord à *Ann. Carracci*, se trouvait au XVII siècle à Florence, d'où il a été enlevé probablement par les Français, au commencement du XIX siècle, et apporté à Paris. Acquis pour l'Ermitage par l'entremise du baron Vivant Denon en 1808. Gravé par Kollman (au trait, Descript. de l'Ermit., I, 40) et par L. Vercruys; lithographié par P. Meyer (publ. par la Société pour l'encouragement des artistes) et par Robillard (Galerie de l'Erm. par Gohier et P. Petit, tom. II, cah. 19).

166. La Mise au tombeau. — Le corps du Christ est déposé au sépulcre. A droite, Ste. Madeleine à genoux, tient un vase avec du baume; près d'elle, Joseph d'Arimathie. A gauche, la Vierge et St. Jean l'Evangéliste.

Walpole—1,9×1,56.

Gravé par V. Green (en 1775, à l'aquatinte, dans le Recueil Walpole).

167. St. Sébastien. — Le saint martyr, attaché à un arbre, est blessé par les flèches que lui lancent ses bourreaux.

ठ—C—0,28×0,22.

Probablement l'esquisse du tableau qui se trouve au palais Doria, à Rome.—Gravé par Giovannini.

CARRUCCI (Jacopo), surnommé il **PONTORMO** et da **PUNTORMO**. Elève de L. da Vinci, de Mariotto Albertinelli, de Pietro di Cosimo et d'A. del Sarto. Né à Puntormo (près d'Empoli) au mois de mai 1494; mort à Florence, le 31 décembre 1556. — *Ecole florentine.*

5. **La Sainte Famille.** — La Vierge, assise sur les marches d'un bel édifice, tient sur ses genoux l'Enfant Jésus et attire le jeune St. Jean Baptiste, que le Sauveur prend par la main. A gauche, Ste. Elisabeth et St. Joseph assis.

Crozat — Ardoise — 0,44 × 0,31.

Attribué avant à *Fr. Mazzoli* (il Parmigianino).

CASANOVA (Francesco), peintre et graveur. Elève de Fr. Simonelli, surnommé Parmigianino. Né à Londres, en 1730; mort à Brühl, près de Vienne, en 1808. — *Ecole florentine.*

27. **La vache dans la prairie.** — Elle est debout au milieu d'un paysage animé de figures. A droite, le berger assis, joue de la musette. Dans le lointain, on aperçoit encore quelques vaches.

8 — B — 0,59 × 08.

641. **Le bœuf dans la prairie.** — Un bœuf blanc est debout au milieu d'un paysage, la tête tournée à gauche; il a au cou une clochette. A droite, sous un arbre, est assis le berger et quelques moutons sont couchés; au second plan, un veau et des moutons.

Galitsine — B — 0,73 × 0,91.

Pendant du № 1642.

1642. Troupeau traversant un ruisseau.—Au milieu du tableau, une vache pie franchit de gauche à droite un ruisseau, que viennent de passer un berger et son troupeau qu'on voit au second plan. A gauche, sur une hauteur abrupte, une femme assise.

Pendant du № 1641.

Galitzine—B—0,73×0,9.

CASTAGNO (Andrea del). Son talent s'est formé sous l'influence de Masaccio, Masolino et d'autres maîtres toscans. Né en 1390, probablement à Castagno, localité de la province Mugello (Toscane); mort à Florence, le 19 août 1457.— *Ecole florentine.*

1650. Deux parties du triptyque: St. Constantin embrasse le Christianisme.

a) *Partie du milieu.*—St. Constantin, vêtu d'un manteau semé d'étoiles d'or, et portant une chaîne d'or au cou, est à genoux, dans l'attitude d'un homme qui prie, devant le pape, assis sur un trône à haut dossier et recouvert de brocart. Le pape, en habits sacerdotaux, porte la tiare dorée. Ses regards sont fixés sur Constantin, il tient dans ses deux mains, sur ses genoux, un diptyque ouvert représentant les apôtres St. Pierre et St. Paul sur un fond doré. Sur les marches du trône, une couronne impériale. Des deux côtés du trône, deux jeunes gens debout dont l'un, celui de droite, tient la crosse épiscopale. Dans la peinture des vêtements, de même que dans d'autres accessoires, le peintre a employé l'or.

♙—T. T. 1888—1,74×0,87.

b) *Volet gauche.* — Sur le parvis d'une église, le pape, en versant de l'eau bénite sur la tête de Constantin, accomplit ainsi l'acte de son baptême. L'empereur est représenté tout nu, les mains jointes, agenouillé dans les fonts baptismaux. A gauche, derrière le pape, trois cardinaux, dont l'un, le plus rapproché du premier plan, soutient le bord de la chasuble du pontife. A droite, derrière St. Constantin, un adolescent tient la couronne et les vêtements impériaux; il est accompagné d'un autre jeune courtisan. Au haut du tableau, au milieu d'un ciel bleu, on voit à mi-corps, au milieu des nuages, les images du Christ et des apôtres St. Pierre et St. Paul, groupés en un disque qui répand la lumière de tous côtés. L'artiste a employé l'or dans la peinture des vêtements et d'autres accessoires.

$\underset{\text{m}}{\text{A}}$—T. T. 1888—1,57×0,73.

Ces parties du triptyque incomplet se trouvaient autrefois à la galerie Alberici, à Rome, vendue en avril 1886, et ont été portées, dans le catalogue de l'enchère, sous les № 468, et 469, mais furent exclues de la vente, parce que le possesseur de la galerie craignait que le gouvernement italien n'en fît la saisie, ces œuvres précieuses étant de provenance douteuse. Acquis pour l'Ermitage en 1887, grâce à l'initiative de S. A. I. le Grand Duc Serge Alexandrovitch, par l'entremise de M. Helbig, pour 6,500 lires. Avant de les transporter du bois sur toile, au bas de la partie du milieu il y avait un planche dorée avec une inscription de l'époque: CONVERSIO ◇ COSTANTINI ◇ ADFIDEM ◇ ℮ OC ◇ OPVS ◇ FIERI ◇ ANDREAS ◇ DEFOREN, inscription qui se prolongeait, sans doute, au bas du volet droit. Le volet gauche était muni de l'inscription suivante: QUALE ◇ COSTANTINS ◇ MVDATVS ◇ FVI ◇ ALEPRA *). Les deux volets ont été fournis à l'Ermitage passablement détériorés; ils ont été restaurés en 1888—1889 par M. T. Romanoff, qui s'est borné à faire les retouches les plus indispensables.

CASTIGLIONE (Giovanni-Benedetto), dit il BENEDETTO et aussi il **GRECHETTO**, peintre et graveur. Elève de G.-B. Paggi et And. Deferrari, son talent s'est développé sous l'influence

*) Mélange étrange du latin avec l'italien. Celui qui avait commandé le tableau voulait dire: „Qualis Constantinus mundatus fui a lepra". („A l'instar de Constantin, je suis guéri de la lèpre" c'est-à-dire de l'incrédulité).

de Ant. van Dyck. Né à Gênes, en 1616; mort à Mantoue, en 1670. — *Ecole génoise.*

287. Animaux.—Au milieu d'un paysage, deux brebis couchées et une chèvre debout.

8—1,22×1,5.

Considéré autrefois comme une œuvre de *Giov. Agost. Cassana;* parfaitement reconnue pour un travail de Castiglione par M. Waagen.

CATENA; voir Biaggio.

CAVALLINI (Pietro), peintre, mosaïste et architecte. Elève de Giotto. Né dans la seconde moitié du XIII siècle; mort à Rome, en 1344 ou 1364. — *Ecole romaine.*

Copie libre d'après un tableau de ce peintre:

13. L'Annonciation. — Dans une salle de marbre, devant la Ste. Vierge, apparait l'archange Gabriel. De la bouche de la Vierge sortent les mots: ECCE ANCILLA DNI. Le messager de Dieu, entouré de rayons, est agenouillé devant elle. Par la porte ouverte, on voit Dieu le Père sur des nuages.

Tatistcheff—C—0,345×0,47.

L'original de cette copie, qui fut attribué à *Lodovico Cigoli,* est exécuté à la fresque et se trouve à l'église de l'Annonciation, à Florence. Il a été copié bien des fois. Ainsi, à l'Ambrogiana, à Milan, on peut voir une copie libre due au pinceau de Cavallini; un autre copie se trouve dans la cathédrale de Cologne. Au musée de l'Académie Impériale des beaux-arts à St. Pétersbourg, anciennes copies de la tête de la Ste. Vierge et de celle de l'archange.

CESARI (Giuseppe), dit il **CAVALIERE D'ARPINO**. Elève de son père, Cesare d'Arpino, et de Cristofano Roncalli. Né probablement à Rome, vers 1560; mort dans la même ville, le 3 juillet 1640. — *Ecole romaine.*

131. **Ste. Claire au siège d'Assise.** — A la tête des religieuses de son ordre, Ste. Claire sort du couvent de St. Damien, une hostie à la main. A son approche, les fantassins et les cavaliers de Frédéric II prennent la fuite. A droite, dans le lointain, au milieu du paysage, un château fortifié.

8—B—0,37×0,45.

CIGNANI, comte - (Carlo). Elève de G. B. Cairi et de F. Albani, imitateur de Correggio et des Carracci. Né à Bologne, le 15 mai 1628; mort à Forli, le 6 septembre 1719. — *Ecole bolonaise.*

108. **La Charité.** — Une jeune femme, couchée sous un arbre, tient une pomme dans sa main gauche, et tourne la tête vers un enfant qui sort de dessous son manteau. Un autre enfant est couché sur le sein de la femme; un troisième dort sur une draperie rouge. Dans le lointain, un édifice fortifié et des montagnes.

Brühl—1,33×1,9.

CIGOLI; voir Cardi.

CIMA (Giambattista) da-CONEGLIANO. Elève de A. Vivarini, il s'est formé sous l'influence de Giov. Bellini et d'Antonello da Messina. Né à Conegliano (Trévise), a travaillé de 1489 à 1517. — *Ecole vénitienne.*

4. **La Ste. Vierge avec l'Enfant Jésus et deux Saints.** — La Vierge soutient l'Enfant Jésus debout sur une table de marbre. A droite, St. Pierre en prière, et devant lui les clefs; à gauche, St. Antoine et, près de lui, la sonnette avec l'inscription: AVE MARIA, dont il se servait pour exorciser les démons. Derrière la Vierge, une draperie

verte. Dans le lointain, un paysage. Figures à mi-corps, à l'exception de celle de l'Enfant.

8—T. T.—0,42×0,59.

Attribué avant à *Giov. Bellini*. — Photographié par A. Braun.

1675. L'Annonciation. — A droite, la Ste. Vierge est agenouillée sur un prie-Dieu, sur lequel est posé un livre ouvert. La lecture interrompue, elle a penché la tête vers l'épaule droite avec un geste d'étonnement. Derrière la Vierge, on voit sa couche, sous un dais orné de sculptures et d'une inscription en hébreu. A gauche, l'archange, en tunique blanche et les ailes dépliées, s'approche de la Vierge; dans la main gauche, il tient une fleur de lis et appuie la droite contre la poitrine. Derrière lui, une fenêtre formant deux cintres partagés par une colonne; les volets de la fenêtre sont ouverts, et l'on voit, à travers, un temple avec une coupole, un clocher, deux tours et un autre édifice; dans le lointain, un château sur le sommet d'une montagne. Sous la fenêtre, entre la Vierge et l'archange, une chaise basse. Sur le marchepied du lit est représenté, fixée à la cire, une feuille blanche avec l'inscription suivante très endommagée:

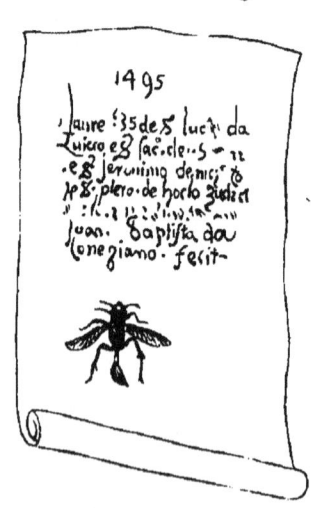

Galitzine—T. T. 1873—1,43×1,13.

Ce tableau, lorsqu'il se trouvait à Moscou, a été transporté du bois de nouveau sur bois, c'est pourquoi la peinture a pris une teinte un peu terne qui est resté jusqu'à ce jour. Puis le tableau a été transporté sur toile, selon le désir du prince Galitzine, par le restaurateur de l'Ermitage A. Sidoroff.

CITTADINI (Pietro-Francesco), dit il **MILANESE**. Elève de G. Reni. Né à Milan, en 1616; mort à Bologne, le 19 novembre 1681. — *Ecole bolonaise*.

193 (?). L'Adoration des bergers. — La Vierge montre l'Enfant Jésus à deux bergers et à un enfant. A gauche, St. Joseph et, dans le lointain, trois chérubins. Tout le groupe est entouré d'une guirlande de fleurs.

B—0,75×0,62.

Acheté pour l'Ermitage en 1819, à Paris, par l'entremise du prince W. S. Troubetzkoy, avec 17 autres tableaux. La guirlande de fleurs est peinte évidemment par l'artiste romain *Mario Nucci*, dit *Mario de' Fiori* (né à Naples, en 1603; mort à Rome, en 1673). Ce tableau est-il de Cittadini ou de quelque autre élève de G. Reni, il y a des doutes à ce sujet. Le type des têtes rappelle beaucoup les œuvres de *Francesco Benardi*, dit *Bigolaro*, élève de Dom. Feti, surtout ses tableaux au musée de Brunsvick. Cependant on ne saurait attribuer avec assurance cette toile à ce peintre.

CORRADO (Ridolfo), dit **Ridolfo GHIRLANDAIO**. Elève de son père Domenico, de son oncle Davide Corrado et de Fra Bartolommeo, il a subi influence de L. da Vinci et de Raphaël. Né à Florence, le 4 janvier 1483; mort dans la même ville, le 6 juin 1561. — *Ecole florentine*.

30 (?). La Sainte Famille. — La Vierge, représentée jusqu'aux genoux, soutient l'Enfant Jésus, qui, debout sur un livre rouge, embrasse sa mère. A gauche, St. Jean-Baptiste agenouillé.

Ĥ—T. T. 1840—Rond. diam. 0,86.

Acheté au peintre Noé, en 1839. Voir la note du № suivant.—Photographié par A. Braun.

31 (?). La Ste. Vierge avec l'Enfant Jésus.—L'Enfant Jésus debout sur une table en marbre, embrasse sa mère représentée à mi-corps.

Ä—T. T. 1820—0,65×05.

Crow et Cavalcaselle attribuent ce tableau et le précédent à *Michele da Ridolfo* ou à *Mariano da Pescia*. — Photographié par A. Braun.

CORREGGIO; voir Allegri.

CORTONA (Pietro da-); voir Berettini.

CRESPI (Giuseppe-Maria), dit **il Spagnuolo di Bologna**, peintre et graveur. Elève d'Angelo-Michele Toni, de Domenico-Maria Canuti et de C. Cignani. Né à Bologne, le 16 mars 1665; mort dans la même ville, le 16 juillet 1747.—*Ecole bolonaise.*

313. La Sainte Famille. — La Vierge, assise et tenant sur ses genoux l'Enfant Jésus, lui apprend à lire la banderole portant l'inscription: ECCE AGNUS DEI. Devant elle, St. Jean-Baptiste à genoux, auquel Ste. Elisabeth donne une croix. Derrière ce groupe, St. Joseph debout; à droite, Ste. Anne et St. Joachim, et dans le fond, St. Zacharie.

Brühl—2,41×1,89.

Ce tableau et le suivant (№ 314) sont des pendants, peints pour le cardinal Ottoboni, à la mort duquel ils furent acquis par le comte Brühl.—Gravé par R. A. Kilian (Galerie Brühl).

14. La Mort de St. Joseph.— St. Joseph gît étendu sur un lit recouvert d'une draperie jaune. A côté de lui, le Sauveur bénissant le mourant; à gauche, la Vierge et plusieurs femmes, et, dans le fond, trois anges, dont l'un soutient la tête de St. Joseph.

Brühl—2,42×1,87.

Voir la note du N° précédent.—Gravé par J. Teicher (Galerie Brühl) comme un tableau de *Spagnoletto*.

15. Portrait de l'artiste.—G.-M. Crespi est représenté vêtu de brun, la tête entourée d'un mouchoir, et dessinant dans un album. Figure à mi-corps.

Baudouin—Ovale, 0,61×0,5.

Esquisse.

CRISTOFANO (Francesco di-), dit FRANCIABIGIA. D'abord condisciple d'Andrea del Sarto à l'école de Pietro di Cosimo, il subit l'influence du premier à ce point qu'on peut l'appeler son élève, quoique Cristofano fût plus âgé que lui. Né à Florence, en 1482; mort dans la même ville, le 24 janvier 1525. — *Ecole florentine.*

27. Portrait d'homme.—Un homme assez jeune, vêtu de noir et coiffé d'une toque de la même couleur, est debout et tient ses gants dans la main gauche reposée sur une table.

ℍ—T. T. 1867—0,88×0,69.

On prenait à tort ce portrait pour celui du célèbre Cesare Borgia, duc de Valentinois, fils du pape Alexandre VI. Cavalcaselle, sans preuves suffisantes, l'attribue à *Bronzino* ou à *Antonio Moro*. Acheté en 1847.

DOLCI (Carlo). Elève de Jacopo Vignali. Né à Florence, le 25 mai 1616; mort dans la même ville, le 17 janvier 1686. — *Ecole florentine.*

251. La Mère de douleur. — La Vierge est représentée tournée à gauche, les yeux baissés. Buste.

Malmaison—0,55×0,43.

Gravé par A. Pistchalkine, en 1838; photographié par A. Braun. —Des répétitions de ce tableau se trouvent dans plusieurs musées; quelques unes sont, sans doute, des copies faites par la fille du peintre, Maria Dolci. L'une de ces répétitions se voit à la galerie Borghese, à Rome; l'autre, gravée par Bartolozzi pour le Recueil Boydel, se trouvait dans la galerie de lord Upton, et propablement se trouve encore en Angleterre; une troisième est dans la galerie de Turin.

252. La Madeleine. — Tournée à gauche, elle tient dans sa main droite une couronne d'épines, et dans la gauche, un mouchoir blanc. Dans le lointain, un paysage. Figure à mi-corps.

Å—0,73×0,565.

Acquis à Paris, en 1819, par l'entremise de l'aide-de-camp général prince W. S. Troubetzkoy.

253. Saint Antoine. — Le saint est représenté en prière, la main gauche sur sa poitrine. Buste.

Saint-Leu—Carton—Ovale, 0,66×0,98.

254. Sainte Catherine. — La sainte est agenouillée devant un prie-Dieu, recouvert d'une étoffe violette, et sur lequel on voit un livre de prières ouvert. En bas, un petit ange, debout près de la roue relevée, instrument du martyre de la sainte; il tient un bouquet de lis et une palme. Figures à mi-corps.

Malmaison—T. T. 1848—1,16×0,93.

55. **Sainte Cécile.** — La sainte, assise dans un fauteuil, chante en s'accompagnant d'un orgue qui est devant elle. Elle porte une robe blanche, brodée d'or et ornée d'une agrafe avec des pierres précieuses. Figure à mi-corps.

8—1,26×1.

Gravé par J. Sanders (au trait, Descr. de l'Erm., I, 33); lithographié par E. Robillard (Galerie de l'Erm. par Gohier et P. Petit, t. II, cah. 24).—Une répétition de ce tableau est à la galerie de Cassel; une autre, avec variations, à la galerie de Dresde (gravée par P. A. Kilan et F. Knolle). On ignore si c'est d'après l'exemplaire de l'Ermitage, ou d'après un autre, qu'a été faite la gravure de B. Baron (pour le Recueil Boydel).

539. **Saint Jean l'Evangéliste.**—Le saint est assis près d'un rocher qui est à droite et sur lequel il y a un grand livre ouvert et une écritoire. De la main droite il tient une plume. Interrompant son travail d'écriture, il tourne la tête à gauche et regarde le ciel pour écouter des révélations d'en haut. Derrière lui, à droite, un aigle noir. Figure à mi-rorps. Fond, ciel-bleu.

Galitzine—T. T. 1889—0,4×0,29.

Répétition, réduite comme dimension, du tableau qui se trouve au musée de Berlin (tableau provenant de la collection Giustiniani et gravé par A. Payne dans l'édition: „Deutschlands Kunstschätze, Leipzig 1872"). La galerie Pitti, à Florence, possède deux tableaux de C. Dolci qui traitent le même sujet et, à peu de chose près, de la même composition. Sur le revers du tableau de l'Ermitage, avant qu'il eût été transporté sur toile, se trouvait une inscription contemporaine au tableau: Di mano di Carlo Dolci g^{to} d. 9 Giug°, 1647.

1640. Tobie et l'Ange. — A droite, le jeune Tobie debout, portant une tunique courte et un large manteau, une barrette sur la tête, sous le bras gauche un grand poisson. Il écoute les paroles de l'ange, qui marche près de lui, du côté gauche du tableau. La scène se passe au milieu d'un paysage.

Galitzine— C—0,42×0,35.

DOMENICHINO (il-); voir Zampieri.

FACCINI (Pietro). Peintre et graveur; élève, puis rival d'Ann. Carracci. Né à Bologne, en 1562; mort dans la même ville en 1602. — *Ecole bolonaise.*

175. La Justice de Cyrus. — Après la mort d'un Perse de condition, ses trois fils se présentèrent à Cyrus pour réclamer l'héritage que le défunt avait laissé à celui des fils qui l'avait aimé le plus. Le roi donna l'ordre d'attacher le corps du défunt à une colonne et proposa à chacun des fils de le percer d'une flèche. L'aîné le fit sans hésiter, tandisque le plus jeune, en déposant les armes aux pieds du roi, refusa de lui obéir. On voit, à droite, Cyrus assis sur son trône et, auprès de lui, le mauvais fils qui vise au cadavre de son père; aux pieds du trône, le fils cadet agenouillé prie le roi de lever l'ordre qu'il vient de donner, et le troisième fils, en manteau jaune, s'entretient avec un cavalier, vêtu d'un costume de l'époque du peintre. A gauche, le cadavre attaché à une colonne, et des curieux, qui observent la scène.

Crozat—T. T. 1826—0,35×0,47.

Ce tableau a été d'abord rangé parmi ceux de l'école bolonaise sans désignation de peintre; puis on l'attribuait à *Agostino Carracci* et à *Annibale Carracci*.

FARINATI (Paolo), de la famille **degli Uberti**, peintre, graveur et architecte. Elève de Nic. Giolfino, il s'est développé plus tard sous l'influence de Parmigianino et de Paolo Veronese. Né à Vérone, en 1524; mort dans la même ville, en 1606. — *Ecole vénitienne.*

55 (?). **L'Adoration des Mages.** — La Vierge assise, tient sur ses genoux l'Enfant Jésus devant lequel deux Mages sont agenouillés. Le troisième Mage debout, prend des mains d'un serviteur une coupe qu'il va offrir à l'Enfant. Derrière la Vierge, St. Joseph.
Crozat—1,04×1,37.

Gravé par F. Hortemels (Recueil Crozat).

FERRI (Ciro), peintre et architecte. Elève de Pietro Berettini. Né à Rome, en 1634; mort dans la même ville, le 13 septembre 1689. — *Ecole romaine.*

286. **Vision de Ste. Catherine de Sienne.** — La sainte, revêtue des habits du tiers-ordre de St. Dominique, est à genoux devant la Vierge, qui lui apparait au milieu des nuages, tenant l'Enfant Jésus. Le Sauveur offre à la sainte la couronne d'épines et la couronne de la gloire mondaine. Ste. Catherine choisit la première. A droite, St. Dominique une fleur de lis à la main; à gauche, Ste. Cécile avec l'orgue. Au second plan, derrière la Vierge, Ste. Barbe, ceinte d'une couronne radiée.
Crozat—C—0,3×0,25.

FETI (Domenico). Elève de L. Cardi (Cigoli), il s'est développé plus tard sous l'influence de Giulio Romano et des peintres vénitiens, finalement imitateur de M.-A. da Caravaggio. Né à Rome, en 1589; mort à Venise, en 1624.—*Ecole romaine.*

231. David. — Vêtu d'une tunique brune doublée de fourrure, David tient dans la main droite le glaive de Goliath. Devant lui, sur une tablette de marbre, la tête du géant décapité. Figure à mi-corps.

Crozat—1,05×0,81.

Ce tableau, autrefois dans la galerie du roi d'Angleterre, Charles I, à Hampton Court, a été acquis, après la mort tragique du roi, par l'abbé Lemoine. — Gravé par Jacques Chéreau (Recueil Crozat). — La tête de David est probablement un portrait.

232. Le jeune Tobie guérissant son père. — A l'entrée d'une maison, ornée de colonnes, le jeune Tobie, assisté de l'ange et de sa mère, rend la vue à son père en lui appliquant sur les yeux du fiel de poisson. Un chien regarde attentivement le vieux Tobie.

♂—B—0,67×0,85.

Répétition du tableau qui se trouve à Venise, dans la famille Giovannelli, et gravé par P. Monaco.

233. L'Immaculée Conception. — La Vierge en prière, les mains croisés sur la poitrine, lève les yeux vers le ciel, dans lequel on voit des chérubins. Figure à mi-corps.

Crozat—1,21×0,94.

Gravé par F. Hortemels (Recueil Crozat).

234. L'Adoration des Bergers. — Un ange soulève le voile étendu sur l'Enfant Jésus qu'il montre aux bergers, venus pour adorer le nouveau-né. Devant l'Enfant, la Vierge et St. Joseph sont agenouillés. Dans le ciel, on voit des anges.

Crozat—B—1,21×0,94.

Esquisse pour un grand tableau d'autel, elle se trouvait autrefois dans une galerie particulière, à Venise. — Gravé par S. Fr. Ravenet et par Podolinsky (au trait, Descript. de l'Ermit. II, 74).

236. Portrait d'un comédien. — Il est vêtu d'un justaucorps brun, retenu par une écharpe blanche. Il tient un masque de velours noir. Figure à mi-corps.

Crozat—1,05×0,81.

Autrefois dans la galerie du cardinal Mazarin. C'est le portrait de Giovanni-Gabriele „Comici Noncupati", un des acteurs de la troupe du duc Ferdinand de Mantoue, à la cour duquel Feti était attaché comme peintre principal.—Gravé par N. Larmessin (Recueil Crozat); photographié par A. Braun. — Le portrait du même individu, mais plus jeune, a été peint par Ann. Carracci (gravé par J. Wagner).

235 (?) Dédale et Icare. — Dédale attache des ailes en cire aux épaules de son fils Icare, qui est devant lui assis et nu.

Walpole—1,93×1,32.

Attribué autrefois, à tort, à *Ch. Lebrun.*—Gravé par G. S. et J. G. Facius.

FIESOLE (Fra Giovanni), surnommé **FRA-ANGELICO et BEATO ANGELICO**; avant son entrée au couvent, **Guido di Pietro**. Il s'est formé par l'étude des œuvres de Gherardo Starnina, de Masolino et d'Orcagna. Né à Vicchio, la province de Mugello (en Toscane), en 1387; mort à Rome, le 18 mars 1455. — *Ecole florentine.*

674. La Vierge avec St. Dominique et St. Thomas d'Aquin. — La Vierge, vêtue d'une tunique rouge et d'un large et long manteau qui couvre sa tête, est assise sur un banc recouvert d'une étoffe de soie rouge foncé, semée d'étoiles d'or. Ses pieds reposent sur une marche à trois faces. La tête tournée un peu à gauche et les yeux baissés, elle soutient de la main gauche l'Enfant Jésus assis sur son genou gauche, représenté nu, recouvert seulement aux jambes d'un linge blanc transparent dont le bout est jeté sur l'épaule droite de la Vierge. Dans la main droite de Jésus, un globe en or; de la main gauche, il bénit. Près de la Vierge sont debout: à gauche, St. Dominique dans les habits de l'ordre, regardant Jésus et tenant dans la main droite une fleur de lis, emblème de la virginité, et dans la gauche, un livre ouvert; à droite, St. Thomas, également en habits de dominicain; il regarde dans le livre ouvert qu'il tient des deux mains; sur sa poitrine, une étoile scintillante. Toutes les têtes sont entourées de nimbes en or. Fond ciel bleu.

A.—Fresque sur un couche de chaux—1,96×1,87.

Cette fresque a été peinte pendant le séjour de l'artiste à Fiesole (près Florence) en 1419—1436, sur un mur en briques stuqué de la salle du chapitre de l'ordre des Dominicains (voir Marchese, Memorie dei più insigni pittori ed architetti domenicani, Firenze 1845, vol. I, page 255). Dernièrement, lorsque le monastère a été aboli, la fresque fut acquise par les peintres A. Mazzanti et C. Conti, qui l'ont fait enlever et transporter à Florence. C'est dans cette ville qu'elle fut acquise pour 46,000 francs, le 28 décembre 1882, par Sa Majesté l'Empereur, sur la présentation du Grand Duc Serge Alexandrovitch. Dans bien des endroits, principalement dans les draperies, la peinture de la fresque a été retouchée, probablement au XVI siècle. Les fentes qu'on y voit se sont formées à l'époque où le tableau se trouvait encore au monastère de St. Dominique à Fiesole.

FILIPEPI (Alessandro di Mariano), dit SANDRO BOTTICELLI.
Elève de l'orfèvre Botticelli et du peintre Fra Filippo Lippi, puis il s'est formé sous l'influence de Pollajuolo et A. del Verrocchio. Né à Florence, en 1446; mort dans la même ville, le 17 mai 1510. — *Ecole florentine.*

3. **L'Adoration des Mages.**—Dans un édifice en ruines, la Vierge assise tient sur ses genoux l'Enfant Jésus. Près d'elle,

St. Joseph debout. Devant elle, les Mages entourés de leurs compagnons de voyage, sont prosternés et offrent de riches présents. Dans le fond, un paysage et les personnes de la suite des mages.

$$\text{Å—B—0,71}\times1,04.$$

D'après le témoignage du baron Vivant Denon, par l'entremise duquel ce tableau fut acquis pour l'Ermitage en 1808, il provient d'une des meilleures collections de Rome et fut apporté en France par le graveur Peralli. Jusqu'à l'arrivée de M. Waagen à St. Pétersbourg, en 1861, il a passé pour une œuvre d'*A. Mantegna*, bien qu'il porte les traits caractéristiques du princeau de Botticelli. — Photographié par A. Braun.

FONTANA (Lavinia), épouse du **G. P. Zappi**. Elève de son père, Prospero Fontana. Née à Bologne, le 26 août 1552; morte à Rome, en 1602. — *Ecole bolonaise.*

162ᵃ. Vénus et l'Amour. — Au milieu d'un paysage sombre, la déesse, vêtue d'une tunique diaphane, est agenouillée sur une draperie rouge et offre le sein à l'Amour qui, ceint d'une écharpe bleue, est debout devant sa mère. Vénus, dont les cheveux sont retenus par une bandelette bleue, tient des fleurs dans la main droite et pose la main gauche sur la tête de l'Amour.

$$\text{Litta—T. T. 1865—0,63}\times0,47.$$

FRA ANGELICO; voir Fiesole.

FRA BARTOLOMMEO; voir Bartolommeo.

FRA BASTIANO; voir Luciano.

FRANCESCHINI (Marcantonio). Elève de Galli-Bibiena et de C. Cignani. Né à Bologne, le 5 avril 1648; mort dans la même ville, le 24 décembre 1729. — *Ecole bolonaise.*

312 (?). Le Jugement de Pâris. — Le fils de Priam, assis sur une pierre, sous un arbre, offre la pomme d'or à Vénus, aux pieds de laquelle on voit l'Amour. A la droite de la déesse et de l'Amour, Junon, debout, avec l'expression du mécontentement sur le visage, et à gauche, Minerve qui se rhabille. Fond de paysage.

$8-C-0,24\times 3,35.$

Autrefois dans la galerie du marquis N. Pallavicini, à Rome. Etait d'abord attribué à *Guido Reni*. M. Waagen y a reconnu, mais sans se prononcer catégoriquement, une oeuvre de Franceschini, sous le nom duquel le tableau figure depuis 1861. Parmi les peintures de l'Ermitage, qui ne sont pas exposées, il y en a une de C. Maratti (signé) qui représente la même composition avec quelques legères modifications. Outre ce tableau, qui est bien détérioré, il y avait à St. Pétersbourg une copie faite par un peintre inconnu d'après le présumé original de G. Reni, et qui ressemble beaucoup aux deux tableaux de l'Ermitage. C'est pourquoi on a quelque fondement de croire, que ces derniers sont des tableaux inspirées par l'œuvre perdue de G. Reni, peints l'un par C. Maratti, l'autre par quelque imitateur de Reni, à la fin du XVII-me ou au commencement du XVIII-me siècle, peut-être par Franceschini.

FRANCIA (Giacomo); voir Raibolini (Giacomo).

FRANCIA (Francesco); voir Raibolini (Francesco).

FRANCIABIGIO; voir Cristofano.

FRANCUCCI (Innocenzo), dit INNOCENZO DA IMOLA. Elève de F. Francia et de Mariotto Albertinelli, il a imité Raphaël Sanzio. Né à Imola, vers 1494, mort vers 1550. — *Ecole bolonaise.*

66. La Vierge avec l'Enfant Jésus et des saints. — La Vierge, assise sur un trône, soutient l'Enfant Jésus, debout à côté d'elle et bénissant. A droite, Tobie avec l'ange et St. Dominique; à gauche, Ste. Barbe avec la tour à la main et St. François d'Assise. Sur un cartel on lit: INNOCENTIUS FRANCCHVCCIUS IMOLENSIS FACIEBAT. MDXXXII.

Tatistcheff—T. T. 1848—1,82×1,41.

FURINI (Francesco). Elève de Passignano, de Biliverti et de Matteo Rosselli, il s'est développé plus tard sous l'influence de Cristofano Allori. Né à Florence, vers 1600; mort dans la même ville, en 1649. — *Ecole florentine.*

673. **Jeune fille avec une colombe.** — Elle est représentée en buste, tournée à droite, l'épaule droite avancée, et regardant le spectateur. Ses cheveux flottants forment aux tempes deux mèches frisées. Elle porte une tunique blanche, un peplum jaune et une écharpe bleue. Dans la main gauche, elle tient une colombe blanche. Fond, ciel-bleu.

Galitzine—0,51×0,42.

GAROFALO (il-); voir Tisi.

GHIRLANDAJO (Ridolfo): voir Corrado.

GIAMPEDRINI; voir Pedrini.

GIORDANO (Luca), dit Luca Fa Presto. Elève de J. Ribera et P. Berettini. Né à Naples, en 1632; mort dans la même ville, le 12 janvier 1705. — *Ecole napolitaine.*

691. **La mise au tombeau.** — Le corps du Christ, descendu de la croix et couché sur un linceul, est entouré de la Vierge accablée de douleur, de St. Nicodème, de Joseph d'Arimathie, de l'apôtre St. Jean et de Ste. Made-

leine qui embrasse le pied droit du Sauveur. Dans le haut, on voit des chérubins. Au bas du tableau, à droite, la signature :

Luca Giordano F

Å—1,55×1,82.

Acquis pour l'Ermitage en 1810, à Paris, de la galerie Lebrun, par l'entremise du baron Vivant Denon. — Gravé (au trait) dans le catalogue de la vente de cette galerie; photographié par A. Braun.

293. Le repos de Bacchus. — Sous un arbre, le dieu du vin dort couché sur un quartier de rocher. Derrière lui, Ariane est assise, regardant son amant. Autour d'eux, des satyres, des faunes, des bacchantes et des petits génies, dont l'un joue avec une panthère; dans le haut du tableau, voltigent quelques amours, dont l'un tient une coupe à la main. En bas, vers le milieu du tableau, la signature :

Luca Giordano F

Walpole—2,46×3,31.

Gravé par Rich. Earlom, en 1780 (à la manière noire, dans le Recueil Walpole).

294. Le Jugement de Pâris. — Le fils de Priam est assis sous un arbre, le bras gauche appuyé sur un quartier de rocher, tenant dans la droite la pomme d'or. Devant lui, trois déesses: Junon, assise, ôte la sandale de son pied gauche; Minerve, également assise, se dépouille de son dernier vêtement, tandisque Vénus, qui est debout, regarde Pâris. Autour de celui-ci, son troupeau. A côté de Vénus, on voit un amour; au-dessus d'elle, dans les airs, volent deux colombes et un autre amour décochant une flèche vers le jeune pâtre, derrière lequel on voit Mercure. En bas, vers le milieu du tableau, la signature:

Walpole—2,47×3,26.

Gravé par R. Earlom, en 1778 (à la manière noire, Recueil Walpole) et par Bauvarlet. — Une répétition de ce tableau, portant la signature du peintre et l'indication de l'année (1768), se trouve au musée de Berlin.

1638. La Forge de Vulcain.—Dans l'intérieur d'une grotte, trois cyclopes forgent les foudres pour Jupiter; l'un tient un morceau de fer avec des tenailles sur l'enclume, les deux autres frappent le fer avec des marteaux. Au premier plan, un quatrième cyclope, un genou en terre, fait sortir d'un panier les outils de forgeron. Dans le lointain, encore deux cyclopes.

Walpole—1,93×1,52.

Ce tableau faisait autrefois partie de la galerie G. Gibbons. — Gravé par Murphy (à la manière noire, en 1788, Recueil Walpole) et par Kohlmann (Description de l'Ermitage, I, 45, au trait).

GIORGIONE (il-); voir Barbarelli.

GRANACCI (Francesco). Elève de Domenico Ghirlandajo; il s'est développé sous l'influence de Michelangelo Buonarroti et de Raphaël Sanzio. Né à Florence, le 23 juillet 1477, mort dans la même ville, le 30 novembre 1543. — *Ecole florentine.*

22. L'Adoration de l'Enfant Jésus. — Au pied d'une colline, près de Bethléhem, l'Enfant Jésus est couché sur un drap bleu, étendu sur l'herbe; sa tête et son dos reposent sur un coussin blanc. La Vierge, St. Jérôme et St. François d'Assise agenouillés sont en adoration devant lui; à côté d'eux, St. Joseph debout, appuyé sur son bâton. Un groupe d'anges descend du ciel; dans le lointain on voit des Mages et des bergers.

δ—T. T. 1829—1,695×1,725.

Ce tableau a été avant attribué bien à tort à *P. Perugino*. Cavalcaselle (Hist. of Paint in Italy, III, 523) le considère, mais sans preuves convaincantes, comme une œuvre de D. Ghirlandaio; il croit que c'est là le tableau qu'il a peint pour le monastère de Castello. — Photographié par A. Braun.

GRECHETTO (il-); voir Castiglione.

GUERCINO (il-); voir Barbieri.

IMOLA (Innocenzo da-); voir Francucci.

Peintres inconnus de l'école bolonaise de la fin du XVI-me et du commencement du XVII-me siècle.

212. La Construction de l'arche de Noé. — Un des fils du patriarche équarrit une poutre; près de lui, une de ses sœurs porte une planche sur la tête. Dans le fond, quelques hommes travaillent à la construction de l'arche.

Brühl—1,91×1,49.

213. La Vierge avec l'Enfant Jésus et St. Jean Baptiste. — La Vierge, représentée à mi-corps, soutient l'Enfant Jésus, auquel le petit St. Jean-Baptiste agenouillé offre une croix, entourée d'un listel avec l'inscription: ECCE AGNUS DEI.

$\overset{\text{A}}{}$—1,34×1,01.

Peintre inconnu de l'école bolonaise de la fin du XVII-me siècle.

316. **Présentation de l'Enfant Jésus à Dieu le Père.**—La Vierge et St. Joseph, une fleur de lis à la main, tous les deux à genoux, présentent l'Enfant Jésus, debout devant eux, à Dieu le Père, qui apparaît dans les nuages entouré d'anges. Le St. Esprit descend sur la Sainte Famille.

$\overset{\text{B}}{}$—0,56×0,46.

Peintre inconnu de l'école vénitienne du XV-me siècle.

55. **La Sainte Famille.**—La Vierge, assise et tournée à droite, tient sur ses genoux l'Enfant Jésus. Elle porte une tunique rose, un manteau bleu doublé de vert et un voile blanc. Derrière elle, un tapis rouge suspendu. A droite, le petit St. Jean Baptiste, les bras croisés sur la poitrine, regarde l'Enfant Jésus qui le bénit. Dans le lointain, au-dessus d'un parapet, se voit un paysage montagneux avec des arbres, deux édifices, une route et un boeuf couché dans une prairie. La Vierge et St. Jean sont représentés à mi-corps.

Galitzine—T. T. 1873—0,32×0,45.

Dans la galerie du prince Galitzine ce tableau était attribué à *Giovanni Bellini*.

Peintre inconnu de l'école vénitienne, vers 1500.

12. **La Femme adultère devant le Christ.** — Composition de cinq figures à mi-corps. Dans le haut du tableau l'in-

scription: QUIS VESTRUM SINE PECCATO LAPIDEM PROICIAT IN EAM.

8—0,82×0,7.

Ce tableau a été considéré avant comme une oeuvre de *Giov.-Ant. Pordenone* et lithographié comme tel par Huot (Galerie de l'Erm. par Gohier et P. Petit, tom. II, cah. 30).

Peintre inconnu de l'école vénitienne du XVe siècle.

122. La Vierge avec l'Enfant Jésus. — La Vierge, assise et tenant sur ses genoux l'Enfant Jésus debout, pose la main gauche sur l'épaule d'un homme agenouillé devant elle et vêtu de noir, probablement le donateur du tableau. A gauche, également à genoux, la femme du donateur, portant un corsage en brocart et une robe rouge. Dans le lointain, un paysage animé de trois cavaliers.

Barbarigo—1,2×1,74.

Peintre inconnu de l'école vénitienne du XVIe siècle.

1657. Portrait d'homme.—Un jeune homme à cheveux chatains clairs, longs, épais, ébouriffés, est tournée de trois quarts à droite et regarde le spectateur. Il porte une chemise blanche sans col, un pourpoint noir taillade et une fourrure grise recouverte de noir. Il pose sa main droite à demi-gantée sur un table où se trouve l'autre gant, tandis que sa main gauche est appuyée contre la poitrine. Figure à mi-corps.

Galitzine—0,94×0,72.

Peintre inconnu de l'école vénitienne du XVIe siècle.

1656. Portrait d'homme. — Un vieillard à barbe et moustaches grises est représenté à mi-corps, tourné un peu à gauche. Il porte sur la tête une barrette noire et en dessous une calotte de la même couleur, sous laquelle un petit coussinet masque l'oeil droit malade. Il est vêtu d'un manteau noir et d'une fourrure grise recouverte de noir.

Galitzine—0,6×0,49.

Dans la galerie du prince Galitzine ce portrait était attribué à *Jacopo da Ponte,* dit Bassano. Au revers du tableau, il y a une ancienne inscription: „Sil⁰ Card. Valenti", ce qui permet de supposer que ce portrait représente le cardinal Valenti.

Peintre inconnu de l'école lombarde du commencement du XVI siècle.

84. Portrait d'homme.—Un homme de trente ans à peu près, portant un vêtement bleu foncé, avec une espèce de bordure de velours noir sur l'épaule droite, est debout derrière une table de marbre. Sa toque est également en velours noir. Sa main gauche, dont l'auriculaire est orné d'une bague, repose sur la table. Dans le fond une draperie verte. Figure à mi-corps.   ♃—T. T. 1819—0,48×0,38.

Autrefois dans la galerie Sagredo, à Venise, et dans celle de Tronchin, à Paris; il a été attribué jusqu'à ces derniers temps à *Correggio.*

Peintre inconnu de l'école de Sienne du XIV siècle.

1659. Deux parties du triptyque: „Le Crucifiement".

a) *Partie du milieu.*—Le Sauveur, cloué sur la croix, a la tête inclinée et baissée sur l'épaule droite. Le sang jaillit abondamment de sa plaie au flanc droit, baigne ses mains et ses pieds et ruisselle sur la croix. A gauche, près de la croix, la Ste. Vierge debout, enveloppée d'un ample manteau brun avec un rebord blanc et une étoile blanche sur l'épaule; à droite St. Jean, vêtu d'une tunique verte et d'un manteau rose. La croix, muni dans le haut d'un cartel rouge avec l'inscription en lettres gothiques: · I · N · R · I · , est dressée sur une élévation dans le roc. Fond vert bleuâtre. Les têtes sont entourées de nimbes en or. Toute l'image est comme encadrée dans un arc en ogive.

b) *Volet gauche.*—Deux saints, l'un vieux, à barbe blanche, à cheveux blancs coupés ras autour d'un front chauve, porte une soutane noire et un manteau blanc avec un capuchon noir (probablement St. Jérôme); l'autre, un guerrier d'un certain âge, à cheveux longs châtains clairs et à petite barbe de la même couleur, est vêtu d'un habit et de bottes rouges, d'un manteau rouge doublé de fourrure blanche. Tous les deux sont debout, tournés à droite. Le premier tient une crosse dans la main droite, et dans la gauche, un livre à reliure rouge; le second, soutenant de la main gauche son manteau, de la droite s'appuie sur un glaive. Leurs têtes sont entourées de nimbes en or. Fond vert bleuâtre. Toute l'image est comme encadrée dans un arc en ogive.

Å—T. T 1887—Chaque volet: 0,61×0,28.

Ces deux parties du triptyque, achetées pour l'Ermitage en 1887 du commissionaire Cristlieb, à St. Pétersbourg, pour 125 roubles, sont bien détériorées; il y manque le volet droit qui est perdu.

Peintre inconnu de l'école de Sienne du commencement du XVI siècle.

1672. Le Calvaire. — Au milieu, Jésus cloué sur la croix au pied de laquelle la Madeleine agenouillée, à gauche, l'enlace de ses bras et regarde le Crucifié avec amour et douleur. Près de la croix, à droite, St. Jean l'Evangéliste et St. François d'Assise; à gauche, la Vierge et l'apôtre Paul. Dans le lointain, une ville entourée d'un mur avec tours. Du Calvaire s'éloignent quelques cavaliers, un artisan portant une échelle et d'autres personnes. Au ciel, derrière le crucifix, un nuage sombre;

à travers de pareils nuages, à droite et à gauche, on voit le soleil et la lune éclipsés.

Galitzine—T. T. 1887—0,91×0,74.

Dans la galerie du prince Galitzine, ce tableau était attribué à tort à *Francesco Francia*.

Peintre inconnu de l'école florentine XV siècle.

1658. La Nativité de Jésus-Christ. — L'Enfant Jésus est couché dans la crèche. A droite, devant lui, la Vierge agenouillée, les bras croisés sur la poitrine. A gauche, au chevet de Jésus, St. Joseph assis, tient dans sa main gauche un bâton, tandis qu'il appuie sa tête sur la droite. Derrière la Vierge et St. Joseph, un boeuf et un âne couchés. La scène se passe sous le toit d'une étable construite au milieu des ruines d'un édifice en pierre. Dans le lointain, un paysage montagneux avec une rivière, des arbres et un château entouré d'un mur. Au ciel, un étoile qui projette sa lumière sur l'Enfant.

Galitzine—B—Rond, diam. 0,89.

Peintre inconnu de l'école florentine XVI siècle.

28. Saint André —L'Apôtre, appuyé contre la croix, tient sous le bras droit le livre des Évangiles. Sur le revers du panneau, la figure de la Foi, dessinée au trait.

Ĥ—B—1,08×0,46.

Volet d'un grand tableau d'autel.

Peintre inconnu de l'école florentine XVI siècle.

21. Le Mariage de St. Catherine. — L'Enfant Jésus, assis sur les genoux de sa mère, passe l'anneau des fiançailles au doigt de Ste. Catherine, qui est debout devant lui. A droite, St. Jean l'Evangéliste, St. Nicolas et St. Etienne;

à gauche, St. François d'Assise, St. Jérôme et St. Jean-Baptiste, et au fond, les têtes de deux autres saints.

$\mathring{\mathrm{H}}$—T. T. 1818—2,3×2,04.

Autrefois dans la galerie Braschi, à Rome. Attribué d'abord à *Fra Bartolommeo*, puis à *Mariotto Albertinelli*.

INNOCENZO da-IMOLA; voir Francucci.

LANFRANCO (Giovanni), dit il cavaliere **Giovanni di Stefano**, peintre et graveur. Élève d'Agost. Carracci, il s'est développé plus tard par l'étude des oeuvres de Correggio et sous la direction d'An. Carracci. Né à Parme, dans l'automne de 1580; mort à Rome, le 29 novembre 1647. — *Ecole bolonaise.*

201. L'Annonciation.—La Vierge, à genoux, est attentive aux paroles de l'ange qui indique le ciel ouvert, d'où s'échappent des rayons de lumière, au milieu desquels apparait le Saint-Esprit entouré d'anges. Derrière la Vierge, sa couche sous une draperie verte.

$\mathring{\mathrm{S}}$—C—0,74×0,54.

Ce tableau se trouvait autrefois dans une église de Malte. Acquis de la collection Tronchin pour l'Ermitage vers 1780, et a toujours été considéré comme une oeuvre de Lanfranco, mais dans le dernier catalogue de l'Ermitage il a été attribué à tort à *Fr. Albani.*— Gravé par C. Bloemaert, P. Schenk et N. Bazin (en sens inverse).

237. Le Père Eternel. — Il est représenté dans les nuages, sous les traits d'un vieillard, avec une épaisse chevelure blanche et une grande barbe blanche. De sa main droite, le coude reposant sur la sphère céleste, il bénit; sa main gauche est appuyée sur la poitrine. Son vêtement se compose d'une tunique blanche et d'un manteau rouge. Figure à mi-corps.

$\mathring{\mathrm{H}}$—0,94×1,11.

Ce tableau est entré à l'Ermitage en 1832, de la collection du prince Eug. Sapiega, à Grodno, et était considéré alors comme une oeuvre de Lanfranco; attribué à tort, dans la suite, au pinceau de *Guercino,* sous le nom duquel il a figuré dans le dernier catalogue de l'Ermitage.

LAURI (Filippo), peintre et poète. Elève de son père Baldassare, de son frère Francesco et de son beau-frère Angelo Caroselli. Né à Rome, en 1623, mort dans la même ville, le 12 décembre 1694. — *Ecole romaine.*

310. Sainte Anne enseignant la lecture à la Vierge. — Ste. Anne assise dans un fauteuil, enseigne à lire à la Vierge, qui est agenouillée devant elle. Dans le fond, St. Joachim appuyé sur une balustrade et lisant; près de lui, un chat. Dans le ciel, deux anges.

Saint-Leu—C—Rond, diam. 0,26.

311. L'Apparition du Christ réssucité à la Madeleine. — Dans le jardin des Oliviers, le Christ, une bêche à la main, apparaît à la Madeleine qui l'adore à genoux. Au-dessus du Seigneur, un groupe d'anges. Dans le lointain, la porte ouverte du jardin.

Walpole—0,44×0,37.

Gravé par P. Simon (Recueil Walpole).

LIBERI (Pietro), surnommé **Libertino**. Elève d'Aless. Varotari. Né à Padoue, en 1605; mort à Venise, le 18 octobre 1687. — *Ecole vénitienne.*

277. Diane et Callisto. — La déesse de la chasse, dépouillée de ses vêtements pour se baigner, est debout au milieu des nymphes de sa suite, devant un édifice en ruines. Elle montre du doigt Callisto qu'on voit du côté droit du tableau, accompagnée de trois jeunes filles. Dans le fond d'autres nymphes, qui se baignent.

Crozat—2,07×2,75.

278. Les Grâces et les Amours.—Une Grâce, couchée au pied d'un arbre, offre une flèche à un Amour; une autre, à genoux, attire vers elle un Amour au moyen d'une bandelette, tandisqu'une troisième, debout, apprend à un Amour à tirer de l'arc.

$\mathit{8}$—2,22×1,6.

LICINIO (Bernardo), dit da PORDENONE. Parent et élève de Giov. Ant. Licinio, il a travaillé à Venise en 1524—1542.— *Ecole vénitienne.*

120. Portrait de Famille.—Une femme âgée embrasse un jeune homme, probablement son fils; près d'eux, encore deux hommes, l'un vêtu d'une simarre doublée de fourrure, et l'autre, d'un pourpoint brun. Figures à mi-corps.

$\mathit{8}$—T. T. 1828—0,64×0,88.

Attribué avant à *Giov.-Ant. Licinio.*

LICINIO (Giovanni-Antonio), ou Giov.-Ant. de' Sacchi da PORDENONE. Peintre qui s'est formé de lui même, mais avec certaine influence du Titien et d'autres grands maîtres vénitiens. Né à Pordenone (Frioul) en 1483; mort à Ferrare, en janvier 1539. — *Ecole vénitienne.*

123. Le Concert.—Un homme âgé et trois dames sont représentés à mi-corps; devant lui et une de ces dames, on voit un cahier de musique sur une table; une autre dame joue de la mandoline.

$\mathit{8}$—0,96×1,04.

Ce tableau a été considéré jadis comme une oeuvre de *Giorgione*, puis rangé parmi ceux de l'école vénitienne. Il y a des raisons de croire que c'est là le tableau de Pordenone, qui, d'après le témoignage de C. d'Arco (Degli arti et degli artifici di Mantova, tom. II, pag. 160), se trouvait, en 1627, dans la collection des ducs de Mantoue. La tête de la dame qui joue de la mandoline a une grande ressemblance avec celle d'Hérodiade dans un tableau de Pordenone à la galerie Doria, à Rome.

116 (?) La Tentation. —Un vieillard portant un vêtement doublé de fourrure, un bonnet sur la tête, est debout près d'une table et montre à une jeune femme l'argent qu'il fait tomber de sa bourse. Elle est vêtue d'une robe rouge et pose la main droite sur un globe de verre, auquel sont fixées deux ailes, emblème de l'inconstance et de la fragilité de l'amour. Figures à mi-corps.

Crozat—0,83×0,96.

Crowe et Cavalcaselle (Hist. of Paint. in N. Italy, II, 291) doutent que ce tableau soit de Pordenone, et l'attribuent, sans pourtant y insister, à *Giov. Busi*, dit Cariani.

117(?) Les Pommes des Hespérides.—A gauche, on voit Hercule qui, dans un beau jardin, combat le dragon, gardien du pommier des Hespérides. A droite, le fils d'Alcmène offre une pomme d'or à Eurysthée, assis sur un trône et entouré de courtisans.

Crozat—B—0,38×1,55.

Voir la note du N° suivant.

118 (?). La défaite des Centaures. — Thésée et les Grecs combattent les Centaures qui, à la noce de Pirithoüs et d'Hippodamie, tachent d'enlever les jeunes filles. Dans le lointain on voit des ruines.

Crozat—B—0,38×1,55.

Ce tableau est le pendant du précédent. Ce sont, sans doute, des esquisses pour des frises. Crowe et Cavalcaselle (Hist. of Paint. in N. Italy, II, 291) y trouvent une ressemblance avec la manière de *Campi*, à l'époque où il imitait Pordenone.

LONGHI (Luca). Elève probablement de N. Rondinelli, il s'est développé ensuite sous l'influence de In. Francucci et de Giacomo Francia, plus tard imitateur de Parmigianino. Né à Ravenne, le 14 janvier 1507; mort dans la même ville, le 12 août 1580. — *Ecole bolonaise*.

88. Sainte Catherine.—Vêtue de jaune, elle tient dans une main droite une palme et appuie la main gauche sur la roue. Figure à mi-corps.

⚜—0,4×0,32.

Acheté pour l'Ermitage par l'entremise de l'aide-de-camp général prince W. S. Troubetzkoy, en 1821. A cette époque, ce tableau était considéré comme une oeuvre de *Giorgio Vasari*.—Photographié par A. Braun.

LOTTO (Lorenzo). Il s'est formé sous l'influence de Giov. Bellini et a été un de ses imitateurs. Né à Trévise, en 1480, mort en 1555 ou en 1556, probablement à Loretto.—*Ecole vénitienne*.

76. La Vierge avec l'Enfant Jésus. — Représentée à mi-corps, elle tient l'Enfant Jésus et s'apprête à lui offrir le sein.

⚜—B— 0,33×0,27.

Considéré autrefois comme un tableau de *Lionardo da Vinci;* puis M. Waagen l'attribua à *Cesare da Sesto*. Crowe et Cavalcaselle sont les premiers qui ont reconnu que c'est une oeuvre de L. Lotto (Hist. of Paint. in N. Italy, II, 532).—Photographié par A. Braun, comme une oeuvre de C. da Sesto.

115. Portrait d'homme.— Un homme de quarante ans à peu près, vêtu d'un pourpoint noir avec des hauts-de-chausses rouges, la tête couverte d'une barrette noire, est assis dans un fauteuil devant une table recouverte d'un tapis vert. Sa main gauche repose sur la table, où il y a une lettre décachetée. Dans le fond, près d'une fenêtre, deux personnages causant ensemble. Figures à mi-corps.

Crozat—1,06×0,83.

Quand ce tableau se trouvait à la galerie Crozat il était considéré comme une oeuvre d'*Ant. Moro;* puis, il était attribué à *Paris Bordone*. M. Waagen, en 1861, y reconnut une oeuvre de L. Lotto.

LUCCHESINO (il-); voir Testa.

LUCIANO (Sebastiano), dit **FRA BASTIANO DEL PIOMBO.** Elève de Giov. Bellini et de Giorgione, ami de Michelangelo Buonarroti. Né à Venise, vers 1485; mort à Rome, le 21 juin 1547.

17. **Portement de croix.** — Le Christ représenté à mi-corps, vêtu de blanc, porte la croix.

H—Ardoise—1,05×0,75.

Ce tableau a été commandé par D. Fernando Sylva, comte Cifuentes, ambassadeur de Charles V. Acheté pour l'Ermitage, de la galerie du maréchal Soult, pour 41,009 francs, en 1852. Une répétition de ce tableau est au musée de Madrid (de moindre dimension), une autre à la galerie de Dresde (deux figures sont ajoutées au dernier plan) et une troisième au musée de Bâle. — Photographié par A. Braun.

18. **Descente de croix.** — Le corps du Christ repose sur un linceul; devant lui, St. Jean l'Evangéliste à genoux. A gauche, la Vierge évanouie, Ste. Anne, Ste. Marie Madeleine, Joseph d'Arimathie et d'autres personnes. Dans le lointain, à gauche, le Golgotha. A droite, deux hommes enlèvent le couvercle du sépulcre; dans le fond, on voit une ville à l'horizon, éclairée des rayons du soleil couchant. En bas, l'inscription : SEBASTIANVS VENETVS FACIEBAT.

H—2,6×1,94.

Peint vers 1516. Acheté de la collection du roi des Pays-Bas, en 1850, pour 29,600 florins. Une répétition de cette oeuvre appartient à la galerie Bridgewater, à Londres.

19. **Portrait du cardinal R. Pole.** — Il est représenté en rochet et camail, une barrette rouge sur la tête, assis dans un fauteuil. Sa main droite repose sur son genou, tandisque

la gauche est posée sur le bras du fauteuil. Figure jusqu'aux genoux.

Crozat—1,13×0,95.

Peint du vivant du Pape Paul III (1535—1549), autrefois dans la galerie du chevalier Clerville et dans celle du comte d'Armagnac, écuyer de France. Dans la galerie Crozat, puis à l'Ermitage, il a été considéré comme une oeuvre de *Raphaël*.—Gravé par N. de Larmessin (Recueil Crozat, comme une oeuvre de Raphaël), par J. Sanders (Description de l'Ermit., I, 24); photographié par A. Braun.

Reginald Pole, petit-fils du duc George Clarence et petit neveu d'Edouard IV et de Richard III d'Angleterre naquit en 1500, à Stowerton-Castle, reçut le chapeau de cardinal du pape Paul III, fut légat apostolique en Angleterre et un des trois présidents du concile de Trente. Créé archevêque de Canterbury, il mourut en 1558.

LUINI ou **Luini da Lovino (Bernardo).** Elève d'Ambrogio Borgognone, il s'est développé ensuite sous l'influence de Bramantino; imitateur de Lionardo da Vinci. Né à Lovino, sur le lac Majeur, entre 1475—1480; mort après 1533. — *Ecole lombarde.*

71. La Vierge avec l'Enfant Jésus. — La Vierge est représentée à mi-corps, tenant dans ses bras l'Enfant Jésus, qu'elle regarde avec tendresse.

A—T. T. 1829—0,39×0,29.

Ce tableau fut offert, en 1811, à l'Empereur Alexandre I, par M. Italinsky, ministre de Russie à Rome. A cette époque et bien longtemps après, jusqu'à la révision des tableaux de l'Ermitage, quand ce musée fut transporté dans l'édifice actuel, cette Madone a été considérée comme une oeuvre de *Lionardo da Vinci*.—Photographié par A. Braun.

72. Sainte Catherine. —La sainte, vêtue d'une tunique rouge, est debout; elle tient un livre dans les mains. Des muguets sont enlacés dans ses cheveux. Derrière elle,

72.

Бернардо Луини — Bernardo Luini

deux anges, l'un appuyé sur la roue, l'autre tenant une palme. Figures à mi-corps.

Malmaison—B—0,67×0,57.

Probablement c'est le même tableau qui, selon le témoignage de Scanelli (Microcosmo della pittura, 1649, pag. 141), avait appartenu de son temps au duc de Médina. Plus tard il faisait partie de la collection des rois de France, et passa de là à la galerie de l'impératrice Joséphine, à la Malmaison; alors comme avant, on croyait que c'était une oeuvre de *Lionardo da Vinci.*—Photographié par A. Braun. Une répétition ou une copie de ce tableau a été reproduite en gravure par G. Müller qui le croyait être un original de Lionardo. Une étude pour la tête de Ste. Catherine, peintre à l'huile, à la collection Ambrosienne, à Milan.

73. **Saint Sébastien.** — Un homme de trente cinq ans à peu près est représenté de grandeur naturelle, tout nu, sauf les hanches qui sont recouvertes d'une draperie blanche, rayée d'orange et de noir. Il est debout au pied d'un citronnier auquel ses bras sont attachés. De la main droite il indique deux flèches qui ont percé sa poitrine, tandis que de la gauche, levée au-dessus de la tête, il montre un cartel suspendu à une branche d'arbre et portant l'inscription :

Quam libens
Ob tui amorem
Dulces jaculos
Patiar memento *).

En bas, sur l'herbe, des flèches brisées; à gauche, une fleur.

♃—T. T. 1862—1,96×1,06.

On croit que, sous les traits de St. Sébastien (qui est, comme on le sait, le patron de la ville de Milan), le peintre a représenté Maximilien Sforza, fils de Lodovico Moro, duc de Milan, de 1512—1515, et mort à Paris en 1530. Les renseignements authentiques au sujet

---

*) Souviens-toi de ces flèches qui me sont douces, car je souffre volontairement par amour pour toi.

de ce tableau ne remontent pas au de là du siècle actuel. Au commencement du Premier Empire, il fut acquis à Turin par M. Dubois, connaisseur bien connu et marchand de tableaux, et bientôt après fut revendu à un prince italien pour 100,000 fr., comme une oeuvre de *Lionardo da Vinci*. Le nouveau possesseur du tableau mourut bien jeune et toute sa galerie fut vendue aux enchères: le „St. Sébastien" de Lionardo fut adjugé au cavalier Bistoli, de Rome. Ce dernier eut le tableau assez longtemps, mais enfin, ayant besoin d'argent, l'engagea. Comme il n'avait pas été racheté après sa mort, le créancier le vendit à Paris à Wolsey-Moreau, marchand de curiosités. C'est de ce dernier qu'il fut acquis pour l'Ermitage, en 1860, pour 60,000 fr. Il y a, à Paris, au musée du Louvre, un dessin, acheté à Milan, de Giov. Vallandi, qui représente un faune avec une panthère, dessin considéré comme un original de L. da Vinci; la pose des pieds et en général de la partie inférieure du faune est presque la même que celle de St. Sébastien de l'Ermitage. Dans la „Gazette des beaux arts", tom. IX, 1861, se trouve inséré un article de Charles Blanc au sujet de ce tableau, avec une gravure de L. Flameng et une reproduction xylographique du dessin du Louvre. A l'Ermitage, ce tableau fut considéré par F. Bruni et par M. Waagen non comme une oeuvre de L. da Vinci, mais comme un tableau de B. Luini. — Photographié par A. Braun. — Dans le catalogue du Cabinet Crozat, publ. en 1775, à la page 3, il est question d'un tableau de Lionardo, représentant St. Sébastien (grandeur naturelle) peint sur bois et par ses dimensions se rapprochant du tableau acheté chez Wolsey-Moreau; il en est fait mention dans l'inventaire de la galerie de l'Ermitage, rédigé en 1773—1785. C'est pourquoi on peut supposer que le „St. Sébastien", entré à l'Ermitage avec d'autres tableaux de la collection Crozat, fut donné dans la suite à quelqu'un par l'Impératrice Catherine II et, à la fin du siècle passé, fut emporté de Russie, où, par un heureux hasard, il revint plus de soixante ans plus tard, pour reprendre sa place à l'Ermitage.

74. Portrait d'une jeune femme. — Elle est assise, vêtue d'une robe blanche avec ornements jaunes, et d'un manteau bleu qui tombe de l'épaule gauche sur ses genoux. Son costume laisse à découvert son sein gauche. Elle regarde,

74.
Б. Луини — B. Luini.

en souriant, des fleurs qu'elle tient à la main droite. Figure à mi-corps.

Ḣ—T. T. 1854—0,77×0,61.

Acquis pour l'Ermitage en 1850, de la galerie du roi Guillaume II du Pays-Bas, et payé 40,000 florins. Attribué autrefois à *L. da Vinci*, ce tableau était connu sous les dénominations de „Colombine", de „Flore" et de la „Vanité". Il représente un modèle connu qu'on retrouve aussi dans la „Sainte Famille" de la galerie de Madrid, attribuée à Lionardo (№ 778), et dans une autre „Sainte Famille", de la même galerie (№ 917), qui passe pour une œuvre du même maître, mais qui paraît être de Cesare da Sesto. En 1649, le tableau de l'Ermitage était dans la collection de Marie de Médicis, et plus tard dans la galerie du duc d'Orléans. Il a appartenu dans la suite à Udney, aux banquiers Walckiers, à Bruxelles, et Danoot, lequel le céda au roi des Pays-Bas.—Gravé par Romanet (Galerie d'Orleans), photographié par A. Braun. — Une ancienne copie, avec quelques variations, se trouve en Angleterre, chez Sir Thomas Baring, à Stratton; elle provient probablement de la collection du roi Charles I Stuart. Une autre copie, que M. Waagen attribue à Andrea Solario, fait partie de la galerie du duc de Sutherland, à Londres.

75 (?). La Vierge avec l'Enfant Jésus. — La Vierge représentée à mi-corps, dans un jardin, soutient son Fils debout sur un tetre et tendant la main vers une fleur que sa mère lui offre.

Tatistcheff—B—0,66×0,5.

Photographié par A. Braun. — Une répétition de ce tableau, gravé par E. Franck et par J. Gomez de Navia, se trouvait, en 1784 dans la famille royale d'Espagne, puis a appartenu à Nieuwenhuijs et enfin à Pourtalès; on l'attribue, mais à tort, à Lionardo da Vinci.

LUTI (Benedetto). Elève d'Ant.-Dom. Gabbiani. Né à Florence, le 17 novembre 1666; mort à Rome, le 17 juin 1724. — *Ecole florentine.*

288. Le Sommeil de l'Enfant Jésus. — La Vierge, assise dans le vestibule d'une maison et appuyant le bras sur une table, sur laquelle on voit un vase de fleurs et un livre, lit dans un autre livre. Auprès d'elle, l'Enfant Jésus emmailloté et dormant dans son berceau. A gauche, Ste. Elisabeth, accompagnée du petit Jean-Baptiste, à qui elle recommande de ne pas éveiller le divin Enfant. St. Jean tient une croix de roseau, entourée d'un listel avec la légende: ECCE AGNVS DEI.

$-0,71 \times 0,61$.

Photographié par A. Braun.

289. Un jeune musicien. — Un garçon d'une figure agréable, portant une chemise blanche et une jaquette bleue, est tournée à gauche. Il tient un flageolet. Buste.

Walpole—$0,43 \times 0,34$.

Gravé par Picot (Recueil Walpole) et par J. Walker (à la manière noire); photographié par A. Braun. — Dans la galerie des Offices, à Florence, il y a un pastel de Luti représentant le même garçon, mais sans flageolet.

MARATTI ou **MARATTA (Carlo)**, dit **Carlo delle Madonne** ou **Carlino delle Madonne.** Élève d'Andrea Sacchi, il s'est développé ensuite par l'étude des oeuvres de Raphaël, des Carracci et d'autres. Né à Camerino (Marche d'Ancône), le 13 mai 1625; mort à Rome, le 15 décembre 1713. — *Ecole romaine.*

296. L'Annonciation.—La Vierge assise a interrompu la lecture d'un livre, posé devant elle sur une table, pour écouter les paroles de l'archange qui apparait sur des nuages portés par des chérubins. En haut, dans le ciel, le Père Éternel et le Saint-Esprit, entourés d'anges.

Crozat—C—$0,37 \times 0,28$.

Peint pour la mère du grand duc de Toscane, Vittoria della Rovere d'Urbino, veuve de Ferdinand II, laquelle, à sa mort, survenue le 6 mars 1694, laissa ce tableau à un de ses gentilshommes, qui le céda ensuite à M. de Saint-Germain, surintendant du roi. Il figurait plus tard dans la galerie de M. Lesseville.—Gravé par N. Tardieu (Recueil Crozat) et par van Audenaerde (avec quelques changements, en 1728). Il y a encore deux gravures de la même composition de Maratti, mais qui diffèrent un peu de celle de l'Ermitage; elles sont exécutées par Château et Bergmüller.

297. L'Adoration des Bergers.—A l'entrée des ruines d'un édifice antique, transformées en étable, la Vierge agenouillée devant une crèche en pierre, remplie de paille, soutient au-dessus l'Enfant Jésus qui a tourné la tête et les regards vers trois petits anges descendus des cieux. A gauche, quatre bergers adorant l'Enfant, et St. Joseph qui le leur montre. A droite, un groupe de trois bergers et femmes. En haut, quelques anges et chérubins au milieu de nuages. Au dernier plan, quelques hommes gravissent la colline.

Crozat—0,95 × 0,99.

Composition pour la fresque, peinte par C. Maratti dans la galerie du pape à Monte Cavallo.—Gravé par Poïlly (Galerie Crozat), par Fr. Junants (copie de la gravure précédente) et par Podolinsky (au trait, Descript. de l'Erm. II, 69); photographié par A Braun. — La figure du berger (le plus proche du spectateur) dans le groupe gauche est emprunté à un des tableaux des Loges du Vatican. Les „Ann. du Musée" de Landon (V, 128) contiennent une gravure (au trait) de cette composition, faite d'après l'esquisse qui se trouve au musée du Louvre, à Paris. G. Vallée a gravé une partie de ce tableau (La Vierge, l'Enfant Jésus et les trois anges qui sont près de lui) en forme de médaillon.

298. La Sainte Famille. — La Vierge assise sur un tertre, au pied d'un arbre, regarde, en souriant, son jeune Fils, assis à sa droite, et l'entoure de son bras. Jésus tend son bras droit vers des fleurs que lui apporte St. Joseph dans le pan de son manteau. Au-dessus, au milieu des nuages et entre les arbres, les têtes de quelques chérubins. Fond de paysage.

8—0,67 × 0,49.

Cette composition a été répétée plus d'une fois par C. Maratti. L'une de ces répétitions se trouve actuellement au palais Brignon-Sale, à Gênes. Gravée aussi plus d'une fois. Dans la gravure de J. Frey (en sens inverse) un âne est ajouté, il n'y a pas de chérubins, et St. Joseph offre à l'Enfant Jésus, non des fleurs, mais des cerises. C'est ce que représente aussi la gravure de F. Borsi. Dans celle de Bartolozzi on ne voit par la tête de l'âne. Le № 300 du présent catalogue est une variation de la même composition, mais en sens inverse.

299. La Sainte Famille.—La Vierge, assise derrière une table, soutient l'Enfant Jésus sur un coussin, posé sur cette table, et le regarde avec tendresse. Jésus, en se baissant vers sa Mère, lui montre une petite croix qu'il porte dans la main droite. A gauche, derrière la Vierge, St. Joseph lisant dans un livre. Figures à mi-corps, à l'exception de celle de l'Enfant.
$$\text{H—C—}0{,}29 \times 0{,}23.$$

Acquis pour l'Ermitage en 1826, de la collection du comte Miloradowitch, pour 3.000 roubles.

302. La Vierge avec l'Enfant Jésus et St. Jean-Baptiste. — La Vierge assise tient sur ses genoux un coussin sur lequel se trouve l'Enfant Jésus. Le petit St. Jean-Baptiste, tenant une croix dans une main, porte dans l'autre un panier rempli de fruits qu'il offre au Sauveur. L'Enfant Jésus met l'index de la main gauche à la bouche, tandisqu'il tient une pomme dans la main droite. Figures à mi-corps.

$$\text{Walpole—}1{,} \times 0{,}84.$$

Ce tableau est resté, sans doute, inachevé.

303. L'Adoration des Mages.—Dans un médaillon ovale, entouré d'une riche guirlande de fleurs, la Vierge assise tient sur ses genoux l'Enfant Jésus. Devant elle, à gauche, les Mages, dont l'un a déposé sa couronne aux pieds de l'Enfant; un autre lui offre un vase d'argent.

$$\text{A—}0{,}75 \times 0{,}61.$$

307.

Carlo Maratti   Karlo Maratti

Ce tableau fut acheté, à Paris, pour l'Ermitage, en 1819, par l'entremise de l'aide-de-camp général prince W. S. Troubetzkoy. La guirlande de fleurs est peinte par *Mario Nuzzi*, dit *Mario de' Fiori* élève de son oncle Tom. Salini (né à Penna, près de Fermo, en 1603, mort à Rome, en 1673).

305. La Sainte Famille.—La Vierge assise tient un livre dans la main gauche et pose la main droite sur l'épaule de l'Enfant Jésus, devant lequel le petit St. Jean-Baptiste portant une croix à la main et une écuelle de bois suspendue au côté est à genoux. A droite, St. Joseph appuyé sur l'âne. La scène se passe au milieu d'un paysage.

$$\text{8—C—Octogone, } 0,28 \times 0,35.$$

Gravé par van Audenaerde.

306. La Leçon de lecture. — La Vierge, tournée à gauche, enseigne à lire à l'Enfant Jésus, qui est debout sur les genoux de sa Mère. Près d'eux, le petit St. Jean-Baptiste, la croix en main, et Ste. Elisabeth. Dans le fond, à droite, un ange. Sur le dossier de la chaise où la Vierge est assise, est marquée l'année 1705. Figures à mi-corps, à l'exception de celle de Jésus.

$$\text{Walpole—T. T. } 1869-0,7 \times 0,56.$$

Photographié par A. Braun.—Le conseiller intime actuel M. V. Bouniakowsky, académicien, décédé en 1890 à St. Pétersbourg, a possédé un petit tableau original de C. Maratti, dans lequel la Vierge et le Christ sont représentés absolument de la même manière que dans le tableau de l'Ermitage. Le célèbre mathématicien a eu ce tableau de la collection du comte Tormazoff.

307. Portrait du pape Clément IX. — Le Pontife est assis dans un fauteuil à haut dossier, recouvert d'une étoffe rouge à franges d'or; le dossier est orné aux coins des armoiries papales: deux clefs croisées, surmontées de la tiare. Clémen IX porte la mozette rouge doublée d'hermine, le rochet orné de dentelles et une calotte rouge. Dans la main droite il tient un bréviaire; la main gauche repose sur le bras du fauteuil. Près de lui, à droite une table, sur laquelle on voit une sonnette et une lettre. Au-dessus du fauteuil, un rideau rouge avec cordons et glands en or. Figure jusqu'aux genoux.

Walpole—1,59×1,19.

D'abord dans la galerie Pallavicini, au palais Arnadi, à Florence; plus tard dans la collection du père Gervasio. Une ancienne copie dans la galerie de lord Burlington, à Chiswick. — Gravé par J. Hal (Recueil Walpole), par J. Sanders (au trait, Descr. de l'Erm., I, 25 et par N. Mossoloff (à l'eau forte, Les Chefs-d'œuvre de l'Emitage) lithographié par E. Robillard (Galerie de l'Erm. par Gohier et P. Petit, tom. I., cah. 7); photographié par A. Braun.

Jules Rospigliosi, né à Pistoja, le 27 janvier 1600, fut élu pape le 20 juin 1667 et a pris le nom de Clément IX; il est mort le 9 décembre 1669.

300 (?) La Sainte Famille au Palmier.—La Vierge, assise sous un palmier, le sourire à la bouche, regarde son Fils, âgé de huit ans à peu près, assis à sa droite, et l'entoure de son bras droit. Jésus a tendu son bras droit vers des fleurs que St. Joseph lui apporte dans le pan de son manteau. La scène se passe au milieu d'un paysage.

Walpole—0,76×0,63.

Variation en sens inverse de la composition du tableau № 298. Il y a lieu de supposer que c'est une copie d'un original de Maratti, dont on ignore le possesseur. A en juger par les gravures de G. Edelinck (un peu douteuse), par E. Derochers, par P. Schenk (à la manière noire) et par Forget, on peut supposer que l'original perdu présentait de grandes qualités, puisqu'il a été reproduit si souvent par la gravure.

301 (?). La Ste. Vierge. — La Vierge assise lit un livre; au-dessus, plane un ange répandant des fleurs. Dans le lointain, un paysage avec un édifice rond. Figure à mi-corps.

0,75×0,6.

Une des nombreuses répétitions du type de la Vierge représenté par C. Maratti dans sa Madone, à l'église St. Augustin, à Sienne. Dans la galerie Corsini, à Rome, on voit un tableau sur le même sujet, mais supérieur quant au dessin et au coloris, ce qui fait présumer que le tableau de l'Ermitage n'est qu'une copie de l'original de Rome.

651. **Le Triomphe de Galatée.** — Sur un char ayant la forme d'une coquille, Galatée, toute nue, traverse la mer de droite à gauche tenant dans sa main gauche les rênes de deux dauphins qui tirent le char. A ses pieds sont assises deux nymphes; la troisième, marchant sur les flots, tient le bout d'une draperie rouge qui flotte au-dessus de Galatée. Devant le char, un triton sonnant dans une conque; à côté, un petit Amour, à cheval sur un dauphin. A droite, dans le lointain, on voit un esquif avec deux figures, et sur le fond bleu du ciel, un Amour qui va décocher une flèche de son arc. A gauche, au-dessus de la surface des eaux, des falaises avec un volcan; sur la rive, Polyphème couché et appuyé sur une flûte champêtre formée de plusieurs roseaux.

Galitzine—$1,43 \times 2,13$.

Une des répétitions du tableau qui se trouvait au Palais-Royal, dans la galerie du duc d'Orléans, et qui a figuré ensuite dans la collection Vilette, en Angleterre. Cette composition a été gravée par J. Audran (Recueil Crozat), par F. Frère (Gal. du Palais Royal) et par Reveil (Musée Landon, tom. XIV, pl. 962, au trait, copie d'une des estampes précédentes).

652. **La Ste. Vierge priant.** — La Vierge, le visage tournée à gauche, la tête baissée, les bras croisés sur la poitrine, tient dans la main droite un livre. Elle porte une tunique rouge, un manteau bleu et un voile brun jaune. Figure à mi-corps, Forme ovale.

Galitzine—$0,6 \times 0,49$.

MARCONE (Rocco). Elève probablement de Giov. Bellini, il s'est formé plus tard sous l'influence de Giorgione et de Palma le Vieux. Né à Trévise, il travailla dans cette ville et particulièrement à Venise de 1505—1520. — *Ecole vénitienne.*

10. **La Femme adultère devant le Christ.**—Figures à mi-corps. Au-dessus du Christ, un ruban blanc avec l'inscription: ROCHVS MARCHONVS.

Saint-Leu—1,2×1,7.

Probablement c'est le même tableau qui, au XVII siècle, appartenait à Bernardo Giunti, comme l'indique Ridolfi (Maravigle dell'arte 1648, I, 216).

MATTEIS (Paolo de-), peintre et graveur. Elève de L. Giordano et de G. Morandi. Né à Cilento, près de Naples, le 9 février 1662; mort à Naples, au mois de juillet 1728.— *Ecole napolitaine.*

295. **Achille à la cour de Lycomède.** — Entouré des filles du roi Lycomède, Achille déguisé en femme, sous le nom de Pyrrha, est reconnu par Diomède et Ulysse, envoyés pour amener le roi des Myrmidons à Troie. Achille, à genoux près d'un coffre ouvert, rempli de bijoux et de bagatelles, vient de mettre sur sa tête un casque et tient un glaive dans la main, tandis que les jeunes filles examinent avec intérêt les bijoux offerts par le roi d'Ithaque. A gauche, Diomède, revêtu d'un costume oriental et enturbané; à droite, Ulysse drapé d'un himation gris.

ठ—1,09×1,68.

MAZZOLA (Francesco), dit **il PARMIGIANINO,** peintre et graveur. Elève de ses oncles, Michele et Pier-Ilario Mazzola, et de F. Marmitta, il subit l'influence de Michelangelo Buonarroti et de Correggio. Né à Parme, le 11 janvier 1503; mort à Casal Maggiore (près de Parme), en mai 1540.

86. La Mise au tombeau.—Soutenu par la Madeleine, le corps du Christ est déposé dans le sépulcre, en présence de la Vierge qui s'évanouit et d'autres personnes. Du côté droit du tableau, l'artiste s'est peint lui-même, sous la figure de Joseph d'Arimathie.

Walpole—T. T. 1825—0,31×0,26.

Deux dessins, esquisses de ce tableau, se trouvent au musée des Offices, à Florence, deux autres, au musée de Parme. On raconte que pour ce tableau l'artiste fut créé chevalier par le duc de Parme.—Gravé par Zanetti, par C. H. Hodges (en manière noire, Recueil Walpole), par Caroline Watson, par plusieurs anonymes et par Podolinsky (au trait, Descript. de l'Ermit., II, 70); photographié par A. Braun.

MAZZUCHELLI (cavaliere Pietro-Francesco), dit **il MORAZZONE**. Elève de son père et des frères Rovere. Né à Morazzone, dans le Milanais, en 1571; mort à Plaisance, en 1626. — *Ecole milanaise.*

211. Vision de St. Grégoire. — La Vierge, tenant l'Enfant Jésus sur ses genoux, apparait sur des nuages à St. Grégoire agenouillé et revêtu des habits sacerdotaux. Près de lui, un ange lui indique le Sauveur. Un autre ange tient la crosse du saint, et un troisième apparaît au-dessus de lui, dans les nuages.

Crozat—0,49×0,36.

Esquisse pour un grand tableau.

MELDOLA (Andrea), ou **Andr. Medula** et **Medola**, dit **il SCHIAVONE**. Elève de Tiziano Vecellio. Né à Sebenico, en Dalmatie, en 1522, ou, peut être, plus tôt; mort à Venise, en 1582. — *Ecole vénitienne.*

121. Jupiter et Io.—Le maître de l'Olympe et la belle nymphe sont assis par terre, au milieu d'un beau paysage; ils sont épiés par Junon qu'on voit dans les airs, entourée de nuages. Dans le fond, Io, métamorphosée en génisse et gardée par Argus.

Crozat—2,06×2,76.

Le paysage est peint par *Domenico Campagnola*, peintre et graveur, originaire de Padoue, qui florissait à Venise dans la première moitié du XVI-me siècle. — Gravé par Pietro Avelino.

MICHELANGELO; voir Buonarroti.

MIGLIARA (Giovanni). Elève de Giocondo Albertolli et Levati à l'académie des beaux-arts à Milan et du décorateur Bernardino Galliari, imitateur de Canaletto. Né à Alexandrie, le 15 octobre 1785; mort à Milan, en 1837. — *Ecole lombarde.*

1653. Vue d'une ville imaginaire.—A droite et dans le lointain, une galerie à moitié en ruines, avec arcades et colonnes. Derrière elle, une église à coupole ronde, au haut clocher et à façade gothique. Devant, une place dallée, sur laquelle on voit quelques figures, dans ce nombre deux mendiants, un homme et une femme, un garçon et un citadin qui presse le pas, un panier à la main.

Pendant du № 1654. Galitzine—B— 0,245×0,18.

1654. Vue d'une ville imaginaire. — Au milieu, un canal avec quelques gondoles, des pilotis qui sortent de l'eau, et dans le lointain un pont en pierre, jeté par dessus le canal. A droite, le coin d'un riche palais dans le style gothique de l'Italie du Nord. A gauche, sur l'autre rive du canal, une église et d'autres édifices. Dans différents endroi, on voit des figures, parmi lesquelles un gondolier prenant le large avec deux personnes dans sa gondole.

Pendant du № 1653. Galitzine—B—0,244×0,179.

MOLA (Pietro-Francesco). Elève de Prospero Orsi et de Gius. d'Arpino et ami de Fr. Albani. Selon Passeri, né en 1612, à Coldre, près de Côme; mort à Rome. le 13 mai 1666.—
Ecole bolonaise.

205. Entrevue de Jacob et de Rachel. — Jacob, entouré de ses brebis, le pied droit appuyé sur une pierre, parle à Rachel, assise sous un arbre et accompagnée de deux servantes. Dans le lointain, des bergers et des bergères.

Crozat—0,73×0,98.

Pendant du № 207. Ces deux tableaux proviennent de la galerie Vanolles.—Gravé par Edm. Jeaurat (Recueil Crozat).

207. Le Repos en Egypte. — Dans un paysage, la Vierge assise tient sur ses genoux l'Enfant Jésus endormi. Près d'eux, St. Joseph couché sur un banc de marbre, derrière lequel, sur un piédestal, s'élève un sphinx. Au-dessus, des chérubins, et dans le lointain, un ange.

Crozat—0,73×0,99.

Pendant du № 205. Ces deux tableaux proviennent dans la galerie Vanolles.

MORAZZONE; voir Mazzuchelli.

MORETTO da BRESCIA; voir Buonvicino.

MORONI (Giovanni-Battista). Elève d'Al. Buonvicino, dit Moretto da Brescia. Né à Bondo, près d'Albino (province de Bergame), vers 1525; mort à Bergame, le 5 février 1578.—
Ecole vénitienne.

454. Portrait d'homme.—Un homme âgé, vêtu d'un justaucorps noir doublé de fourrure, est représenté en buste. Au-dessous on lit: NOSCE TE APHTON.

Crozat—0,58×0,51.

Ce portrait a été considéré autrefois comme une oeuvre du *Titien* représentant Pierre Arétin. Attribué, à bon droit, à Moroni, dans le catalogue de l'Ermitage 1869, où il est intitulé tout simplement „Portrait d'homme". Cependant, si l'on considère bien l'inscription, on peut admettre que c'est en effet le portrait de l'Arétin. Il serait bien étrange de supposer que l'artiste fût à ce point faible en grec et en latin qu'il confondît les mots et les formes de deux langues dans une inscription et que voulant dire: „Connais-toi toi-même", il ait écrit les deux premiers mots de la phrase en latin, et le troisième en grec avec des lettres latines et d'une manière incorrecte. Ne serait-il pas plus plausible de voir dans l'inscription le sens suivant: „Connais-toi Arétin", prenant le mot APHTON non pour la transcription latine du mot αὐτόν, mais pour le mot grec Αρητόν,— allusion au surnom de l'Arétin? Il est très probable que le célèbre „Fléau des Souverains", dont les portraits ont été peints par plusieurs artistes de son pays natal, ait été également peint par Moroni.

OGGIONO (Marco d'-), dit aussi **M. d'Oggionno** et **M. d'Uggione**. Elève de L. da Vinci. Né à Oggionno, près de Milan, vers 1470; mort à Milan, vers 1540. — *Ecole lombarde.*

16. **Copie réduite du tableau de L. da Vinci: „La Sainte Cène"** peinte sur le mur du réfectoire des dominicains de Santa Maria delle Grazie, à Milan.

Tatistcheff—T. T. 1865—0,77×1,33.

Cette copie, contemporaine à l'original, est d'autant plus précieuse que „La Cène" de Lionardo, comme on le sait, est complétement détériorée. D'autres copies de M. Oggiono de la même oeuvre se trouvent à Milan, au monastère St. Barnabé, au Spedale Maggiore de la même ville, à l'académie des beaux-arts de Londres, et au monastère de St. Jérôme, à Castellazzo. — Le tableau de l'Ermitage est photographié par A. Braun.

ORBETTO; voir Turchi.

ORTOLANO; voir Benvenuti.

PACCHIA (Girolamo del-), imitateur de Bernardo Funghai. Né à Sienne, le 4 janvier 1477; mort après 1535. — *Ecole de Sienne.*

36 (?). La Sainte Famille. — La Vierge est agenouillée devant l'Enfant Jésus, couché sur un tapis. A gauche, St. Joseph, assis, regarde Jésus. La scène se passe au milieu d'un paysage avec un bel édifice.

Å—T. T. 1867—Rond, diam. 1.

PADOVANINO (il-); voir Varotari.

PAGANI (Gregorio). Elève de son père, Francesco Pagani, et de Santo di Tito. Né à Florence, en 1558; mort dans la même ville, le 3 décembre 1605. — *Ecole florentine.*

249. La Vierge avec l'Enfant Jésus et quatre saints. — La Vierge, assise sur un trône en pierre, tient sur ses genoux l'Enfant Jésus qui élève sa main droite pour bénir. A droite, St. Jean-Baptiste a fléchi le genou gauche sur un degré du trône et tient une croix de roseau, et, au second plan, St. François d'Assise en prières; à gauche, Ste. Marguerite agenouillée sur les degrés du trône et derrière elle, St. Grégoire le Grand en habits pontificaux; aux pieds de Ste. Marguerite gît un dragon mort. Sur un médaillon rond, au pied du trône, l'inscription:

ASPICE NOS VIRGO ET COELI

NOS TEMPLA TENEN

TES

ASPICETE AC NOBIS VITAM

EXORATE BEATAM

Un peu plus bas, sur un degré du trône, la signature:

GREGORIO

PAGANI

1592.

Brühl—2,4×1,78.

PALMA (Jacopo), dit **PALMA il VECCHIO**. Il s'est formé sous l'influence de Giov. Bellini, de Carpaccio, de Cima da Conegliano, puis de Giorgione et de Tiziano Vecellio. Né vers 1480, à Serinalta (près de Bergame); mort à Venise, vers la fin du mois d'août 1528. — *Ecole vénitienne*.

91. **La Vierge avec l'Enfant Jésus et des saints.**— Assise sous un arbre, la Vierge tient sur ses genoux l'Enfant Jésus, auquel St. Jérôme offre une pomme. Derrière St. Jérôme, St. Antoine de Padoue, et à droite, Ste. Catherine d'Alexandrie et la Madeleine.

Crozat—1,21×1,55.

PANINI (Giovanni-Paolo), peintre et architecte. Elève d'And. Lucatelli et de Bened. Luti. Né à Plaisance, en 1695; mort à Rome, le 21 octobre 1768. — *Ecole romaine*.

321. **Ruines romaines.**— A droite, le temple de Faustine et la statue d'Apollon du Belvédère, placée sur un piédestal élevé. A gauche, une riche colonnade, composée des ruines qui se trouvent au pied du Capitole, et plus loin, le temple de Vesta. Dans le fond, la colonne Trajane. Le premier plan est animé de diverses figures.

8—0,81×1,25.

Pendant du № 322.

322. Ruines romaines. — Les ruines du temple de Minerve sur le Forum avec vue sur le Colisée. A gauche, au premier plan, la statue d'Hercule Farnèse, et plus loin, le temple de Vénus et Rome. Le tableau est animé de figures en costumes antiques.

$-0,82\times 1,26$.

Pendant du № 321.

1660. Ruines romaines. — A gauche, un piédestal avec la base d'une colonne en ruines; à droite, un sphinx sur un piédestal contre lequel est appuyé un bas-relief en marbre représentant un guerrier et un cheval. Au milieu du tableau, la surface d'une rivière ou d'un étang, et derrière, sur une rive inégale et escarpée, quatre figures: trois guerriers assis et causant entre eux, et leur camarade debout, une lance à la main.

Galitzine—$0,4\times 0,31$.

1661. Monument d'un capitaine. — A travers un arc à demi ruiné et tapissé de verdure, reposant sur des colonnes d'ordre toscan, on voit une place entourée d'une galerie ronde sur colonnes, également dégradée par le temps. Sous l'arc, à droite, une statue de femme sur un piédestal; à gauche, une femme assise avec un enfant dans les bras, un garçon et un chien. A milieu de la place est dressé un monument à quelque capitaine avec un riche piédestal aux quatre coins duquel des figures allégoriques en bronze foncé. Sur le piédestal se dresse le groupe doré du capitaine en costume du XVIII-e siècle et de la Gloire qui lui met une couronne de laurier. La place est remplie d'hommes et de femmes; on y voit galoper un cavalier. Dans le lointain, près de la colonnade, une voiture attelée de deux chevaux.

Galitzine—$0,6\times 0,49$.

PAOLO VERONESE; voir Caliari.

PARMIGIANINO (il-); voir Mazzola.

PEDRINI (Giovanni), ou **GIAMPEDRINI**, peut être le même artiste qui s'appelait **Giovanni-Pietro Ricci**. Elève ou plutôt imitateur de L. da Vinci. Il travaillait à Milan, en 1520—1550. —*Ecole lombarde.*

77 (?). Le Sauveur. — Jésus-Christ représenté à mi-corps, la tête inclinée à gauche, regarde le spectateur et tient de la main gauche un triangle, symbole de la Sainte-Trinité.

Coesvelt—B—0,73×0,57.

Ce tableau, attribué autrefois à *L. da Vinci*, a été gravé par E. Joubert (au trait, Recueil Coesvelt).

PERUGINO (il-); voir Vannucci.

PESARESE (il-); voir Cantarini.

PIOMBO (del-); voir Luciano.

PIPPI (Giulio di Pietro de' Gianuzzi), dit **GIULIO ROMANO**, peintre, graveur, architecte, etc. Elève de Raphaël Sanzio. Né à Rome, en 1492 ou 1498; mort à Mantoue, le 1 novembre 1546. — *Ecole romaine.*

56. La Vierge avec l'Enfant Jésus. — La Vierge, assise dans un temple en marbre et tenant sur les genoux son divin Fils, lui offre des fleurs; de la main gauche elle tient un livre. Figure à mi-corps.

8—T. T. 1840—1,19×0,88.

Photographié par A. Braun.

57. La Vierge avec l'Enfant Jésus et St. Jean. — La Vierge, assise et lisant un livre qu'elle tient de la main gauche, soutient de l'autre main l'Enfant Jésus, assis sur un coussin jaune. Derrière ce groupe, à droite, St. Jean-

Baptiste, debout, avec une croix de roseau à la main. Le Sauveur tourne la tête vers lui.

Coesvelt—T. T.—1841—0,88×0,67.

Autrefois dans la galerie du comte Fries, à Vienne. — Gravé par E. Joubert (Recueil Coesvelt, au trait); lithographié par Krausold (Galerie de l'Erm. par Gohier et P. Petit, tom. II, cah. 16); photographié par A. Braun.

58. **La Fornarina.**—La jeune femme, vêtue d'une draperie bleue et rouge, la partie supérieure du corps à découvert, est assise et ôte un voile de sa tête. Devant elle, une table chargée d'une chaufferette, d'une aiguière et d'un miroir. Au fond, une galerie, sur le toit de laquelle on voit une servante et un singe. Figure à mi-corps.

Ḫ—T. T. 1840—1,04×0,85.

Ce portrait a été pris, à tort, pour celui de Lucrèce Borgia, fille du pape Alexandre VI, épouse d'Alphonse de Naples, puis de Jean Sforza et d'Alphonse I de Ferrare, morte à Ferrare, en 1520, à l'âge de vingt ans. M. Waagen reconnaît dans ce portrait les traits de la fameuse Fornarina, maîtresse de Raphaël. Ce tableau qu'on prend aussi pour le portrait d'une autre maîtresse de Raphaël, se trouvait, en 1682, dans la collection de la princesse Rossano, à Rome, puis dans la galerie Lambruschini, à Florence, et enfin dans la galerie Camillio Pamphili, à Rome (Passavant, édit. Lacroix, II, 361). Acheté du peintre Noé, en 1839. — Photographié par A. Braun.

1662 (?). **Portrait de femme.** — Une femme agée, représentée à mi-corps, tournée de trois quarts à gauche, regarde le spectateur et tient dans sa main droite un livre avec fermoir. Elle porte un vêtement noir et un voile blanc à demi-transparent, qui couvre une partie du front et descend sur les épaules.

Galitzine—0,78×0,63.

PONTE (Jacopo da-), dit BASSANO. Elève de son père, Francesco da Ponte, il s'est développé ensuite sous l'influence de Tiziano et de Bonifacio Veneziano. Né à Bassano, en 1510; mort dans la même ville, le 13 février 1592.—*Ecole vénitienne.*

157. Portrait d'un vieux Dominicain. Buste.

δ—0,64×0,48.

Copie d'après le tableau de ce peintre.

119. L'Adoration des Mages. — La Vierge, assise devant un édifice en ruines, et tenant l'Enfant Jésus sur ses genoux, reçoit un vase d'or que lui présente un des Mages. A droite, un autre Mage, à genoux, offre une coupe à couvercle pointu; derrière la Vierge, le Mage africain tenant une coupe d'argent remplie de monnaies d'or. Près de la Vierge, St. Joseph appuyé sur son bâton et, à droite, la suite des Mages.

Crozat—1,89×2,32.

M. Waagen croit que c'est une oeuvre de *Bern. Licino*, mais Crowe et Cavalcaselle prétendent que c'est une copie libre d'après le tableau de J. da Ponte au musée d'Edimbourg (Hist. of Paint in N. Italy, II, 294).

De l'école de ce peintre.

158. Le Christ chez Ste. Marthe et Ste. Marie.—Les soeurs de St. Lazare, à l'entrée de leur maison, accueillent le Christ accompagné de deux apôtres: Marie, à genoux, baise la main de Jesus, tandis que Marthe l'invite à prendre place à la table dressée devant la maison, et près de laquelle un serviteur et une servante apprêtent le repas.

Crozat—0,79×1,11.

Ce tableau a été considéré jadis comme un original de J. da Ponte; M. Waagen l'a attribué au fils de l'artiste, *Leandro da Ponte*, dit Bassano. Des tableaux semblables se trouvent: 1) dans la galerie Brera, à Milan, sous le nom de Girolamo da Ponte; 2) dans la galerie de Cassel — Francesco da Ponte; 3) à la Pinacothèque de Munich — Leandro da Ponte, et 4) à la galerie des Offices à Florence — Francesco da Ponte. Tous ces tableaux sont probablement des reproductions de la composition de J. Bassano mentionnée par Ridolfi (Maraviglie dell'arte, 1648, I, 383); les deux derniers sont inférieurs à celui de l'Ermitage.—Cette composition a été gravée par J. Sadeler, en 1598, et par C. Galle.

159. Descente de croix. — Le corps du Sauveur est soutenu par Joseph d'Arimathie; près de lui, la Vierge, St. Jean l'Évangéliste, la Madeleine et encore une femme. La scène est éclairée par un flambeau.

8—0,62×0,48.

Ce tableau a été considéré autrefois comme un original de Bassano; M. Waagen y voit une oeuvre de *L. da Ponte,* mais, en réalité, ce n'est qu'une copie d'un élève de Bassano d'après le tableau de ce dernier qui se trouve au musée du Louvre, à Paris (gravé par Filhol, Landon et Rosaspina). La même composition se répète dans les tableaux: 1) de la galerie de Brunswick (attribué à J. da Ponte) 2) du musée de Vicence (attr. à Fr. da Ponte), 3) de la Pinacothèque de Munich (attr. à J. da Ponte), 4) du musée de Stuttgart (id.), 5) de l'académie de Venise (attr. à Fr. da Ponte), 6) de la galerie Borghese, à Rome, 7) de la galerie des Offices, à Florence, etc.

160. La Mise au tombeau. — Nicodème et Joseph d'Arimathie déposent dans le sépulcre le corps du Christ; au premier plan, la Vierge évanouie et, près d'elle, quelques saintes femmes.

Walpole—0,35×0,27.

Ce tableau se trouvait autrefois dans la galerie du comte James Waldegrave, ambassadeur de Georges II à Paris; le comte en fit présent à lord Walpole. Jusqu'en 1861, il a été considéré comme une œuvre originale de J. Bassano, mais à cette époque M. Waagen l'attribua à *Leandro da Ponte.* D'après le catalogue de l'Ermitage édit. 1838, c'est l'esquisse d'un tableau d'autel, peint par Bassano pour une des églises de Padoue. Des répétitions se trouvent à la galerie des Offices, à Florence, à la galerie de Cassel et au musée Correr, à Venise. De tous ces tableaux, le dernier seulement peut être considéré comme un original; les autres sont des copies de l'école de J. da Ponte. La composition du tableau de l'Ermitage a été gravée, en 1739, par Jackson lequel qui y a ajouté quatre figures.

161. L'Eté. — Une dame vénitienne, assise sous un arbre, prend un repas frugal. A droite, une servante, à la porte d'une cuisine, reçoit des mains d'un jeune homme une corbeille remplie de légumes. Dans le lointain, des moissonneurs travaillant aux champs.

Crozat—0,98×1,28.

Ce tableau a été considéré autrefois comme une œuvre de J. Bassano, puis, selon l'opinion émise par M. Waagen, il a été rangé parmi les toiles de *L da Ponte*.

PONTE (Leandro da-), dit **Leandro BASSANO**. Elève de son père, Jacopo da Ponte. Né à Bassano, en 1558; mort à Venise, en 1623. — *Ecole vénitienne.*

1663. L'Adoration des bergers. — Au milieu des ruines d'un édifice antique, l'Enfant Jésus est couché à terre, dans un panier. La Vierge agenouillée s'incline vers lui et soulevant un lange, dont il est couvert, le montre aux bergers. L'un d'eux, agenouillé, tient un agneau dont les pieds sont liés; un autre s'appuie sur un boeuf, le troisième ôte respectueusement son bonnet. A gauche, derrière la Vierge, on voit St. Joseph et l'âne. Dans le haut du tableau, au milieu des nuages, deux anges, dont l'un tient dans les mains un listel avec l'inscription: GLORIA IN EXCELSIS DEO.

Galitzine—C—0,219×0,206.

1664. Le Christ au jardin des Oliviers. — Dans le jardin de Gethsémani, le Sauveur, agenouillé sous un arbre et tourné à gauche, épuisé de fatigue, s'appuie sur le genou d'un ange qui le soutient. Jesus Christ porte une tunique rose et un manteau vert bleuâtre; sa tête est entourée d'une lumière. L'ange porte une tunique rose doré. A gauche, dans le ciel, la lumière est projetée en rayons, et sur un fragment de rocher, on voit un calice en or; à droite, se dessinent confusément dans les ténèbres trois apôtres endormis, et dans le lointain — Jérusalem.

Galitzine—0,77×0,59.

PONTORMO (il-); voir Carrucci.

PORDENONE (Bernardo da-); voir Licinio (Bernardo).

PORDENONE (Giovanni - Antonio da-); voir Licinio (Giovanni-Antonio).

PRETE GENOVESE; voir Strozzi.

PROCCACCINI (Giulio-Cesare), peintre et sculpteur. Elève de son père, Ercole Proccaccini, et, probablement, de l'académie des Carracci; il a imité Correggio, Raphaël et Titien. Né à Bologne, vers 1548; mort à Milan, vers 1626.— *Ecole bolonaise.*

262. **La Sainte Famille.**—La Vierge assise tient sur ses genoux l'Enfant Jésus et se tourne vers un ange, debout derrière elle, et qui indique de la main gauche un objet éloigné. A droite, aux pieds de Jésus, St. Jean-Baptiste assis et tenant un agneau; à gauche, St. Joseph appuyé sur un bâton.

8—1,58×1,07.

Ce tableau a été considéré autrefois, à bon droit, comme une œuvre de G.-C. Proccaccini, mais dans le dernier catalogue de l'Ermitage il a été indiqué comme une œuvre de *Camillo Proccaccini.* C'est sous ce nom qu'il fut photographié par A. Braun. Si on le compare avec les tableaux des deux artistes (par exemple, avec ceux qui se trouvent à la galerie Brera, à Milan, à la galerie de Modène et à la Pinacothèque de Bologne), on acquiert la conviction qu'il appartient effectivement à Giulio Cesare.

263. La Vierge avec l'Enfant Jésus. — La Vierge, vue à mi-corps, est assise et embrasse l'Enfant Jésus, qu[i] met le pouce de la main gauche dans la bouche. De[r]rière ce groupe, trois anges.

Crozat—B—0,55 × 0,4[1]

Considéré jadis comme une œuvre de *Camillo Proccaccin*[i] mais attribué plus tard, à bon droit, à G.-C. Proccaccini p[ar] M. Waagen.

264. Le Mariage mystique de Ste. Catherine. — Au pied d'u[n] arbre, l'Enfant Jésus, soutenu par sa mère, enlace so[n] cou de la main droite, dans laquelle il tient une poir[e], de la gauche il passe l'anneau nuptial au doigt de St[e.] Catherine, qui pose la main gauche sur la roue. A gauch[e] St. Joseph appuyé sur un bâton. Figures à mi-corps, [à] l'exception de celle de Jésus.

Walpole—B—0,54 × 0,7[ ]

Ce tableau a été considéré d'abord comme une œuvre de G.-[C.] Proccaccini, après comme appartenant à *Camillo Proccaccini*, pu[is] de nouveau attribué au premier de ces artistes par M. Waagen.- Gravé par V. Green, en 1775 (à la manière noire).

RAFFAELLO SANZIO; voir Santi.

RAIBOLINI (Giacomo), dit **Giacomo FRANCIA.** Elève de so[n] père, Francesco Raibolini. Né à Bologne, en 1486; mo[rt] dans la même ville, en 1557. — *Ecole bolonaise.*

70. La Vierge avec l'Enfant Jésus et Ste. Catherine. — L[a] Vierge assise tient sur ses genoux l'Enfant Jésus, q[ui] bénit de la main droite et tient une palme dans la gauch[e.] Devant lui, Ste. Catherine debout, appuyée sur la rou[e,] instrument de son martyre. Dans le lointain, un paysag[e.] Figures à mi-corps.

Tatistcheff—T. T. 1861—0,61 × 0,4[ ]

Photographié par A. Braun.

69.

Франческо Райболини (Франчья). — Francesco Raibolini (Francia)

RAIBOLINI (Francesco), du nom de père **Francesco di Marco**, dit **Fr. FRANCIA**, peintre et orfèvre. Elève de Fr. Cossa, il s'est formé par l'étude des œuvres de L. Costa et de P. Perugino. Né à Bologne, en 1450, mort dans la même ville, le 5 janvier 1517. — *Ecole bolonaise*.

68. La Vierge avec l'Enfant Jésus. — La Vierge, représentée à mi-corps, tient l'Enfant Jésus. Au fond, à droite, la Résurrection et, à gauche, la Transfiguration du Seigneur.
$\text{\r{H}}$—T. T. 1833—0,62×3,47.

Ce tableau est entré à l'Ermitage en 1832, de la galerie du prince Eug. Sapiega, à Grodno. La signature sur le globe que tient le Christ: „F. Francia", est probablement fausse, bien que le tableau soit un original de Fr. Raibolini. — Photographié par A. Braun.

69. La Vierge avec l'Enfant Jésus et les Saints. — La Vierge, assise sur une estrade, tient l'Enfant Jésus, qui bénit de la main droite et tient dans la gauche un petit globe. A droite, St. Jérôme avec un lion à ses pieds; à gauche, St. Laurent avec le gril sur lequel il fut martyrisé par le feu. Devant, sur l'estrade, aux pieds de la Vierge, deux anges sont assis, jouant, l'un de la mandoline, l'autre, de la viole. Au bas de l'estrade, l'inscription: DS. LUDOVICUS DE CALCINA—DECRETORV DOCTOR CANONICUS—S. P. BON. REDIFICATOR AVCTORQ — DOMVS ET RESTAVRATOR — HVIVS ECLESIÆ FECIT FIERI — P. ME FRANCIAM AVRIFICE BONON.—ANO. MCCCCC.
$\text{\r{H}}$—T. T. 1844—1,93×1,51.

Comme on le voit d'après l'inscription ci-dessus, ce tableau a été peint en 1500, sur la commande du chanoine de l'église de Saint Pétrone, à Bologne, Lodovico de Calcina. Autrefois il se trouvait dans l'église de San-Lorenzino delle Grotte, de la même ville, d'où il fut transporté à Rome par le cardinal Ludovisi; plus tard il passa dans la galerie Ercolani, où il fut acheté pour l'Ermitage en 1843.— Photographié par A. Braun.

RENI (Guido), peintre et graveur. Elève de Denis Calvaert et de L. Carracci. Né à Calvenzano, près de Bologne, le 4 novembre 1575; mort à Bologne, le 18 août 1642. — *Ecole bolonaise.*

181. David avec la tête de Goliath. — Le jeune David debout s'appuie de la main droite, dans laquelle il tient la fronde, sur le fût d'une colonne; de la gauche, il soutient la tête de Goliath décapité, placée sur un piédestal en marbre. David est coiffé d'une barrette rouge, ornée d'une plume jaune et blanche; il porte une draperie bleue, doublée de fourrure; à ses pieds, le glaive du géant.

Ḅ—2,2×1,5

Ce tableau, autrefois dans la galerie Zampieri, à Bologne, fut acheté pour l'Ermitage, en 1839, au peintre Noé. Un tableau identique de Guido Reni se trouve au musée du Louvre à Paris; il a été gravé par Buisson (dans le Musée Français), par Godfrey, par Normand et par Reveil (dans le Musée Filhol). Un troisième exemplaire à la galerie Spada-Colonna, à Rome. Une copie, mais de moindre dimension, à la galerie de Vienne. Il serait difficile de dire, d'après lequel de ces trois tableaux ont été exécutées les gravures de F. Inodiani et de Piccino; la dernière est faite, selon toutes les probabilités, d'après le tableau de l'Ermitage, lorsqu'il était encore à Bologne.

182. L'Adoration des Bergers. — Devant l'Enfant Jésus, couché dans la crèche, sont agenouillés la Ste. Vierge et quatre bergers. L'un des bergers soutient un enfant qui se met à genoux, en joignant les mains pour prier. A droite, St. Joseph, également à genoux et appuyé sur son bâton. Dans le ciel, deux petits anges tiennent un listel avec l'inscription: ECCE AGNVS DEI.

Walpole—Octogone, 1×0,99.

Autrefois dans la galerie de la Vrillière. — Gravé par Fr. de Poilly et par Kollmann (au trait, Descript. de l'Erm. I, 43); pho-

184

Гвидо Рени — Guido Reni

tographié par A. Braun.—Une répétition de cette composition se trouve à l'église de la Chartreuse à Naples. Un tableau représentant un sujet absolument identique, également octogone, mais moindre de dimension que celui de l'Ermitage, a été gravé en 1820 et se trouvait alors à Londres, chez le duc de Devonshire. La gravure de Michel (Recueil Walpole) est faite probablement d'après ce tableau, et non d'après celui de l'Ermitage, parce que ce dernier, pendant que l'artiste exécutait cette gravure, était déjà expédié en Russie. Les gravures de P. Schenk (à la manière noire) et au trait, dans le „Musée Reveil", sont des copies des gravures mentionnées.

183. **L'Adoration des Mages.** — La Vierge, assise près de la crèche, tient sur ses genoux l'Enfant Jésus. Derrière elle, St. Joseph debout, appuyé contre le piédestal d'une colonne. À droite, les Mages, dont l'un, agenouillé, adore Jésus. Derrière les Mages, quelques personnes de leur suite. Près de la Vierge, un enfant qui regarde avec attention le petit Sauveur. ♃—0,43×0,32.

On ignore la provenance de ce tableau. — Gravé par un anonyme (à l'eau-forte) et par Podolinsky (au trait, dans Descript. de l'Erm., II, 71); lithographié par Huot (Galerie de l'Erm. par Gohier et P. Petit, t. II, cah. 27).

184. **La Fuite en Egypte.** — St. Joseph, représenté à mi-corps, vêtu d'une tunique gris de lin et d'un manteau jaune, porte sur ses bras l'Enfant Jésus, qui tient dans sa main gauche deux boutons de rose. A droite, dans le fond, on voit la Vierge assise sur un âne que conduit un ange. ♃—1,26×1,03.

Acheté en 1850, de la galerie Guillaume II, roi des Pays-Bas, et payé 7,900 fl.—Photographié par A. Braun. — Un autre tableau de Guido Reni, ressemblant beaucoup à celui-ci, a figuré jadis dans la collection Morville, puis a passé à la galerie Houghton et a été acheté avec les tableaux de cette dernière pour l'Ermitage, où il s'est trouvé jusqu'en 1838. Depuis cette époque, on ne le retrouve plus ni dans les dépôts de l'Ermitage, ni dans les Palais impériaux. Il aura été probablement vendu à une des enchères des tableaux braqués de l'Ermitage. —Gravé par R. Earlom, en 1779, et par J. Walker, en 1786. Une répétition de la figure de St. Joseph représenté jusqu'aux épaules, à la galerie Borghese, à Rome.

186. St. Pierre. — L'apôtre, vêtu d'une tunique bleue et d'un manteau jaune, est représenté les mains jointes, les yeux levés au ciel, avec une expression de repentir.

Crozat—0,74 × 0,57.

Etude de la tête de St. Pierre pour le chef-d'œuvre de l'artiste, qui se trouve au palais Zampieri, à Bologne. En 1650, cette étude a appartenue au cardinal Lavelli, à Rome. — Photographié par A. Braun. — A la galerie de Vienne, on peut voir une autre étude semblable (gravé par Stampart et par Prenner).

187. Dispute des Pères de l'Eglise sur la Conception immaculée.— A droite, St. Jérôme s'appuyant sur un livre, regarde la Vierge, qui, vêtue de blanc, apparait dans sa gloire, accompagnée de deux anges. Outre St. Jérôme, on remarque en bas: St. Ambroise de Milan, St. Jean Chrysostôme qui tourne également les yeux vers la Vierge, St. Basile le Grand, St. Augustin et St. Grégoire.

Walpole—2,74 × 1,85.

Du temps de Passeri, ce tableau se trouvait dans une des églises de Pérouse; puis il passa à Rome, dans la galerie du marquis degli Angeli, qui le vendit à lord Walpole. Mais il fut arrêté par les autorités papales à Civita-Vecchia, et le pape Innocent XIII ne consentit à le faire expédier en Angleterre que par estime pour l'acquéreur.—Gravé par J. Frey, par Will. Sharp et par J. Sanders (au trait, dans Descript. de l'Erm., I, 22). La figure de St. Jérôme a été gravée séparément par J. C. Steinberger, et celle de St. Ambroise par J. J. Winkler.

188. St. Jérôme. — Le saint, vêtu d'un manteau rouge, est

représenté les bras croisés sur la poitrine, dans l'attitude de la prière. Buste.
&—0,75×0,56.

Photographié par A. Braun.

189. L'Enlèvement d'Europe. — La fille d'Agénor, portant une tunique grise et un manteau jaune agité par le vent, est assise sur Jupiter métamorphosé en taureau. Elle enlace de son bras droit le cou de l'animal, dont les cornes et le cou sont entourés d'une guirlande de fleurs; de la main gauche, elle soutient son manteau. Dans le lointain, la mer sur laquelle navigue Jupiter avec sa charge. La figure d'Europe à mi-corps.
&—1,14×0,89.

M. Waagen croit que ce n'est qu'un fragment d'un grand tableau, dont la composition a été souvent répétée par Guido Reni. —Gravé par Podolinsky (au trait, Descript. de l'Erm., II, 75) et par Zakharoff; lithographié par Krausolt (Galerie de l'Erm. par Gohier et P. Petit, t. I, cah. 13). Parmi les gravures de Bartolozzi, il y en a une qui reproduit un tableau semblable, lequel se trouvait de son temps dans la collection R. Udney. Il est bien possible que ce soit „l'Enlèvement d'Europe" de l'Ermitage—Des tableaux sur le même sujet se trouvent à Doolwich, au palais dei Conservatori, à Rome (de moindre dimension; désigné comme „un tableau peint dans la manière de Guido Reni"), et au musée de Tours, en France (probablement une copie).

190. Cléopâtre. — La reine d'Egypte, vêtue de blanc, la couronne sur la tête, se fait piquer le sein par un aspic. Figure à mi-corps.
&—0,81×0,66.

D'après M. Waagen, le Guide, en peignant ce tableau, s'est inspiré d'un buste antique d'une Niobide. Le tableau se trouvait autrefois dans la galerie Cuvea, ministre de Portugal à la cour de Louis XV. A la galerie Pitti, à Florence, il y a un tableau de Guido Reni traitant le même sujet, mais, quant à la composition, très différant d'avec celui de l'Ermitage.

191. L'Adolescence de la Vierge. — La Vierge, représentée vers l'âge de 16—17 ans, est assise, entourée de huit jeunes filles, occupées à coudre. A terre, quelques paniers à ouvrage; à gauche, un petit épagneul.

Crozat—1,47×2,07.

Gravé par Beauvarlet; la gravure au trait dans le „Musée" Reveil n'est qu'une copie de l'estampe de Beauvarlet. Photographié par A. Braun.

185 (?). St. François. — St. François d'Assise portant les vêtements de son ordre, agenouillé, les mains croisées sur la poitrine, adore l'Enfant Jésus, qui est debout sur les genoux de sa mère. Au-dessus, trois anges soutenant une draperie violette.

Malmaison—1,51×1,15.

Au musée Staedel, à Francfort sur le Main, il y a un tableau de la même composition, mais dans lequel la figure de St. François est remplacée par celle de St. Charles Borromée. Ce tableau, moindre de dimension que celui de l'Ermitage, est attribué à *Simone Cantarani*, dit Pesare. Il se pourrait bien que le tableau décrit plus haut appartînt à cet artiste, et non à Guido Reni, parce qu'il n'exprime pas tout à fait le caractère de ce dernier.—Photographié par A. Braun.

Copies d'après les tableaux de Guido Reni.

192. Beatrice Cenci. — Elle porte une tunique blanche. Ses cheveux sont entourés d'un mouchoir blanc. Buste.

Baudouin—9,67×0,5.

Ce tableau est probablement fait par un des élèves de Guido Reni d'après son célèbre tableau au palais Barbarini, à Rome. — Photographié par A. Braun.—Il est bien étrange qu'on l'ait considéré jadis comme une œuvre de *Titien*, puis comme celle de *P. Bordone*.

Béatrice Cenci, romaine d'une famille noble, de concert avec ses frères et sa mère, tua son père, Francesco Cenci, qui l'avait forcée, elle et ses sœurs, à un commerce criminel avec lui. Par un arrêt du pape Clément VIII, Beatrice, un de ses frères et sa mère furent décapités à Rome, en 1605. La tradition raconte, que Guido Reni dessina les traits de la malheureuse jeune fille lorsqu'elle fut menée au supplice, puis il fit son portrait. Une autre tradition prétend que ce portrait fut peint par Reni dans la prison de Beatrice, la veille de son exécution. Cependant ces récits ne sont confirmés par aucune donnée historique, et même on peut révoquer en doute si c'est bien Beatrice qui est représentée sur le tableau de la galerie Barberini.

304. Le Sommeil de l'Enfant Jésus.—L'Enfant Jésus est endormi sur une draperie d'un rouge violet. Devant lui, la Vierge est debout, les mains jointes et représentée à mi-corps.

$0,91 \times 1,08$.

D'après M. Waagen, cette copie appartient au pinceau de *Carlo Maratti*. L'original est au musée de Vienne. Des copies semblables se trouvent à la galerie Doria, à Rome, et dans la collection du comte Speck-Sternburg, à Lutschen, et sont considérées là comme des œuvres authentiques de Guido Reni, bien que ce soient des copies. Il y a encore une copie à l'académie de beaux-arts de Vienne (gravée par Gleditsch). Une répétition de ce tableau, dont on a perdu la trace, appartenait, en 1765, à lord Grosvenor et a été gravée la même année par Ravenet. Les gravures de C. Charpignon, de C. Bloemaert et de G. Vallet sont exécutées probablement d'après un tableau identique à celui de l'Ermitage; la gravure de P. Coombes se distingue par quelques variations. Le tableau de l'Ermitage a été lithographié par P. Meyer (publ. par la Société pour l'encouragement des artistes).

1665. Portrait d'homme. — Un homme âgé, les cheveux coupés ras, à moustaches, avec une une petite barbe grisonnante coupée assez court, est représenté de $3/4$ à droite, regardant le spectateur. Il porte un manteau en soie noir avec un col blanc en dentelles. Buste.

$\mathcal{S}$—C—Ovale, $0,119 \times 0,089$.

Ce petit portrait a été peint à Bologne, en 1617, s'il faut croire l'inscription de l'époque, qui se trouve au revers du tableau:

GVIDVS RHENVS
BONONIAE
1617.

RICCIO (Felice de-), dit **BRUSASORCI**. Elève de son père, Domenico Riccio, et de Jacopo Ligozzi. Né à Vérone, en 1540; mort en 1605. — *Ecole vénitienne.*

162. La Vision de St. François. — La Vierge, qui apparaît à St. François, est assise et soutient de la main droite l'Enfant Jésus à qui le petit St. Jean-Baptiste baise la main. La Vierge pose sa main gauche sur l'épaule de St. François agenouillé devant elle. Dans le haut du tableau, des anges dans les nuages.

Crosat—Ardoise—0,4×0,23.

Des tableaux de la même composition se voient dans plusieurs galeries italiennes, où ils sont considérés comme des œuvres d'*Alessandro Turchi*, dit Orbetto, qui, effectivement, pouvait copier ce beau tableau de son maître.

RIZZO da SANTA CROCE (Francesco), du nom de son père **Francesco di Simone**. Elève de Giov. Bellini, il s'est formé sous l'influence de Carpaccio et des imitateurs de Bellini. Né, probablement, à Santa Croce, près de Bergame; a travaillé dans les états de Bergame, et surtout à Venise, en 1504—1541(?). — *Ecole vénitienne.*

11. L'Adoration des Mages. — L'Enfant Jésus, assis sur les genoux de la Vierge, représentée à mi-corps, reçoit les adorations des Mages, dont on ne voit que les têtes.

δ—B—0,52×0,77.

Répétition originale du tableau qui se trouve à la galerie de Berlin et porte la signature authentique de l'artiste. D'autres répétitions, à la galerie de Vérone et chez M. Butler, à Londres. M. Lermolieff (Morelli) suppose que tous ces tableaux sont des reproductions de la composition d'Andrea Mantegna.

ROBUSTI (Jacopo), dit il TINTORETTO.
Elève de Tiziano Vecellio. Né à Venise, en 1519; mort dans la même ville, le 31 mai 1594. — *Ecole vénitienne.*

132. La Nativité de la Vierge. — Une nourrice offre le sein à l'Enfant, que Ste. Elisabeth lui présente. Dans le fond de la pièce, Ste. Anne couchée dans son lit et soignée par une de ses femmes. A droite est debout St. Joachim, levant les yeux au ciel.

Crozat—1,83×2,67.

Autrefois ce tableau portait la dénomination de la „Nativité de St. Jean-Baptiste". C'est, à coup sûr, la „Nativité de la Sainte Vierge" dont Ridolfi fait mention (Maraviglie dell'arte, II, 55), comme d'une des dernières œuvres de l'artiste, exécutée pour la Confraternité de' Mercanti, à Venise. Puis ce tableau figura dans la collection du cardinal Mazarin, d'où il passa à la galerie Crozat. — Gravé par F. Hortemels, photographié par A. Braun.

133. La Résurrection des Saints. — Dans la partie du milieu, la Ste. Trinité est représentée dans les nuages, au milieu d'un chœur d'anges; de tous côtés s'approchent vers elle les âmes des saints.

Å—1,28×3,51.

Esquisse représentant la première idée du tableau colossal peint par l'artiste dans la salle du Grand Conseil, au palais des Doges, à Venise. Il en diffère par quelques détails, comme on peut le voir d'après la gravure de Zucchi reproduisant le tableau de Venise. Cette esquisse a été achetée pour l'Ermitage en 1815, par l'entremise du baron Vivant Denon. Une autre esquisse du même tableau se trouve à Paris, au musée du Louvre; une troisième, définitive, à Venise, au palais Mocenigo.

134(?). St. Georges. — Le saint, en armure et à cheval, attaque le dragon devant lequel on voit le cadavre d'un homme. Au dernier plan, à droite, Ste. Alexandra et, plus loin, un édifice.

Å—1,23×0,92.

Tableau offert à l'Empereur Alexandre I par le grand veneur D. A. Narychkine et qui se trouve à l'Ermitage depuis 1806. Jusqu'en 1861, il fut considéré comme une œuvre de *Paolo Veronese*. Ridolfi (Maraviglie dell'arte, I, 45) fait mention d'un tableau de Tintoret ayant appartenu de son temps au sénateur P. Correr, à Venise, et dont le sujet rappelle celui du tableau de l'Ermitage, mais sur lequel étaient ajoutés quelques hommes tués par le dragon. Il est bien possible que ce soit le tableau de l'Ermitage. Mais, d'autre part, dans le dernier tableau, le cadavre ressemble beaucoup à l'esclave du célèbre „Miracle de Saint Marc" (à l'académie des beaux-arts de Venise); cette considération permet de supposer que c'est là une copie libre du „Saint Georges", dont parle Ridolfi, exécutée par un des élèves de Tintoret, parce que ce peintre n'aimait pas à se répéter. A la National Gallery, à Londres, se trouve un tableau attribué à Tintoretto, sur le même sujet, mais d'une tout autre composition (gravé par J. Corboult).

137(?). Portrait d'homme. — Un homme, vêtu d'un justaucorps rouge et d'une simarre noire, est debout, appuyant sa main gauche sur un table recouverte d'un tapis rouge, sur laquelle on voit une pendule. Dans le lointain, la mer et des montagnes. Figure à mi-corps.

Crozat—1,31×0,98.

Lors de son acquisition pour l'Ermitage, ce portrait fut attribué à *P. Bordone*, puis à *J. Robusti*, sous le nom duquel il figure déjà en 1858. — Photographié par A. Braun.

ROMANO (Giulio); voir Pippi.

RONDANO (Francesco-Maria). Elève de Correggio. Né à Parme, vers 1505; mort dans la même ville, vers 1548.— *Ecole de Parme.*

220.

Сальваторе Роза —— Salvatore Rosa

87. La Sainte Famille. — L'Enfant Jésus dort sur un pan du manteau de la Vierge qui est à genoux. Derrière ce groupe, à droite, le petit St. Jean-Baptiste avec une croix de roseaux; à gauche, St. Joseph tenant un livre à reliure rouge. Figures à mi-corps.

Tatistcheff—B—1,23×0,97.

ROSA (Salvatore), peintre, graveur et poète. Élève d'abord de son beau-frère, Fr. Francanzone, élève de J. Ribera, puis de Ribera lui-même et du peintre de batailles Agnello Falcone. Né à Arenella, près de Naples, le 20 juin 1615; mort à Rome, le 15 mars 1673. — *Ecole napolitaine.*

220. L'Enfant prodigue. — Couvert de haillons, il implore à genoux la miséricorde divine. Autour de lui, son troupeau. Au coin droit, au bas du tableau, le monogramme :

Walpole—2,54×2.

Autrefois dans la galerie de Sir Robert Geare. — Gravé par Ravenet, par Michel (tous les deux pour le Recueil Walpole) et par J. Sanders (au trait, dans Descript. de l'Erm. II, 58); lithographié par Robillard (Galerie de l'Erm. par Gohier et P. Petit, t. I, cah. 12); photographié par A. Braun. La tête seule de l'Enfant prodigue est gravée par R. Earlom.

221. Ulysse et Nausicaa. — La fille du roi des Phéaciens offre des vêtements à Ulysse, que la tempête a jeté sur l'île de Corcyre. Auprès de la princesse, on voit deux jeunes filles saisies d'effroi; une troisième jeune fille, cachée derrière Nausicaa, regarde avec curiosité le naufragé.

Walpole—T. T. 1868—1,96×1,45.

Gravé par Kollmann (au trait, dans Descript. de l'Erm., I, 37).

222. Démocrite et Protagoras.—Le philosophe d'Abdère, admirant la manière dont le jeune Protagoras, qu'il trouve parmi les bûcherons, lie ses fagots, l'engage à se livrer à l'étude de la philosophie.

Walpole—1,86×1,29.

Gravé par William Pether (à la manière noire, Recueil Walpole), par J. Taylor (Recueil Boydel) et par J. Sanders (au trait, Descr. de l'Erm. I, 11); la gravure du „Musée Reveil" est, sans doute, une copie de celle de Pether ou de Taylor.

223. Soldats jouent aux dés. — Trois soldats groupés autour d'un bloc de pierre jouent aux dés; un quatrième, en cuirasse et avec un casque sur la tête, les regarde, appuyé sur un bâton. Dans le lointain, un paysage sombre.

Crozat—0,81×0,63.

Gravé par J. Sanders (au trait, Descript. de l'Erm. I, 24), lithographié par Huot (Galerie de l'Erm. par Gohier et P. Petit, t. II, cah. 20). Salvator Rosa lui même a gravé la figure du soldat qui est debout.—Un tableau absolument indentique se trouve à la galerie de Dulwich, en Angleterre.

224. Portrait d'un poète.—Il porte une chemise blanche et un vêtement noir; ses cheveux sont ceints d'une couronne de laurier. De la main droite il tient une plume au-dessus d'un manuscrit. Figure à mi-corps.

Baudouin—Ovale, 0,61×0,5.

On a cru, mais à tort, que c'était le portrait de Torquato Tasso: le chantre de la „Jérusalem délivrée" est mort vingt ans avant la naissance de S. Rosa; deplus, les traits du visage ne ressemblent pas nullement à la physionomie du Tasse, telle qu'elle nous est transmise par ses portraits authentiques. — Lithographié par Huot (Galerie de l'Erm. par Gohier et P. Petit, t. II, cah. 25); photographié par A. Braun.

225. Portrait d'un bandit. — Il porte une chemise blanche et une veste fourrée, jetée sur l'épaule gauche, qu'il retient avec la main gauche gantée. Sa tête est couverte d'une toque noire. Figure à mi-corps.

Walpole—0,79×0,65.

<small>Gravé par J.-B. Michel, en 1777 (Recueil Walpole); photographié par A. Braun.</small>

226. Un jeune Guerrier. — Vêtu d'une cuirasse et coiffé d'une barrette avec une plume rouge, il tourne la tête à droite. Buste. Figure à mi-corps.

Crozat—0,72×0,55.

227. Paysage.—Une côte aride et bordée de rochers; à gauche, une bande de brigands.

Conti—0,51×0,92.

<small>Autrefois dans la galerie du duc de Choiseul. — Gravé par B. Dunker (Recueil Choiseul).</small>

228. Paysage montagneux. — Le tableau représente un lac au pied d'une haute montagne; au premier plan, sept hommes, les uns assis, les autres debout. Dans le lointain, les ruines d'un château.

8—0,52×0,92.

229(?). Port de mer. — Il est éclairé par le soleil levant. On y voit quelques vaisseaux et, au premier plan, deux muletiers et des matelots portant des ballots sur un navire.

Baudouin—0,74×0,99.

<small>Pendant du 230.</small>

230(?). Port de mer. — Il est éclairé par le soleil couchant. A droite, un vaisseau amarré près d'une tour; à gauche, un chasseur à cheval et un piéton; ce dernier porte un lièvre sur un bâton.

Baudouin—0,74×0,99.

<small>Ce tableau est le pendant du N° 229. Il est bien douteux que ce soient des œuvres de S. Rosa. D'abord ils étaient considérés comme des</small>

tableaux de *Cl. Lorrain*, et ce n'est qu'en 1838 qu'ils furent attribués à S. Rosa. Mais tous les deux diffèrent de la manière de ces deux peintres, bien qu'ils aient quelques traits qui les rappellent. Probablement, ce sont des tableaux de quelque peintre flamand du XVII siècle, qui avait subi l'influence de S. Rosa et de Cl. Lorrain, peut être de *Bonaventura Peters*.

ROSSO de' ROSSI (Giovanni-Battista), du nom de son père Giov.-Batt. di Jacopo di Guasparre, surnommé en Italie **ROSSO** et en France **MAITRE ROUX**, peintre, sculpteur et architecte. Il étudia d'après les cartons de M.-A. Buonarroti et du Parmigianino. Né à Florence, le 8 mars 1494; mort à Fontainebleau en 1541. — *Ecole florentine.*

32. La Vierge avec l'Enfant Jésus.—La Vierge, tenant l'Enfant Jésus, est assise sur des nuages et entourée d'anges.

$\frac{A}{}$—T. T. 1862—1,12×0,75.

Acquis en 1810, à Paris, par l'entremise du baron Vivant-Denon.

SACCHI (Andrea). Elève de son père, Benedetto Sacchi, et de Franc. Albani. Né à Rome, en 1599; mort dans la même ville, le 21 juin 1661. — *Ecole romaine.*

208. Agar dans le désert.—L'ange, debout près d'Agar couchée à côté de son fils mourant de soif, lui montre une source, qu'on voit dans le fond à droite.

Crozat—0,7×0,93.

Peint pour le cardinal Antonio Barberini, ce tableau se trouvait plus tard dans les galeries du marquis de Seignelay et de M. de Dreux. — Gravé par Simonneau (Recueil Crozat).

209. Le Triomphe de la Vérité. — La Vérité, sous les traits d'une femme majestueuse, est assise sur un trône d'or et tient dans ses mains le sceptre et le miroir. Autour d'elle sont groupées les autres Vertus, chacune avec son emblème.

Crozat—0,84×1,05.

<small>Esquisse pour le plafond commandé par le cardinal Antoni Barberini et qui se trouve au palais Barberini, à Rome. — Gravée par C.-J. Girardin (en 1662) et par M. Natalis.</small>

210. Le Repos de Vénus. — La déesse de Cythère, descendue de son char attelé de deux colombes et conduit par un Amour, est couchée sous un arbre et tient une guirlande de fleurs. Un Amour lui présente un carquois rempli de flèches; deux autres Amours voltigent autour d'elle, tandis que deux satyres, cachés dans un buisson, la contemplent avec curiosité. Dans le lointain, un paysage montagneux avec quelques animaux.

Walpole—0,59×0,77.

<small>Autrefois dans la galerie de lord Halifax. — Gravé par James Mason, en 1775 (Recueil Walpole).</small>

SALVI (Giambattista), dit il SASSOFERRATO. Elève de son père, Tarquinio Salvi, il s'est développé par l'étude des œuvres de l'école des Carracci et surtout de celles de G. Reni. Né à Sassoferrato (Marche d'Ancône), le 11 juillet 1605; mort à Rome, le 8 avril 1685. — *Ecole romaine.*

257. La Vierge à l'oiseau. — La Vierge assise et tournée à gauche, un bras appuyé sur un bloc de marbre, regarde l'Enfant Jésus qui est couché sur ses genoux et joue avec un petit oiseau attaché à une ficelle. La figure de la Vierge à mi-corps.

0,97×0,73.

<small>Photographié par A. Braun.—La composition de ce tableau est empruntée à une eau-forte de Pesarese, dont il existe une copie gravée en sens inverse.</small>

258. La Sainte Famille.—Près d'une fenêtre, à travers laquelle on voit un beau paysage, la Vierge assise tient l'Enfant Jésus dans ses bras. Le jeune St. Jean-Baptiste, assis au bord du berceau, embrasse le divin Enfant. Dans l'embrasure de la fenêtre, St. Joseph assis, lisant dans un livre.

8—C—0,17×0,23.

Ce tableau a été considéré autrefois (avant le diagnostic de M. Waagen) comme une œuvre de *L. Carracci*. La composition en est empruntée à une eau-forte bien connue d'Annib. Carracci, exécutée en 1590. Elle reproduit cette estampe exactement dans les mêmes dimensions. Les gravures de plusieurs artistes anonymes ne sont que des copies de cette eau-forte.

260ᵃ. La Madone. — Elle est représentée dans l'attitude de la prière et tournée à gauche. Figure à mi-corps.

Litta—0,5×0,4.

Dans ce tableau l'artiste a imité en partie la Madone d'Albert Durer, qui se trouve à la galerie de Vienne. D'anciennes copies de cette œuvre de Sassoferrato se trouvent: au musée de Madrid (elle passe pour une répétition de l'original), à la Pinacothèque de Pérouse (on la donne pour l'original), à la sacristie de l'église Santa Maria della Salute, à Venise, (id.) et dans d'autres endroits.

260. La Vierge avec l'Enfant Jésus. — Représentée à mi-corps, la Vierge tient dans ses bras son Fils qui appuie sa main et sa tête sur l'épaule droite de sa mère.

Walpole—0,73×0,6.

Ce tableau, qu'on attribuait jadis à *Domenichino*, fut acheté par H. Walpole à Bologne. — Gravé par Le Sailliar, en 1782, et par J. Sanders (au trait, Descript. de l'Erm., II, 48); photographié par A. Braun.

Copie d'après un tableau de ce peintre.

259. La Vierge avec l'Enfant Jésus et St. Jean-Baptiste. — La

Vierge, assise dans une pièce ornée d'une draperie, soutient le divin Enfant, qui, debout sur les genoux de sa mère, tourne les yeux vers le petit St. Jean-Baptiste. Celui-ci tient une croix entourée d'un listel avec l'inscription: ECCE AGNVS MVNDI. Figures à mi-corps, à l'exception de celle de l'Enfant Jésus.

0,92×0,73.

Cette copie est peinte par *Pierre Mignard* (1610—1695). — Photographiée par A. Braun, comme une œuvre originale de Sassoferrato.

SANTA CROCE (da-); voir Rizzo.

SANTI ou SANZIO (Raffaello), peintre et architecte. Elève de son père, Giovanni Santi, et, après la mort de ce dernier, de Timoteo Viti, puis de Pietro Perugino, il s'est développé plus tard sous l'influence de L. da Vinci et de son ami, Fra Bartolommeo. Né à Urbino, le 6 avril 1483; mort à Rome, le 6 avril 1520. — *Ecole romaine.*

1666. Triptyque: Le Crucifiement avec la Vierge, St. Jean, la Madeleine et St. Jérôme.

a) *Partie du milieu.*—Au centre du tableau, le Sauveur cloué sur la croix; son corps nu, recouvert seulement aux hanches d'une draperie lilas clair, se détache sur le fond bleu du ciel qui est rayé de quelques nuages dans le haut, tandis que, dans le bas, il est plus pâle à mesure qu'il se rapproche de l'horizon. Le sang ruisselle de la tête du Christ couronnée d'épines, baissée et tournée à gauche, de même que de sa blessure à la côte, de ses mains et de ses pieds. Près de la croix, à droite, la Vierge debout, vêtue d'une tunique lilas foncé et d'un manteau vert foncé qui recouvre sa tête. La Vierge a la tête tristement baissée et les mains jointes. De l'autre côté de la croix, l'apôtre St. Jean, vêtu d'une tunique gris-bleu et d'une toge rouge, regarde le Sauveur avec amour et piété, et se tord les mains de désespoir. Dans le lointain, un paysage avec des rochers, des arbres et une rivière qui se jette dans un golfe ou un détroit, dans lequel on aperçoit trois vaisseaux, une ville sur la rive droite du golfe et un château sur le haut d'un rocher; devant la ville, un pont en pierre jeté sur le rivière; on y voit trois hommes, dont l'un pêche du poisson. Au premier plan, quelques plantes en fleur. ♟—T. T. 1887—1,57×1,02.

b) *Volet droit.* — Dans un endroit couvert de rochers, et qui n'est que la continuation du paysage représenté dans la partie du milieu du triptyque, on voit la Madeleine debout, vêtue d'une tunique rose et d'un manteau vert foncé; tournée de trois quarts à gauche, regardant dans la direction du Sauveur crucifié, elle a joint ses mains baissées. Près d'elle, à gauche, on voit un vase en or posé sur un roc. Au premier plan et sur les rochers, des plantes en fleur. ♟—T. T. 1887—0,95×0,3.

c) *Volet gauche.* — Dans un endroit couvert de rochers, formant la continuation du paysage de la partie du milieu du triptyque, St. Jérôme est représenté sous les traits d'un veillard chauve et imberbe, dont le corps nu n'est recouvert qu'à la ceinture d'une draperie grise. Debout et tourné à droite, il est un peu penché et a appuyé sa main droite contre la poitrine, tandis que de la gauche il tient un bâton posé sous l'aisselle du bras gauche. Derrière St. Jérôme, à gauche, on voit un lion, son compagnon au désert, et plus loin encore, une grotte dans le roc, où se trouvent quelques livres à reliure rouge et où est suspendu un chapeau de cardinal. Au premier plan, des plantes en fleur. ♟—T. T. 1887—0,95×0,3.

Ce triptyque est entré à l'Ermitage en 1886, avec les tableaux de l'ancien Musée Galitzine, de Moscou. Dans ce musée, il était considéré comme une œuvre de *Pietro Perugino*, de même que dans le premier temps à l'Ermitage quelques-uns y voyaient le travail de cet artiste. En effet, la composition, le dessin et la facture du triptyque rappellent à ce point les tableaux du même genre de Perugino (par exemple „les Crucifiements" à la chapelle de Santa Maria Maddalena dei Pazzi, à Florence, dans l'église de St. Augustin, à Sienne, etc.), qu'on pouvait très bien y voir une œuvre—et une œuvre parfaite—de ce peintre plutôt que celle de son célèbre élève. Cependant quelques particularités, surtout quant aux figures de St. Jean et de la Madeleine, l'amour avec lequel les fleurs sont traitées, quelque chose de Raphaëlesque dans le paysage rappelant le paysage du carton de Sanzio: „Rencontre de l'empereur Frédéric III avec sa fiancée" qui se trouve à Casa Baldeschi, à Pérouse, et enfin — ce qui est le plus important — les données historiques portent à croire que c'est une œuvre de la jeunesse de Raphaël. Jusqu'à la fin du XVIII siècle ce tableau ornait l'autel consacré „au nom de Dieu" dans l'église du monastère des dominicains à San Gimignano (Toscane), où, d'après le témoignage des annales locales, publiées à Florence, en 1695, par un certain Coppi (Voir Giov. Rosini, Storia della pittura italiana, Pisa 1850, tom. IV, pag. 24—25) le dominicain Bartolommeo Bartoli (Quarquagli), confesseur du pape Alexandre VI, en fit don, comme d'une belle œuvre de Raphaël (portò quel bellissimo Crocefisso di Raffaello d'Urbino, ch'è all'altare del Nome di Dio). Comme ce pape a occupé le trône pontifical de 1492 à 1503, cette offrande a été faite soit de son temps, soit un peu plus tard, mais, dans tous les cas, du vivant de Raphaël, de sorte que Bartoli ne pouvait se tromper sur le nom du peintre qui avait exécuté le triptyque et, selon toutes les probabilités, sur sa commande. Pendant l'invasion de Napoléon I en Italie, le Crucifiment de San Giminiano passa dans les main d'un particulier, et au monastère dominicain il fut remplacé par une mauvaise copie (Voir Peccori, Storia della terra di San Gimignano, Firenze 1853, II partie, pag. 419, et IV part., pag. 520). Puis le triptyque fut acheté par le chirurgien Buzzi, qui le donna à nettoyer au peintre Fabre, professeur à l'académie des beaux-arts de Florence, et ensuite le revendit au prince A. M. Galitzine, d'après le témoignage de Longhena (Istoria della vita e delle opere di Raffaello Sanzio di Quatremère de Quincy, voltata in italiano ec. per cura di Fr. Longhena, Milano 1829, pag. 7, not.), pour 15,000 florins, et, selon le témoignage de feu M. Gunzbourg, conservateur du Musée

Galitzine, pour 12,000 ducats. A la mort du prince A. A. Galitzine, décédé en 1809, son fils Théodore hérita du triptyque, qui resta à Rome, dans son hôtel. C'est là que l'historien de la peinture italienne Rosini vit, en 1840, cette œuvre que le possesseur attribuait à Perugino; il redressa l'erreur en déclarant que, malgré toute apparence du contraire, il n'y a aucun doute que c'est un Raphaël. En même temps Rosini fit faire, avec l'autorisation du prince, le dessin de la partie du milieu du triptyque et la reproduit en gravure au trait, dans l'atlas de la première édition de son ouvrage (planch. LXX). Tomaso Gazzarini, peintre de Livourne, dans une lettre du 26 juin 1852, adressée à Peccori (voir Chronique des beaux-arts, 1855, pag. 212), raconte avec quelques variantes la même histoire au sujet du triptyque, avant que le prince Galitzine le possédât. D'après lui, le premier qui eut ce tableau après le monastère de S. Gimignano, était Antonio Moggi (mort en 1833) qui, du temps des Français, fut sous-préfet de Florence; Gazzarini ajoute qu'il a vu ce chef d'œuvre chez Moggi, à Livourne; qu'il aurait pu l'acheter pour 100 sequins; que Buzzi, mentionné plus haut, n'était par chirurgien, mais un dentiste qui faisait le métier de revendeur de tableaux, et que le „Crucifiement" a été restauré non par Fabre, mais par un certain Garagalli. En 1862, à la mort du prince Th. A. Galitzine, le triptyque, avec d'autres objets d'art de sa collection, fut transporté à Moscou, au Musée Galitzine, où, de nouveau, par méprise, on l'attribua à Perugino. Crowe et Cavalcaselle (Raphaël, his life and works, London 1682, pag. 132—133, not.), en mentionnant le „Crucifiement" de San Gimignano, n'ont pu indiquer où il se trouve, parce qu'ils n'ont pas soupçonné qu'il figurait à Moscou, sous le nom de Perugino. Selon toutes les probabilités, ce tableau a été peint soit en 1500, ou bien en 1501, c'est-à-dire à l'époque où Raphaël n'avait que 16 à 17 ans, et il serait difficile de ne pas partager l'opinion de Longhena (l. c.) que la composition et le dessin y sont de Perugino, mais que le coloris et la grâce que décèlent les figures de l'apôtre St. Jean et de la Madeleine trahissent la main de Raphaël.—A leur entrée à l'Ermitage, toutes les trois parties du triptyque ont été transportées du bois sur toile par le restaurateur A. Sidoroff, et quelques parties endommagées ont été restaurées par le peintre T. Romanoff. Lors de cette opération, lorsque le bois fut enlevé du revers du tableau, on a pu y voir la première ébauche au crayon et à la plume; on a calqué le dessin de la partie du milieu, et

1667.

Рафаелло Санціо — Raffaello Sanzio

une rèduction de ce calque a paru dans le journal: „Вѣстникъ изящныхъ искусствъ" pour l'année 1887. T. Gazzarini, mentionné plus haut (l. c.), raconte, que lorsque le tableau se trouvait encore chez Moggi, il a lu, parmi les ornements en or sur le col de la tunique dont est revêtu St. Jean, la signature de Raphaël, avec le millésime, et bien que quelques personnes, dans un but intéressé, aient prétendu que cette signature etait fausse, lui, Gazzarini, la croit authentique. En effet, on peut parfaitement distinguer, à l'endroit indiqué, les lettres R et A, mais le reste de la configuration de l'ornement ne peut pas être adapté à quelques lettres ou chiffres que ce soit (voir le dessin). Un examen minutieux de ces lettres prouva qu'elles avaient été tracées en même temps que les autres ornements sur le col, immédiatement après l'exécution du tableau.

1667. La Vierge avec l'Enfant Jésus, tableau connu sous le nom de la Vierge au livre (Madonna del libro) et Madonna della casa Conestabile della Staffa.—La Vierge, tournée un peu à gauche, debout, tient dans ses bras l'Enfant Jésus à demi-couché. Dans sa main droite elle tient un livre ouvert qu'elle lit et que l'Enfant regarde et touche de sa main droite. La figure de la Vierge un peu plus grande qu'à mi-corps. Un paysage avec des prairies verdoyantes et une rivière qui serpente au milieu, quelques arbres sans feuilles, quelques montagnes neigeuses à l'horizon, servent de fond. Le tableau a la forme d'un cercle décrit dans un carré; les coins du carré sont ornés en rouge sur fond noir.

Å—T. T. 1881—0,179×0,18.

Une des premières Madones crèes par le pinceau de Raphaël. Elle a été peinte vers les premières années du XVI siècle, pour le comte Staffa, à Pérouse. Pendant bien des années, une lettre autographe de Raphaël ayant trait à la commande de ce tableau avait été conservée dans la famille Staffa; mais, encore au commencement de ce siècle, un amateur des beaux-arts bien connu, le comte Cicognara, a fait des recherches infructueuses pour retrouver cette lettre. De la famille Staffa qui est éteinte, les comtes Conestabile héritèrent ce tableau qui figurait dans leur palais, à Pérouse, jusqu'en 1870, et c'était un des plus grands attraits artistiques de cette ville. Cette année-là, il fut acquis, pour 310,000 fr., par l'Empereur Alexandre II, qui en fit présent à son épouse, l'Impératrice Marie Alexandrowna. Pendant sa vie, il ornait ses appartements au Palais d'Hiver, et ce n'est qu'en son absence qu'il était exposé à l'Ermitage. Après la mort de l'Impératrice, conformément au voeu qu'elle exprima dans son testament, le tableau devint, en 1880, la propriété de l'Ermitage. La Madone Conestabile a été peinte sur bois, cadre et tableau d'un seul morceau; ce cadre a été fait, selon toute vraisemblance, d'après un dessin de Raphaël. Lorsque la Madone se trouvait encore à Pérouse, dans le haut du cadre il s'était formé une fente qui avait attaqué une partie de la peinture, et comme elle menaçait de s'agrandir, bientôt après l'arrivée du tableau à St. Pétersbourg, il fut reconnu urgent, pour prévenir les dégâts ultérieurs, de le scier hors du cadre et de le transporter sur toile (ayant soin d'abord de réunir la fente). Cette opération délicate a été habilement faite par le restaurateur de l'Ermitage, A. Sidoroff. Lorsque le bois fut enlevé, on a pu voir l'esquisse de la première composition de Raphaël, dans laquelle la Vierge, au lieu de tenir un livre, tenait une grenade. On fit un calque de cette ébauche, reproduit dans la suite à l'eau-forte par V. Bobroff et publié dans l'ouvrage: „l'Ermitage Impérial 1855—1880, St. Pétersbourg, 19 février 1880". — Le tableau a été gravé par S. Amsler en 1821, par P. Mocchi et par Dav. Desvachez, en 1840 (chaque gravure de la grandeur de l'original); lithographié dans l'ouvrage de Reber: „Raphaël Sanzio aus Urbino" (Monaco 1824); photographié par A. Braun. — Le musée de Berlin, possède une esquisse authentique de Raphaël faite à la plume pour cette Madone et achetée il n'y a pas longtemps au directeur du musée de Madrid, Jose Madrazo; la Vierge y est représentée non avec le livre, mais avec une pomme à la main, comme sur la première ébauche du tableau. A Pérouse, on conserve deux belles copies anciennes: à la Casa Baglioni et chez le gonfalonier della Penna; à l'hôpital Santa Maria della Misericordia de la même ville, une troisième copie, plus grande de dimension, carrée et avec quelques vari-

38.

Раффаелло Санти — Raffaello Santi

antes (gravée par Ant. Krüger, in 4°, peinte, au dire de Passavant, par un des meilleurs élèves de Raphaël). Une quatrième copie, exécutée par Sassoferrato, se trouve au musée du Louvre, à Paris (gravé par Th. Richomme, dans un ornement octogone). D'anciennes copies se trouvaient encore à la Casa Oggione, à Milan (gravé par P. Caronni, p. f., en 1817) et chez A. Humboldt.

37. La Sainte Famille, tableau connu sous le nom de la Madone avec St. Joseph imberbe (Madonna col Giuseppe imbarbato). — Dans une salle de marbre, la Vierge assise tient sur ses genoux l'Enfant Jésus, qui touche avec la main droite le sein de sa mère et lève les yeux vers St. Joseph debout et appuyé sur son bâton. Figures à mi-corps, à l'exception de celle de l'Enfant.

Crozat—T. T. 1827—0,74×0,57.

Probablement une des deux Madones, peintes par Raphaël en 1506, pour le duc d'Urbin Guidobaldo di Montefeltre. On ignore dans quelles circonstances elle a disparu du palais du duc, mais vers le première moitié du XVII siècle on la trouve à Paris, dans la galerie du duc d'Angoulème. La tradition prétend que vers cette époque le tableau tomba entre les mains d'un restaurateur ignorant qui, par ses retouches, le dénatura complétement. C'est pourquoi, à la mort du fils du duc, en 1653, il fut vendu à vil prix à M. Barroy qui, après l'avoir fait nettoyer par le peintre Vandine, le céda au baron de Crozat. — Gravé par Jacques Chereau (Recueil Crozat), par Catterlenius, par A. Pistchalkine, par J. Sanders (Descript. de l'Erm. I, 1) et par N. Mossoloff (à l'eau-forte, dans les Chefs d'oeuvre de l'Erm.); lithographié par E. Robillard (Galerie de l'Erm. par Gohier et P. Petit, tom. II, cah. 18); photographié par A. Braun.

38. La Vierge avec l'Enfant Jésus et St. Jean-Baptiste, tableau connu sous le nom de Madonna della casa d'Alba (La Vierge de la maison d'Albe).—La Vierge, assise au milieu d'un beau paysage et adossée contre un tronc d'arbre, tient dans la main gauche un livre et pose la main droite sur l'épaule du jeune St. Jean-Baptiste, qui, à genoux près d'elle, regarde l'Enfant Jésus. Ce dernier prend la croix de roseau que son précurseur lui présente.

Cœsvelt—T. T. 1837—Rond, diam. 0,95.

Ce tableau date du premier séjour de Raphaël à Rome, où il se rendit en 1508. Au XVI siècle il se trouvait dans l'église du monastère Monte Oliveto, à Nocera de' Pagani (Etats de Naples). D'après la supposition de Passavant (Raphaël d'Urbin, etc., II, 105), Paul Giovio en fit don à cette église quand il fut nommé évêque de Nocera par le pape Clément VII. Le célèbre tableau attira l'attention du marquis del Caprio, vice-roi de Naples, qui l'acheta aux moines de Monte Oliveto pour 1000 scudi. Lorsque le marquis cessa de servir à Naples, il emporta le tableau en Espagne. On ignore si c'est par héritage ou par achat qu'il passa dans la galerie des ducs d'Albe; au XVIII siècle il ornait leur palais à Madrid et s'appelait déjà „la Madone de la maison d'Albe". Outre l'original, il y en avait dans cette galerie une très bonne copie. A la fin du siècle dernier, la duchesse d'Albe, à qui appartenait la galerie, légua, de son vivant, à son médecin, comme un gage de sa gratitude pour la guérison d'une grave maladie, la Madone et la copie, et bientôt après, en 1801, elle mourut subitement. Tout Madrid parla d'empoisonnement, et le médecin fut arrêté et déféré aux juges; mais Emmanuel Godoy, Prince de la Paix, qui était alors tout puissant, sauva le coupable. Le médecin céda la copie de la Madone d'Albe à son bienfaiteur; quant à l'original, il le vendit à l'ambassadeur de Danemarck, comte Edmond de Bourke, peu de temps avant que celui-ci fut envoyé à Londres. Là, de Bourke céda la Madone pour 4000 liv. sterl. au banquier Cœsvelt. Enfin elle fut acquise pour l'Ermitage en 1836, moyennant 14,000 livres sterl. Il existe quelques dessins et esquisses de Raphaël pour ce tableau; deux esquisses, au musée Wicar à Lille; une première esquisse, à la collection Albertine, à Vienne; un carton achevé, dessiné au crayon noir, à la sacristie de San Giovanni in Latrano, à Rome; un autre carton, à la sépia rehaussé de blanc, dans la collection du comte d'Outremont, à Liège. D'anciennes copies de la Madone d'Albe: dans la collection du comte Wylich et dans celle de Lothum, à Berlin (par Andrea Sabattini de Salerne, élève de Raphaël); à l'Académie des beaux-arts de Vienne, dans les collections Bernardi, à

39.

Раффаэллo Санціо   Raffaello Sanzio

Milan, du feu marquis Algolfa, à Alicante, et se trouvaient autrefois chez le Prince de la Paix, à Madrid, et chez lord Dudley, à Londres. Une copie du professeur F. Bruni, dans les appartements de la défunte Impératrice Marie Alexandrowna, au Palais d'Hiver.—Gravé par A. Boucher-Desnoyers, par Joubert (collection Cœsvelt), par Stadler, par Vitali et par Metzmacher (dans les Vierges de Raphael); lithographié par V. Dollet (Gal. de l'Erm., par Gohier et P. Petit, tom. II, cah. 20); photographié par A. Braun.

39. St. Georges.—St. Georges, monté sur un cheval blanc et galopant à gauche, perce de sa lance le dragon. Le patron des chevaliers porte une armure d'acier, un mantelet gris flottant et, à la jambe gauche, une jarretière bleue (de l'ordre de la Jarretière), sur laquelle on voit écrit en lettres d'or le commencement de la devise: «Hony». Sur le harnais gris du cheval, on lit l'inscription en lettres d'or: RAPHELLO V (ajoutée plus tard). Au fond, à droite, Ste. Alexandra agenouillée et en prière; elle porte une robe rouge et un voile blanc. A gauche, l'antre du dragon et, dans le lointain, un beau paysage avec deux tours.

Crozat—B—0,285×0,215.

Ce tableau fut commandé par le duc Guidobaldo d'Urbin, en 1506, lorsque Raphaël fit une visite à sa ville natale. Il était destiné au roi Henri VII d'Angleterre, qui avait reçu le duc parmi les chevaliers de l'ordre de la Jarretière. C'est pourqoi le tableau représente le patron de l'ordre, St. Georges, portant une jarretière. Le comte Baldassare Castiglione, chargé de remettre ce tableau et d'autres présents au roi et de recevoir l'accolade pour le duc à la cérémonie de réception, quitta Urbino le 10 juillet 1506; par conséquent, le tableau doit avoir été peint au printemps de ladite année. On ne sait pas comment de la collection du roi d'Angleterre il devint la propriété du comte de Pembroke, chez qui on le trouve en 1627—1638. En 1639, le comte le céda au roi Charles I, en échange d'une collection de dessins de Holbein [*]). Ce monarque, qui était

---

[*]) Voir Vertue, A Catalogue and Description of King Charles the First's Capital Collection of Pictures, Limmings etc., London 1757, tom. IV, pag. 4.

grand amateur de tableaux, chargea son peintre Peter Oliver d'en faire une copie réduite. Après la mort du roi, à la vente de ses objets d'art, ordonnée par Cromvell en 1649, le St. Georges ne fut payé que 150 livres sterl. Puis il s'est trouvé successivement dans la collection de M. de la Noue (qui l'avait acquis moyennant 500 pistoles et qui avait commandé à Ph. Champagne d'en faire une copie pour l'église de Port-Royal), dans celle du marquis de Sourdis et enfin du baron de Crozat. A la fin du règne de l'Empereur Alexandre I, il servit d'image dans la Galerie des généraux de 1812 au Palais d'Hiver. Après l'incendie du Palais en 1837, quand la nouvelle salle St. Georges fut rebâtie, l'œuvre de Raphaël y fut transportée et suspendue à une grande hauteur, dans un coin de la salle, avec une veilleuse devant. Au temps de l'organisation du nouveau musée de l'Ermitage, le tableau, sur les représentations de M. Bruni, conservateur de la galerie des tableaux, et par ordre de l'Empereur Nicolas, fut rendu à l'Ermitage. Une esquisse à la plume, authentique, se trouve au musée des Offices, à Florence. Une très belle copie est dans la collection du comte d'Espagnac, à Paris; une autre copie, par Ottomar Elliger le père (1633–1666), à la galerie de Brunswick.—Gravé par L. Vorsterman (en 1627), par Des Granges (en 1628), par N. Larmessin (Recueil Crozat) etc.; photographié par A. Braun.—Lord Clifford (à Irnham, Lincolnshire, en Angleterre) possède une tapisserie d'après le même tableau provenant de la fabrique Mortlake, du temps de Charles I.

40. Portrait d'un vieillard.—Il est représenté en buste, le visage tourné de trois quarts à gauche, regardant le spectateur. Ses cheveux blancs flottent des deux côtés de la tête. Il porte un vêtement noir, avec un petit collet blanc, et une barrette noire sur la tête.

☗—T. T. 1869—0,61×0,51.

Autrefois dans la galerie du baron Hector de Garriod, ce portrait fut acheté a ce dernier par le roi Guillaume II des Pays Bas; de la collection de celui-ci acquis pour l'Ermitage en 1850, moyennant 16,000 florins. C'est peut-être le même tableau qui se trouvait, en 1707, chez l'antiquaire **Magnavacca**, à Bologne (Passavant, II, p. 364). Pendant longtemps, ce portrait a été considéré comme celui du poète napolitain Giacommo Sanazzaro, mais M. Waagen a prouvé que les traits du vieillard ne ressemblent pas à ceux de Sanazzaro, ce qui est confirmé par un dessin de la collection de l'Ermitage et par un portrait du poète, qui se trouve au musée Louvre, à Paris. Selon M. Waagen, ce portrait a été peint vers 1506. Il a beaucoup souffert par suite du nettoyage et des restaurations. — Photographié par A. Braun.

Copies d'après Raphaël Sanzio.

41. **La Sainte Famille**, tableau connu sous le nom de Madonna del velo (la Madone au voile) et Il Sonno di Goesù (Le sommeil de Jésus).—La Vierge, à genoux, montre au jeune St. Jean-Baptiste l'Enfant Jésus endormi sur l'herbe en soulevant le voile que le couvre. La scène se passe au milieu d'un paysage.

Tatistcheff—T. T. 1869—1,25×1,1.

Le carton original de cette composition, fait au crayon noir, se trouve à l'Académie des beaux-arts de Florence; le tableau même de Raphaël, peint vers 1507, est perdu et n'est connu que par de nombreuses copies anciennes, parmi lesquelles Passavant cite, comme la meilleure, celle de l'Ermitage, bien qu'elle ait souffert par l'effet du temps et ait pris un coloris terne. Selon lui, cette copie a été exécutée par un des élèves de Raphaël. L'œuvre perdue du grand maître a été gravée d'après diverses copies: par L. Banzo, par R. Bettelini, par G. Longhi (gravure achevée par P. Toschi), par M. Frey, par G. Folo, par A. Martinet et par A. Boucher-Desnoyers.

42. **La Sainte Famille**, tableau connu sous le nom de Madonna del divino amore (La Madone du divin amour), Madonna di Lionello da Capri et Benedizione. — Dans le vestibule d'une maison, la Vierge assise tient sur ses genoux l'Enfant Jésus et le regarde avec tendresse. L'Enfant bénit le petit St. Jean-Baptiste, qui est à genoux devant lui et tient une croix. A côté de la Vierge, est assise Ste. Elisabeth, et dans le fond on voit St. Joseph qui entre par une porte.

Malmaison—T. T. 1816—1,37×1,11.

Quant à l'origine de cette copie, la tradition est contradictoire: les uns prétendent qu'il passa, en 1806, du musée de Cassel à la Malmaison, d'autres, qu'il se trouvait, avant d'entrer dans cette galerie, au palais du Quirinal, à Rome. M. Waagen l'attribue à un des élèves de Raphaël et de G. Romano, *Raffaello dal Colle*, dit Raffaellino da San Sepolcro. L'original a été peint par Raphaël à Rome, pour le prince de la ville de Mendola, Lionelo da Capri. De la famille de ce dernier il passa aux ducs de Parme, et de ceux-ci, par héritage, à la maison de Bourbon, à Naples, où il se trouve actuellement au Museé national. D'anciennes copies de cette œuvre figurent dans bien des collections.—Gravé par P. P. Palumbi (1571), G. Vallet, W. Morgen, G. Folo, J. Jacobini, G. Longhi, F. Rosaspina, N. Pitau (1662), M.-T. Rousselet, G. Cavedoni, C.-B. Stella, Lorichon et A. Neureiter.

43. La Sainte Famille, tableau connu sous le nom de Ma-donna della quercia (la Madone sous le chêne).—La Vierge, assise sous un chêne, soutient son Fils, qui se penche vers le petit St. Jean-Baptiste, mais en tournant la tête vers sa mère qui le regarde avec tendresse. St. Jean offre à Jésus un parchemin sur lequel est écrit: ECCE AGNVS DEI; tous les deux posent un de leurs pieds dans le berceau. A droite, St. Joseph, appuyé sur un fragment d'architecture antique, orné d'un bas-relief, contemple cette scène. 8—T. T. 1850—1,43×1,11.

L'original de cette copie se trouve au musée de Madrid. Passavant (II, 226) attribue cet original, moins parfait que les autres peintures de Raphaël, à *Francesco Penni*, dit Fattore, élève de Sanzio. Il existe plusieurs copies anciennes du tableau de Madrid.—Gravé par G. Bonasone, Diane Ghisi, Ag. Carracci, P. Brebiette, G. Frezza, A. Macduff, G. Caratolli et Bonnemaison (au trait).

44. La Sainte Cène.—Dans une salle, le Christ et les apôtres sont assis à une longue table. St. Pierre et St. Jean parlent au Sauveur; Judas Iscariote, assis à côté de St. Pierre, les épie. 8—T. T. 1829—0,51×0,83.

Autrefois dans la galerie de lord Arundel, à Londres, où il était considéré comme une œuvre originale de Raphaël; puis attribué par M. Waagen à quelque peintre flamand. En le comparant avec les œuvres incontestables de *Michiel Coxie* (1499—1592) on arrive à la conviction que c'est une copie de ce dernier, élève et ami de Raphaël; il l'a fait d'après le dessin de son maître, en se livrant à son inspiration. Ce dessin figure actuellement dans la collection de la reine d'Angleterre. Il a été gravé par M.-A. Raimondi, avec d'autres tableaux de la collection de lord Arundel, et a été copié à l'huile, de la même dimesion; cette copie se trouve au musée Santa Trinidad, à Madrid.

45. **Les Grâces.** — Trois jeunes femmes, nues et debout, tiennent chacune une pomme d'or. Dans le lointain, un paysage.

Tatistcheff—0,178—0,162.

L'original de cette copie a été peint par Raphaël pendant son séjour à Sienne, évidemment sous l'impression du groupe antique des trois Grâces qu'il y a vû dans la bibliothèque de la cathédrale, en 1502 ou 1503. Ce tableau se trouvait il n'y a pas longtemps dans la collection de lord Dudley à Londres; maintenant il appartient au duc d'Aumale (gravé par F. Forster). Le dessin de Raphaël pour ce groupe est à l'académie des beaux-arts de Venise.

46. **L'Ecole d'Athènes.** — Réunion des philosophes les plus célèbres, devant un édifice d'une belle architecture. On distingue, au centre, Platon et Aristote; à gauche, Socrate avec Alcibiade et d'autres disciples. Sur les marches de l'édifice, Diogène couché. Au premier plan, sont debout, à gauche, Pythagore, Empédocle, Epicure et d'autres; à droite, Archimède sous les traits de Bramante, Zoroastre, Ptolémée, et plus loin, comme amis de la science, Raphaël et son maître P. Perugino.

Walpole—0,98×1,32.

Copie réduite de *Charles Lebrun* (1619—1690) d'après la célèbre fresque de Raphaël à la Stanza della Segnatura, au Vatican. Une excellente copie de la même fresque, de la grandeur de l'original, par Ch. Bruloff, au musée de l'Académie Impériale des beaux-arts à St. Pétersbourg.

De l'école de Raphaël Sanzio.

1668. L'Annonciation, tableau comprenant deux parties:

a) *Côté droit.* — La Vierge est assise sur un banc, devant un prie-Dieu sur lequel on voit un livre ouvert. Sa lecture interrompue, elle s'est tournée à gauche, la tête pieusement inclinée. Elle porte un vêtement d'un rouge clair, sous les manches larges et courtes duquel on voit d'autres manches étroites, couleur lilas. Un manteau vert foncé, doublé de jaune, couvre ses épaules. Au fond, une draperie verte, relevée.

b) *Côté gauche.* — Un ange aux ailes blanches, tourné de profil à droite, a fléchi le genou droit; dans la main droite il tient une tige de lis à trois fleurs. Le messager céleste porte une tunique blanche, transparente, et un manteau paille tombant d'une épaule et retenu par une ceinture lilas.

Galitzine—T. T.—Chaque partie du tableau, 0,81×0,57.

Fresques de l'Ecole de Raphaël Sanzio.

47. Vénus. — Assise sur un monstre marin, vue de dos, la déesse de la beauté tourne la tête vers le spectateur. A gauche, un Amour à cheval sur un dauphin, et au-dessus, dans les nuages, deux têtes de cupidons. Fond de paysage.

Campana—2,67×1,5.

Voir la note du № 54.—Gravé par Marc de Ravenne, probablement d'après un dessin d'un des élèves de Raphaël, et aussi par un artiste inconnu.

48. Vénus et Adonis.—Adonis, une couronne de verdure sur la tête et chaussé de cothurnes, est assis sous un arbre;

à ses pieds Vénus à demi-couverte d'une draperie verte, couchée et la tête appuyée sur ses genoux.

Campana—2,62×1,4.

Voir la note du № 54. Une partie du carton exécuté par Giulio Romano pour cette fresque se trouve à la collection Albertine, à Vienne.

49. Vénus. — La déesse, assise au pied d'un arbre, sur un tertre, attache une sandale à son pied droit. Elle est couverte d'une draperie jaune. Derrière elle, une colombe perchée sur un arbre.

Campana—2,66×1,53.

Voir la note du № 54.—Gravé par Marcantonio Raimondi, par Marc de Ravenne et par Agostino de' Musi (à Venise, en 1532).

50. Vénus et Amour. — Assise sous un arbre et ayant une draperie rouge sur les genoux, la déesse appuie le bras droit sur Amour, debout à côté d'elle, et paraît se plaindre d'avoir été blessée par lui.

Campana—2,63×1,56.

Voir la note du № 54.

51. Syrinx. — La nymphe, au sortir du bain, peigne sa longue chevelure; elle est observée par Pan, accroupi derrière un buisson.

Campana—2,62×1,42.

Voir la note du № 54.—Gravé par Marcantonio Raimondi et par Marc de Ravenne.

52. Paysage montueux. — Au premier plan, un homme assis pêchant à la ligne; un peu plus loin, un pont en pierre sur lequel on voit un cavalier Au fond, des moissonneurs à leur travail. Au-dessus, dans les nuages, Uranus et Saturne.

Campana—2,65×1,37.

Voir la note du № 54.

53. Amour. — Debout entre deux colombes, le fils de Vénus décoche une flèche. Campana—Demi-rond, 1,98×1,39.

Voir la note du № 54.

54. Paysage. — Au premier plan, deux colombes se caressant du bec; au fond, des nymphes endormies, surprises par un faune. Campana—Demi-rond, 1,44×1,52.

Les huit fresques ci-dessus mentionnées ornaient d'abord une des salles de l'étage inférieure de la villa Mills (autrefois villa Spada), à Rome, au Mont Palatin. Selon M. Waagen, les №№ 47, 48, 49 et 50 sont de *Giulio Pippi*, dit G. Romano, d'après les esquisses de son maître, Raphaël, mais le № 51 est peint et composé par G. Romain lui-même. Quant au № 52, M. Waagen pense que cette charmante composition est peut-être l'œuvre de *Gianfrancesco Penni*, dit il Fattore, élève et ami de Raphaël. Le № 53 a servi de lunette au-dessus de la porte d'entrée de la villa Mills; le № 54 également au-dessus d'une autre porte. Les compositions des №№ 47, 48, 49, 50 et 51 sont répétées à la fresque dans la pièce de bain du cardinal Bibiena, au Palais du Vatican; on sait que ces fresques ont été peintes par les élèves de Raphaël, sous sa direction. Les gravures dont il a été fait mention aux №№ 47, 49 et 51 reproduisent non les fresques de l'Ermitage, mais celles du Vatican.

55. L'Enlèvement d'Hélène. — Deux Troyens entraînent la fille de Léda vers une barque. La reine de Sparte, à genoux, se retourne, éplorée, vers un homme qui la retient par un bout de son vêtement. A droite, les Troyens et les Grecs en sont aux mains et, dans le lointain, le palais de Ménélas. A gauche, un pont près duquel on voit quelques vaisseaux, et plus loin, un paysage animé par des soldats. Campana—1,12×1,48.

Cette fresque, peinte par un des élèves de Raphaël, se trouvait au-dessus d'une porte à la villa Raphaël, à Rome, près de la Porta Pinciana, détruite pendant le siège de Rome, en 1848, mais la fresque se trouvait déjà en 1820 chez le chevalier Camuccini, à Rome (Passavant, édit. allem. 1839, tom. II, pag. 662). Les dessins de cette célèbre composition, une des préférées de Raphaël, sont conservées au musée d'Oxford et dans la collection du duc de Devonshire, en Angleterre.—Gravée par M.-A. Raimondi, par Marc de Ravenne, par Etienne de Laulne, par J. Grandhomme, etc. Reproduite aussi sur des plats en maiolica par le célèbre Francesco Xanto *), en 1537, au Musée britannique (Collection Addington), au Louvre (autrefois dans la collection Campana) etc. Le même sujet est représenté sur une plaque en émail par Martin Didier, dans la collection Carbonnel **).

SARTO (del-); voir Vannucchi.

SASSOFERRATO; voir Salvi.

SCARSELLO (Ippolito), dit il SCARSELLINO. Elève de son père, Sigismondo Scarsello, il s'est développé surtout par l'étude des œuvres de P. Veronese. Né à Ferrare, en 1551; mort dans cette ville, le 23 octobre 1621.—*Ecole de Ferrare.*

273. **La Sainte Famille.** — Devant une masure, la Vierge, assise et coiffée d'un chapeau de paille, tient sur ses genoux l'Enfant Jésus à qui le petit St. Jean-Baptiste offre un agneau. A gauche, dans le lointain, on voit St. Joseph conduisant un âne.

Crozat—C—0,32×0,25.

---

*) Ce plat a figuré, en 1862, à l'exposition temporaire de South-Kensington, à Londres (Voir: Robinson, Catalogue of the special Exhibition of Works of art at the South-Kensington Museum, № 5243). Sur le revers de ce plat on lit les vers suivants:

> *Quest' è 'l Pastor che mal miro 'l bell' volto*
> *D' Helena greca, e, quel famoso ratto*
> *Pel qual fu 'l modo sotto supra volto.*

(Voir aussi Passavant, II, pag. 591, et Waagen, pag. 491).

**) Gravé dans l'ouvrage de Ph. Burty: Chefs-d'œuvre des arts industriels, pag. 349).

SCHIAVONE; voir Meldola.

SCHIDONE ou **SCHEDONE (Bartolommeo)**, peintre et architecte. Élève, comme on le prétend, d'Ann. Carracci et imitateur de Corrège. Né à Modène, vers 1580; mort à Parme, en 1616. — *Ecole de Parme.*

266. **St. Jean-Baptiste.** — Assis dans le désert, sur un quartier de rocher, le Précurseur tient une croix dans la main gauche et indique de la main droite un objet éloigné.

Crozat—0,73×0,58.

267. **La Vierge avec l'Enfant Jésus.** — La Vierge, représentée à mi-corps, porte sur ses bras le divin Enfant qui tient une croix.

Crozat—B—0,54×0,43.

268. **La Vierge avec l'Enfant Jésus et des Saints.** — La Vierge assise sur un trône, placé dans une niche, tient entre ses bras l'Enfant Jésus. A gauche, St. Georges en armure, avec la lance, et Ste. Elisabeth agenouillée; à droite, St. Siméon. Au second plan, encore d'autres saints, dont on ne voit que les têtes. Au premier plan, deux anges jouant avec le casque de St. Georges.

Crozat—T. T.—0,41×0,33.

En transportant ce tableau du bois sur toile on vit qu'il était peint sur un autre tableau de l'ancienne école romaine. Le calque, pris alors de ce tableau, est collé sur le revers de la toile.

272. **Cupidon.** — Dans un paysage sombre, le dieu est assis sur une draperie blanche, étendue à terre. Près de lui, son arc; le carquois est suspendu à un arbre.

Malmaison—0,94×0,77.

Une répétition de ce tableau par l'artiste lui-même se trouve au musée de Naples. Il est gravé par Strange, en 1774.

270 (?). La Sainte Famille.—La Vierge, représentée à mi-corps, soutient l'Enfant Jésus debout sur une table. Derrière eux, à droite, on voit la tête de St. Joseph, et à gauche, celle de St. Jean-Baptiste.
&—0,35×0,29.

Un tableau d'une composition absolument identique, mais sans la figure de St. Jean-Baptiste, et où les personnes sont représentées de grandeur naturelle, se trouve au musée du Louvre, à Paris; un autre tableau, moindre de dimension que celui de l'Ermitage, à la galerie Lochisbarra, à Bergame. Tous les deux sont attribués à Schidone, ce qui peut être révoqué en doute; il en est de même du tableau de l'Ermitage qui rappelle jusqu'à un certain point la tête de la Vierge et celle du Christ telles qu'elles apparaissent dans les œuvres de *G.-C. Amidano*, imitateur de Schidone.

271 (?). Diane et Actéon. — La déesse de la chasse et trois nymphes de sa suite sont dans l'eau jusqu'aux genoux; à droite, Actéon, métamorphosé en cerf, s'enfuit avec ses chiens.
Sanit-Leu—1,27×1,91.

SEBASTIANO del PIOMBO; voir Luciano.

SIRANI (Elisabetta). Elève de son père, Giov.-Andrea Sirani, elle a imité G. Reni. Née à Bologne, en 1638; morte dans la même ville, en 1665. — *Ecole bolonaise.*

199. La Sainte Famille.—La Vierge, assise sous un pommier, soutient de la main droite l'Enfant Jésus, assis sur un quartier de rocher; de la main gauche elle cueille une pomme à un rameau qu'un ange lui approche. Au second plan, St. Joseph assis lisant dans un livre.

&—C—0,39×0,29.

200. L'Enfant Jésus. — L'Enfant Jésus, vêtu d'un manteau rose, est assis sur des nuages et met le pied gauche sur une tête de mort. Dans la main gauche il tient une branche de laurier, et il étend la main droite vers une croix, qui porte l'inscription: ELISA^(TA) SIRANI F. 1662. Dans le fond, trois chérubins.

Crozat—C—0,35×0,25.

SOLARIO (Andrea). Elève de Giov. Bellini, puis de L. da Vinci. Né à Milan, vers 1448; mort après 1515. — *Ecole lombarde.*

Ancienne copie d'après ce peintre.

79. **La Vierge à l'oreiller vert.**—La Vierge représentée à mi-corps, assise sous un arbre, offre le sein à l'Enfant Jésus, couché sur un coussin vert.

Crozat—T. T. 1870—0,69×0,5.

Ce tableau a été considéré jusqu'à présent comme une répétition du tableau de Solario du musée du Louvre, qui a passé pour un Raphaël et a été gravé par C. Meulemeester, J.-C. Ulmer (Musée Royal), M.-L. Butavand, Filhol (Musée Napoléon) et Landon (au trait, Musée de la peinture). Il est incontestable que le tableau de l'Ermitage n'est qu'une ancienne copie de l'original du Louvre. Le troisième exemplaire de cette Madone, vendu à Paris, en 1767, est probablement celui qui se trouve maintenant chez le prince Bariatinsky, à St. Pétersbourg. Il devrait plutôt être considéré comme une répétition du tableau du Louvre que celui de l'Ermitage, dans lequel on reconnaît aisément la main d'un peintre flamand (peut-être de *Lambert Lombard*).

SOLIMENA (Francesco), dit **l'Abbate Ciccio.** Elève de son père, Angelo Solimena, de Francesco di Maria et de l'académie de Giacomo del Po; imitateur de P. da Cortona. Né à Nocera de' Pagani (Etats de Naples), le 4 octobre 1657; mort à Naples, le 5 avril 1747. — *Ecole napolitaine.*

323. **La Religion.** — Elle est représentée sous les traits d'une femme assise sur des nuages et tenant un calice dans la

main gauche. Auprès d'elle on voit des anges, dont deux tiennent les tables des commandements de Moïse et deux autres la croix du Christ. Au-dessus plane la figure allégorique du Temps.

0,5×0,82.

Esquisse d'un pendentif pour quelque église; elle avait, à l'origine, la forme triangulaire, à laquelle on a donné la forme quadrangulaire par l'addition de deux ségments. Attribuée jadis à *Giov. Lanfranco.* M. Waagen y a reconnu, à bon droit, une œuvre de Solimena.

STROZZI (Bernardo), dit il **Prete Genovese** et il **Capucino**, peintre et graveur. Elève de Cesare Corti et de Pietro Sorri; imitateur de M.-A. da Caravaggio. Né à Gênes, en 1581; mort à Venise, le 3 août 1644. — *Ecole génoise.*

219. **Le jeune Tobie guérissant son père.** — Assisté de sa mère et de l'ange, le jeune Tobie applique le fiel de poisson sur l'œil droit de son père assis dans un fauteuil. A gauche, un chien qui regarde avec attention l'aveugle; à droite, le poisson sur une table recouverte d'un tapis rouge. Dans le fond, une niche avec un buste en marbre. Figures à mi-corps.

8—1,58×2,25.

Une ancienne copie de ce tableau se trouve au musée de Brunswick.

1669. **St. Maurice.** — Le saint, revêtu de l'armure, tient une branche de palmier dans une main et de l'autre prend le casque que lui présente un ange. Figures à mi-corps.

Brühl—0,82×1,01.

Considéré autrefois comme une œuvre de *L. Giordano*, sous le nom duquel il a été gravé par F. Basan (Recueil Brühl).

TESTA (Pietro), dit il **Lucchesino**, peintre et graveur. Elève de Pietro Paolini, de Domenichino et de Pietro da Cortona.

Né à Lucques, en 1611 ou 1617; il se noya dans le Tibre, à Rome, en 1650. — *Ecole romaine.*

261. La Présentation de la Vierge. — La Vierge est agenouillée devant le pontife; près d'elle, également à genoux, St. Joachim et Ste. Anne. A gauche, des lévites, dont l'un tient un grand candélabre et un autre, un encensoir. Au-dessus, dans le ciel, des anges avec une corbeille de fleurs. 　　　　　　　　♃—3,23×2,26.

Ce tableau se trouvait autrefois à l'église de San Girolamo della Carità, à Rome, formant le pendant du célèbre tableau de Domenichino: „La Communion de St. Jérôme" (actuellement au musée du Vatican); puis il a appartenu au cardinal Valenti. De sa collection il fut acheté à Amsterdam, en 1763, par le conseiller Tribl, de Berlin. Acquis de ce dernier pour l'Ermitage vers 1771.—Gravé par G.-F. Schmidt.

TIARINI (Alessandro). Elève d'abord de Prospero Fontana, puis de Lodovico Carracci. Né à Bologne, le 17 mars 1578; mort dans la même ville, le 4 octobre 1660.—*Ecole bolonaise.*

195. La Sainte Famille avec St. François et St. Michel. — La Vierge, assise sur une estrade, tient sur ses genoux l'Enfant Jésus. A droite, St. Joseph et St. Jean-Baptiste; sur les marches de l'estrade, St. François agenouillé et baisant le pied du divin Enfant. De l'autre côté, St. Michel archange, appuyé sur sa lance et tenant de la main droite une balance. 　　　　　　Crozat—2,24×1,47.

TIEPOLO (Giovanni-Battista), peintre et graveur. Elève de Greg. Lazzarini, il s'est formé plus tard sous l'influence de G.-B. Piazzetta et par l'étude des œuvres de Paolo Veronese. Né à Venise, le 5 mars 1693; mort à Milan, le 27 mars 1770.—*Ecole vénitienne.*

317. Le Festin de Cléopâtre. — Sous un magnifique péristyle, orné de colonnes d'ordre corinthien, la reine d'Egypte, Marc-Antoine et un guerrier en casque et vêtu d'un manteau rouge, sont assis à table. Cléopâtre porte une robe rouge dans le goût de l'époque du Véronèse, une broche avec un camée et une grande chaîne d'or au cou. Elle tient de la main gauche la perle qu'elle s'apprête à dissoudre dans un bocal rempli de vinaigre, placé sur la table. Le triumvir, dont l'expression est farouche, porte une espèce de casaque jaune, doublée de fourrure. Auprès de ce groupe, on voit des personnages de la suite de Cléopâtre et de son époux, parmi lesquels il y a des nains et des nègres, tous revêtus de costumes bizarres dans le goût du XVII-me siècle. Dans le fond, sur une galerie, au-dessus d'une mur avec une porte cintrée, une foule de spectateurs.

Brühl -2,49×3,56.

Ce tableau a été peint probablement vers l'époque ou l'artiste fit, sur le même sujet, la fresque qu'on peut voir au Palazzo Labbia, à Venise (gravée par W. Unger, dans le journal: „Zeitschr. f. bild. Kunst", tom. XIV), et dans laquelle se retrouvent quelques figures du tableau de l'Ermitage. Presque la même composition de Tiepolo est répétée dans son autre tableau, qui a été gravé par P. Monaco et qui a appartenu, de son temps, au comte F. Algarotti, à Venise. Le tableau de l'Ermitage, sous le règne de l'Empereur Paul I, a décoré quelque temps le plafond d'une salle au château Michel, à St. Pétersbourg.

1671. Mécène présente à Auguste les arts libéraux. — Sur une estrade, à gauche, l'empereur romain est assis sur un trône placé entre les statues en marbre d'Apollon et de Minerve. Trois jeunes femmes: la Peinture, la Sculpture et l'Architecture, avec les attributs qui les caractérisent, sont agenouillées sur les marches du trône. Derrière elles, on voit s'approcher Homère, vieux et aveugle, personnifiant la Poésie; il est conduit par un adolescent tenant une trompette et un glaive. Mécène, qui se tient à droite, présente ce groupe à l'empereur. Quelques guerriers et d'autres personnes assistent à cette scène. Dans le fond, à travers deux arcs percés dans un mur richement décoré, on voit une rivière et une riche villa.

☦—0,7×0,91.

Depuis le commencement de ce siècle ce tableau se trouvait au palais Impérial de Gatchina, d'où il entra à l'Ermitage en 1882.—Il a été gravé par Giac. Leonardi, en 1766, et a appartenu à cette époque au comte Algarotti, à Venise.

TINTORETTO (il-); voir Robusti.

TISI ou **TISIO (Benvenuto)**, dit **il GAROFALO**. Elève de Domenico Panetti, de Boccaccio-Baccaccino, il s'est développé plus tard sous l'influence de L. Costa et de Raphael Sanzio. Né à Garofalo, près de Ferrare (?), en 1481; mort à Ferrare, le 6 septembre 1559. — *Ecole de Ferrare.*

59. L'Adoration des Bergers. — La Vierge est à genoux devant l'Enfant Jésus couché sur une natte recouverte d'un drap blanc. A droite, St. Joseph debout; à gauche, St. Jean-Baptiste et un berger, tous deux à genoux; dans le lointain, encore quelques bergers. Au-dessus, des anges tenant un listel avec l'inscription: GLORIA IN EXCELSIS DEO. Sur une pierre, au milieu du premier plan, la signature de l'artiste: BENVEN. GAROFALO.

☦—T. T. 1841—2,41×1,5.

Probablement c'est le tableau qui, selon Vasari, a été peint après 1507, pour l'église San Spirito, à Ferrare, et qui s'y trouvait encore au commencement du XIX siècle. Acheté pour l'Ermitage, en 1842, du baron Cammuccini.—Gravé par Angelo Beretini.

60. La Sainte Famille. — La Vierge assise tient l'Enfant Jésus à qui le jeune St. Jean-Baptiste offre un agneau. Derrière ce groupe, St. Joseph. Dans le lointain, un paysage montueux.

☦—0,42×0,32.

61. Portement de croix. — Le Christ, conduit au supplice par des soldats à pied et à cheval, succombe sous le poids de la croix que soutiennent Simon le Cyrénéen et un autre homme. Devant le Seigneur, Ste. Véronique étend ses bras, le suaire à la main. A droite, St. Joseph et les saintes femmes, pleurant. ₰—1,93×3,06.

Acheté en 1842 de la galerie Braschi.

62 (?). La Mise au tombeau. — Le corps du Christ est déposé dans le sépulcre. La Vierge tient la main gauche de son divin Fils, dont elle regarde la blessure. Derrière elle, la Madeleine éplorée et d'autres femmes. A gauche, St. Nicodème et Joseph d'Arimathie.

₰— T. T.—0,53×0,77.

La composition de ce tableau et le caractère de sa peinture font naître des doutes: est-ce l'oeuvre de Garofalo, ou bien n'est-ce pas plutôt l'oeuvre de *Falzagalloni*, un imitateur de ce peintre, dont deux tableaux conservés à Ferrare ressemblent beaucoup à celui-ci.—Gravé par J. Sanders (Descript. de l'Ermit., II, 55).

1670 (?). La Vierge.—Représentée à mi-corps, les yeux baissés, la Vierge est tournée vers le spectateur. Elle a sur la tête un bandeau jaune paille, son front est orné d'une ferronnière, au-dessus de sa tête un nimbe. Elle porte une tunique rouge et un manteau vert. Fond gris foncé.

Galitzine—B—0,178×0,144.

De l'école de B. Tisi.

63. Le Christ et la Samaritaine.—Le Christ, assis auprès d'un puits, s'entretient avec la Samaritaine. A côté d'eux, quelques apôtres. La scène se passe au milieu d'un paysage.

Crozat—B—0,28×0,41.

TIZIANO; voir Vecellio.

TURCHI (Alessandro), dit **ALESSANDRO VERONESE** et **l'OR-BETTO**. Elève de F. del Riccio, il a suivi plus tard les tendances éclectiques de l'école des Carracci. Né à Vérone, en 1582; mort à Rome, en 1648. — *Ecole vénitienne.*

274. Portement de croix. — Le Christ, succombant sous le poids de sa croix, est entraîné par un soldat. A gauche, Ste. Véronique à genoux, tenant à la main le suaire, et, un peu plus loin, St. Jean l'Evangéliste qui s'approche à pas accélérés. ℼ—Ardoise—Ovale, 0,22×0,27.

Acquis en 1808, à Paris, par l'entremise du baron Vivant Denon. Considéré d'abord comme une oeuvre de *Domenichino*, puis comme un tableau *L. Carracci*.

275. Bacchus et Ariane. — Sur le rivage de l'ile de Naxos, Bacchus, couronné de pampres, est assis près d'Ariane, abondonnée de Thésée, et tâche de la consoler. Vénus, accompagnée de l'Amour, pose sur la tête d'Ariane une couronne d'or. Au second plan, Silène ivre, soutenu par deux satyres. ℼ—1,14×1,48.

UGGIONE (d'-); voir Oggiono.

VACCARO (Andrea). Elève de Girolamo Imperato et imitateur de M.-A. da-Caravaggio. Né à Naples, en 1598; mort dans la même ville, en 1670. — *Ecole napolitaine.*

290. La Madeleine repentante. — Elle est à mi-corps, les yeux levés vers le ciel; devant elle, une tête de mort sur un livre. Tatistcheff—1,03×0,73.

VANNI (Francesco Eugenio), peintre, graveur, architecte et mécanicien. Elève d'Achangelo Salimbeni, de Bart. Passarotti et de Giov. de' Vecchi. Né à Sienne, en 1565; mort dans la même ville, le 25 octobre 1609. — *Ecole bolonaise.*

24.

Андреа Ваннукки — Andrea Vannucchi

256. Ste. Agnès. — La sainte, vue de profil, baisse la tête et regarde, en souriant, un agneau qu'elle tient sur ses genoux. Figure à mi-corps. $\overset{*}{A}$—0,71×0,56.

Ce tableau fut acquis, en 1817, à Paris, par l'entremise de l'aide-de-camp général prince W. S. Troubetzkoy. On croyait qu'il représentait Ste. Catherine, puis on le considérait comme une allégorie de l'Innocence.

VANNUCCI (Pietro), dit il PERUGINO. Elève d'Andrea del Verrocchio. Né à Città della Pieve, près de Pérouse, en 1446; mort à Castelo di Fontignano, en 1524. — *Ecole ombrienne.*

De l'école de ce peintre.

7. Portrait d'un jeune homme portant un vêtement noir et coiffé d'une barrette de la même couleur.

$\overset{*}{H}$—T. T. 1867—0,41×0,25.

VANNUCCHI (Andrea), dit Andrea DEL SARTO. Elève de Pietro di Cosimo, il s'est développé sous l'influence de Fra Bartolommeo. Né à Florence, en 1487; mort dans la même ville, le 22 janvier 1531. — *Ecole florentine.*

24. La Sainte Famille.—La Vierge assise tient sur ses genoux l'Enfant Jésus qui se tourne, en souriant, vers Ste. Catherine, représentée à sa droite et appuyée sur une roue. A gauche, Ste. Elisabeth soutenant le petit St. Jean-Baptiste. Sur la roue, l'inscription: ANDREA DEL SARTO FLORENTINO FACIEBAT.

Malmaison—T. T. 1866—1,02×0,8.

Ce tableau a appartenu successivement à la comtesse de Verrue, au comte Morville, au duc Tallard et au prince Guillaume de Cassel. C'est de la collection de ce dernier qu'il fut pris par Napoléon I, en 1806, et placé dans la galerie de l'Impératrice Joséphine, à la Malmaison. Peint probablement lors du séjour de l'artiste à Florence. La Galerie Nationale de Londres possède une ancienne copie, qui passe là pour l'original; elle se trouvait jadis dans la villa Aldobrandini, à Rome, et a été importée en Angleterre en 1806. La figure de Ste. Catherine y fait défaut (gravée par Reveil au trait, dans son „Musée", par Fredmann et par d'autres.—Le tableau de l'Ermitage a été photographié par A. Braun.

25 (?). Sainte Barbe.—Représentée à mi-corps, la sainte vêtue d'une tunique rouge avec une ceinture dorée et d'une coiffure en zibeline, d'après la mode contemporaine de l'artiste, tient dans sa main le modèle de la tour qu'elle habitait. Elle porte un collier de perles, auquel est suspendu un médaillon marqué d'une croix. Une draperie verte sert de fond.
Crozat—T. T. 1817—0,92×0,69.

Crowe et Cavalcaselle, en attribuant ce tableau à *Bacciacca*, ne donnent pas les motifs de leur hypothèse. S'il n'est pas d'Andrea del Sarto, ce qui pourrai être mis en doute, on peut avec plus de fondement le considérer comme une oeuvre de *Pontormo*, exécutée lorsqu'il était encore élève de del Sarto. — Photographié par A. Braun.

Ancienne copie d'après A. Vannucchi.

26. La Sainte Famille.—La Vierge, assise par terre, tient sur ses genoux l'Enfant Jésus. A ses côtés, à gauche, Ste. Élisabeth avec le jeune St. Jean-Baptiste; à droite, au second plan, St. Joseph.
₫—T. T.—0,94×0,93.

Acheté, en 1852, à M. Chevalier pour 5,000 roubles. — Photographié par A. Braun.—L'original se trouve au musée du Louvre, à Paris; il est gravé par J. Callot et dans l'édition de Landon (au trait). Une autre copie, semblable à celle de l'Ermitage, mais de forme ronde, se trouve dans la galerie du comte Stroganoff, à St. Pétersbourg (gravé au trait par Skotnikoff, dans la Galerie Stroganoff). Un tableau d'Andrea del Sarto, qui rappelle la composition de celui de l'Ermitage, mais sans St. Joseph et avec un ange tenant une flûte à la main, figure à la Pinacothèque de Munich. Des répétitions ou des copies se trouvent dans diverses collections; entre autres, au musée de l'Académie Impériale des beaux-arts de St. Pétersbourg, il y a une copie passée de la galerie de l'Ermitage, en 1854; elle est gravée par J. Sanders (au trait, Descr. de l'Erm., I, 99).

VAROTARI (Alessandro), surnommé **il PADOVANINO**. On ignore qui fut son maître. Il s'est formé en copiant les fresques d'Andrea del Santo, à Padoue, puis il imita le Titien. Né à Padoue, probablement vers 1590; mort à Venise, en 1650. — *Ecole vénitienne.*

276. **Eumène et Roxane.** — La veuve d'Alexandre le Grand, couronnée d'un diadème royal et revêtue d'un manteau cramoisi, tient son fils, le jeune roi macédonien Alexandre V, assis sur une table. Devant elle, Eumène, debout, vêtu à l'oriental, la main gauche levée vers le ciel, promet de défendre la reine et son fils. Sur la table recouverte d'un tapis de diverses couleurs, il y a une coupe en or, ornée de pierres précieuses. Figures à mi-corps.
Barbarigo—0,74×1,245.

VECELLIO (Tiziano). Elève de Giov. Bellini, il s'est développé sous l'influence de Giorgione. Né à Pieve di Cadore (prov. de Frioul), en 1477; mort à Venise, le 27 août 1576. — *Ecole vénitienne.*

93. **La Vierge avec l'Enfant Jésus.** — Assise dans une niche, dont le fond est orné d'une mosaïque, la Vierge tient sur ses genoux l'Enfant Jésus. Elle est représentée à mi-corps.
Å—T. T. 1830—0,87×0,76.

Acquis à Paris, en 1819, avec 17 autres tableaux, par l'entremise de l'aide-de-camp général prince W. S. Troubetzkoy. Il se rapporte à la première manière de l'artiste, quand il travaillait dans le style de son maître, Giov. Bellini. — Photographié par A. Braun.

94. Ecce homo. — Le Sauveur, couronné d'épines, tient un roseau dans ses mains liées. Près de lui, à gauche, Pilate vêtu de rouge, et à droite, le bourreau. Figures à mi-corps.

Barbarigo—0,95×0,79.

Il est bien possible que ce soit le même tableau que l'artiste a donné, en 1547, à Pietro Aretino.

95. Le Sauveur. — Il bénit de la main droite et tient dans la main gauche un globe crucigère diaphane. Autour de sa tête une auréole. Figure à mi-corps.

Barbarigo—0,965—0,805.

Photographié par A. Braun. — Il y avait au Belvédère, à Vienne, une ancienne copie de ce tableau, qui ne figure plus maintenant dans la galerie de Vienne.

96. La Vierge avec l'Enfant Jésus et la Madeleine. — l'Enfant Jésus, avec un collier de coraux au cou, est assis sur les genoux de sa mère. La Madeleine agenouillée lui offre un petit vase. Figures à mi-corps, à l'exception de celle de l'Enfant.

Barbarigo—0,98×0,83.

Photographié par A. Braun. — Une répétition de ce tableau, mais de moindre dimension, se trouve à la galerie des Offices, à Florence; une autre répétition, dans laquelle la Madeleine offre à l'Enfant non un vase, mais une grenade, se voit au musée de Naples. Ce dernier tableau a été gravé par Picchiatini.

97. Portement de croix. — Le Sauveur, couronné d'épines et vêtu d'une tunique grise, porte la croix sur l'épaule gauche. Derrière lui, Simon le Cyrénéen soutenant la croix. Figures à mi-corps.

Barbarigo—0,895×0,77.

Une répétition de ce tableau qui a été peint vers la fin de la carrière de l'artiste se trouve au musée de Madrid. Sous les traits de Simon le Cyrénéen le peintre a représenté Francesco del Mosaico, son compère.

98.

Tiziano Vecellio – Tiziano Vecellio

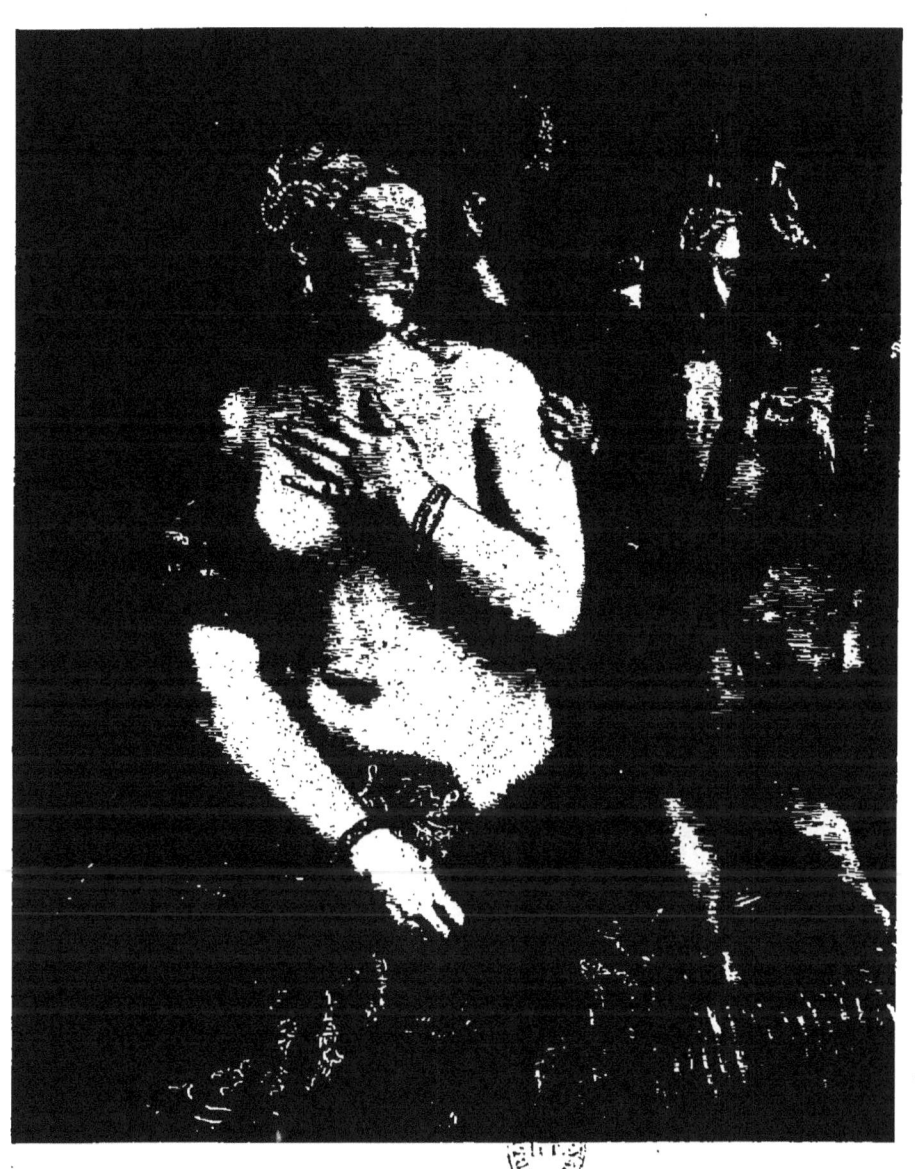

99.

Тициано Вечеллио — Tiziano Vecellio

98. La Madeleine repentante. — La sainte est représentée à mi-corps, debout près d'un rocher, dans un lieu solitaire. Ses yeux remplis de larmes sont levés vers le ciel. Le vêtement qui enveloppe négligemment sa taille consiste en une étoffe de laine blanche rayée de rouge et de noir. Devant la sainte, à droite, sur un rocher, une tête de mort, sur laquelle repose un livre ouvert, et à gauche, un petit vase. Sur le rocher, à droite, l'inscription: TITIANUS P.

Barbarigo—1,19×0,98.

Ce tableau a été peint vers 1561. Jusqu'en 1850 il se trouvait au palais Barbarigo, à Venise. C'est à cette époque qu'il fut acquis pour l'Ermitage avec les meilleurs tableaux de la galerie Barbarigo. — Gravé par Corn. Cort (en 1566), par D. Tibaldi (la même année) et par M. Rota; photographié par A. Braun. La gravure de Wierix, dont on conserve la planche au Musée Plantin, à Anvers, est faite d'après un pseudo-original du Titien (sans doute, d'après la copie de Rubens). Il existe d'assez nombreuses répétitions du tableau de l'Ermitage, parmi lesquelles on peut estimer comme authentiques les suivantes: 1) dans la collection Ashburton (avec quelques changements dans les accessoires); 2) au palais Durazzo, à Gênes; 3) dans la galerie Pitti, à Florence (prototype du tableau de l'Ermitage, mais de moindre dimension); 4) au palais de l'Escurial, à Madrid (exécutée en 1561, pour le roi Philippe II) et 5) au musée de Naples. D'anciennes copies d'après le tableau de la galerie Pitti figurent dans la galerie Doria, à Rome, et dans la famille des marquis Algolfa, à Alicante; une copie d'après le tableau de l'Escurial, à la sacristie de ce palais. Romanet a gravé d'après un tableau semblable, probablement d'après une copie, qui se trouvait autrefois dans la galerie d'Orléans.

99. La toilette de Vénus. — La déesse est représentée jusqu'aux genoux et assise. La tête tournée à droite, elle se regarde dans un miroir que soutient un Amour, tandis qu'un autre Amour, debout près du miroir, étend, au-dessus de la tête de la déesse, son bras avec une couronne. Une fourrure en zibeline recouverte de velours cerise laisse à découvert la partie supérieure du corps de la déesse.

Barbarigo—1,24 × 1,045.

Le Titien a fait deux répétitions de ce tableau: l'une pour Nicolo Grasso, l'autre pour le roi Philippe II d'Espagne. Deux tableaux sur le même sujet sont considérés comme originaux du Titien, mais dans lesquels le miroir n'est soutenu que par un seul Amour; l'un se trouve dans la collection de lord Ashburton, l'autre à Cobhamhalle, en Angleterre; mais ni l'un ni l'autre ne peuvent être considérés comme authentiques. D'anciennes copies de „La toilette de Vénus" d'après les tableaux originaux des Titien se trouvent, entre autres, dans la galerie de Dresde (deux exemplaires, chacun avec variations) et au musée public de Moscou. Leybold a gravé cette composition, mais avec un seul Amour, d'après le tableau de la galerie d'Orléans. Tricozzi prétend que sous les traits de Vénus l'artiste a représenté la signora **Laura Dianti** (Laura Eustochio d'Este), maîtresse et plus tard épouse du duc Alphonse I de Ferrare (Voir S. Ticozzi, Vite dei pittori Vecelli dj Cadore, Milano 1817, pag. 59). — Le tableau de l'Ermitage a été photographié par A. Braun.

100. Danaé. — La fille du roi Acrisius est représentée toute nue, couchée sur un lit entouré de rideaux de pourpre suspendus au-dessus du chevet. Une vieille servante, assise aux pieds de Danaé, étend son tablier pour recevoir les monnaies d'or qui tombent d'un nuage.

Crozat—1,195 × 1,87.

C'est probablement le même tableau qui, en 1600, appartenait au comte F. de Cantacroix et qu'il s'est réservé avec d'autres peintures du Titien lorsqu'il vendit les tableaux qu'il avait hérités de N. Granville (voir Crowe and Cavalcaselle, Hist. of Paint. in N. Italy, II, 185). Dureste, on raconte la même version à propos du tableau de Vienne sur le même sujet. En 1633, la Danaé de l'Ermitage se trouvait en France, dans la collection du secrétaire d'Etat marquis de Vrillière, qui la célébra dans un poème latin, imprimé la même année. Puis ce tableau passa dans la galerie Thévenin et de là chez Beauvarles.—Gravé par L. Desplaces, lithographié par V. Dollet (Galerie

100.
Tiziano Vecellio — Tiziano Vecellio

de l'Erm. par Gohier et Petit, t. I, cah. 11), photographié par A. Braun.— Parmi les reproductions du même sujet dues au pinceau du Titien, celles qui ressemblent le plus à la Danaé de l'Ermitage sont: 1) le tableau du musée de Naples, peint pour le duc Ottone Farnese, en 1545 ou 1546 (gravé par R. Stange, en 1768); on n'y voit par la vieille servante, qui est remplacée aux pieds de Danaé par un Amour; c'est l'exemplaire primitif et le plus célèbre; 2) le tableau du musée de Madrid, peint pour le prince Philippe, fils de Charles V, — tableau qui fut reçu à Madrid en 1554; outre la servante, on y voit un petit chien couché près de Danaé; 3) le tableau du musée de Vienne; la servante y est représentée derrière le lit tenant un plat où tombe l'argent (gravé par G. Döbler, par Prenner, par Duchesnes (Musée Reveil) et par W. Unger). Dans les trois tableaux mentionnés ci-dessus, le type de Danaé est autre que celui du tableau de l'Ermitage.

101. Portrait du pape Paul III (Farnese). — Il est représenté jusqu'aux genoux, assis dans un fauteuil et vêtu du rochet blanc, du camail rouge et d'une calotte de la même couleur. Sa main gauche repose sur le genou.

Barbarigo—0,98—0,79.

Photographié par A. Braun.—Des répétitions de ce portrait se trouvent au musée de Naples, dans celui de Turin, dans la cathédrale de Tolède et dans d'autres endroits; dans la galerie de Vienne, on voit une copie du tableau du musée de Naples.

Le pape Paul III, Alessandro Farnese, fut couronné en 1534 et mourut en 1549.

102. Portrait du cardinal Antonio Pallavicini. — Il est représenté jusqu'aux genoux, assis dans un fauteuil et tenant dans la main droite un livre ouvert. Il porte un rochet blanc, un camail rouge et une barrette de la même couleur. Sur le tableau on lit l'inscription: ANTONIUS PALLAVICINUS CARDINALIS S. PRASSEDIS.

Crozat—1,3×1,15.

Ce portrait, photographié par A. Braun, a appartenu jadis à A. van Dyck et fut alors gravé par Arn. Iode.

Antonio Pallavicini, prieur de l'église de S. Praxedis, est mort à Rome, en 1507.

105. Portrait d'une jeune femme. — Elle est représentée jusqu'aux genoux, debout, vêtue d'une chemise fine, laissant à découvert son épaule droite, tandis que l'autre épaule est recouverte d'un manteau vert doublé de zibeline. De la main droite elle retient le manteau sur son épaule gauche, et de la main gauche sur la jambe droite. Sa tête est ornée d'un petit chapeau rouge-grenat, enrichi de perles et de plumes d'autruche avec un riche agrafe. Le collier et les boucles d'oreilles sont en perles, et le bracelet, à l'avant-bras droit, est orné de pierres précieuses.

Crozat—$0,97 \times 0,75$.

Un autre portrait de la même jeune femme, également dû au pinceau du Titien, presque dans la même pose et avec le même costume, mais sans chapeau sur la tête, se trouve à la galerie de Vienne. Elle est aussi représentée dans la célèbre „La belle du Titien" du palais Pitti et dans la „Vénus d'Urbino" au musée des Offices, à Florence. D'après une hypothèse fort plausible de M. Tausing (voir Вѣстн. из. искуствъ, том. II, pag. 281 et 332), cette personne est Eléonore, princesse de Mantoue, de la maison de Gonzague, épouse du duc Francesco-Maria della Rovere (née en 1493, morte en 1550). — Le tableau de l'Ermitage a été gravé par J. Sanders (Descr. de l'Ermitage, II, № 36) et photographié par A. Braun.

135 (?). La délivrance d'Andromède.—La fille de Céphée, offerte en victime au monstre marin, est attachée toute nue avec des chaînes à un rocher au bord de la mer. Persée, armé de l'égide de Minerve, du casque de Pluton, et des talonnières de Mercure, se précipite sur le monstre qui, en se défendant, a ouvert la gueule. Dans le lointain, on voit le palais de Céphée.

Ĥ—$1,99 \times 1,94$.

Ce tableau, acheté en 1831, de la collection B. A. Narischkine, comme une oeuvre du Titien, figurait sous ce nom jusqu'en 1861, quand M. Waagen y vit le travail du Tintoret. D'après cette opinion du critique allemand, „La délivrance d'Andromède" fut portée dans le dernier catalogue de l'Ermitage, comme une oeuvre du *Tintoret.* Cependant Ridolfi, en énumérant tous les travaux de J. Robusti, ne fait mention d'aucun tableau qui représentât le même sujet, mais, au contraire, indique qu'un tel tableau fut peint par le Titien pour le roi d'Espagne (Ridolfi, II, 172). En outre, il est à remarquer qu'il existe deux gravures d'une composition en tout point semblable à celle du tableau de l'Ermitage exécutées par B. Fontana et par L. Delignon d'après le Titien. Enfin, le type d'Andromède rappelle plutôt les types féminins du Titien que ceux du Tintoret. D'après ces considérations, nous classons „La délivrance d'Andromède" parmi les oeuvres du Titien: si ce n'est ni le tableau exécuté par lui pour le roi d'Espagne, ni la répétition de cet original, c'est, pour le moins, une copie faite par quelque élève du Titien. En attribuant ce tableau au Tintoret, M. Waagen a été induit en erreur, sans doute, par le hardi raccourci de la figure de Persée et le ton de coloris qui est changé par suite de la restauration faite par le peintre Brioschi peu de temps après l'entrée du tableau à l'Ermitage. — Photographié par A. Braun.

103 (?). Portrait d'un doge. — Il porte une robe violette, un manteau d'or et le bonnet de doge (il corno) sur la tête. Figure à mi-corps.

Barbarigo—1×0,91.

Dans la galerie Barbarigo ce portrait était considéré comme une oeuvre du Titien, auquel M. Waagen l'attribue également. Mais Crowe et Cavalcaselle (Tizian, I, 301) croient qu'il représente le doge Andrea Gritti (1523—1538) et que c'est une oeuvre du *Tintoret.* Il est assez difficile de partager cette dernière opinion.

Anciennes copies d'après Tiziano Vecellio.

108. La toilette de Vénus, reproduction du tableau № 99 avec quelques variations (les deux Amours soutiennent le miroir).

Malmaison—1,30×1,105.

Ce tableau, considéré jadis comme une oeuvre du Titien, appartient probablement à un de ses élèves, peut-être même, comme le pensent quelques-uns, à son fils, *Orazio Vecellio.*

106. Portrait du pape Paul III (Farnese), répétition du portrait № 101. ℞—Plaque de marbre verde antico—0,44×0,4.

Considéré autrefois comme une oeuvre de *J. Bassano*.

104. Tête de Lavinia. 0,46×0,37.

Lavinia, fille du Titien, mariée en 1555 à Cornelio Sarcellini, de Serravale, vécut dans cette ville jusqu'à sa mort. Le Titien aimait beaucoup à faire ses portraits. Trois de ses portraits se trouvent maintenant: l'un dans la galerie de Dresde, l'autre dans celle de Berlin, le troisième dans celle de Vienne. Dans le tableau de Berlin, Lavinia est représentée sous les traits de Flore, tenant dans les mains levés un plateau de fleurs et de fruits. Des reproductions de ce tableau avec quelques variantes se trouvent: chez la comtesse Couper, à Londres (la robe est d'une autre couleur, les fleurs et les fruits sont remplacés par une cassette avec des bijoux); au musée del Prado, à Madrid (en Hérodiade, avec la tête de St. Jean-Baptiste sur le plat); une reproduction se trouvait aussi autrefois dans la galerie d'Orléans (gravé par Guibert). Cependant des critiques compétents nient que ces tableaux soient du Titien, et pensent que ce sont des oeuvres soit de ses élèves, soit de ses imitateurs. Quant au tableau de l'Ermitage, M. Waagen le considère comme l'oeuvre du grand peintre vénitien, et une coupure d'un grand tableau qui faisait partie de la collection Barbarigo; mais l'opinion émise par M. Bode et J. Meyer qui n'y voient qu'une copie de la tête de Lavinia de Berlin doit prévaloir.

292. Mater dolorosa.—La Vierge, tournée à gauche, avec l'expression d'une profonde douleur, joint ses mains sur la poitrine en y tenant un mouchoir blanc. Elle porte une tunique rouge, un manteau bleu et sur la tête un voile orange. Figure à mi-corps.

Å—0,745×0,605.

L'original de cette copie se trouve au musée de Madrid. Acheté pour l'Ermitage, en 1821, par l'entremise de l'aide-de-camp général prince W. S. Troubetzkoy, comme un original d'*Agostino Carracci*, sous le nom duquel il fut porté dans le catalogue de l'Ermitage. M. Waagen, qui ignorait probablement le tableau de Madrid ou bien qui l'avait oublié, vit dans cette copie une oeuvre originale de *L. Giordano*,—une de ses oeuvres capitales „aussi remarquable par la profondeur de l'idée que par l'exécution". En effet, on y reconnaît le pinceau d'un peintre habile qui pourrait bien être L. Giordano.

De l'école de Tiziano Vecellio.

1636. Un garçon avec sa bonne. — Une bonne âgée, en robe noire, avec une pèlerine et un tablier blancs, portant un bonnet blanc, est debout et tient par la main un garçon richement vêtu qui prend les cerises qu'elle lui offre. Derrière ces figures, à gauche, deux colonnes aux piédestaux ornés des bas-reliefs. Walpole—1,5×1,1.

Ce tableau se trouvait autrefois dans la collection du marquis Maria, à Gênes; de là il passa à la galerie de Houghton-Hall de lord Walpole où il fut considéré comme une oeuvre du Titien, représentant son fils avec sa nourrice. — Gravé par Murphy (à la manière noire, Recueil Walpole).

VECCHIA (Pietro della-). Elève de A. Varotari (dit il Padovanino). Né en 1605; mort à Venise, en 1678. — *Ecole vénitienne.*

341. Le Sacrifice de Jephté. — La fille de Jephté, tournée de profil à gauche, est à genoux sur le bûcher. Elle baisse la tête avec résignation, en croisant les bras sur la poitrine. Elle est représentée toute une; ses jambes seules sont couvertes d'une draperie blanche. A gauche, près du bûcher, le vieux Jephté est représenté jusqu'à la ceinture, en costume de guerrier; au moment d'immoler sa fille, il incline sa tête vers elle, enlace son cou de son bras gauche, tandis que dans la droite il tient un grand poignard. Au milieu du tableau on voit, au dernier plan, trois spectateurs du sacrifice qui va s'accomplir.

Å—0,82×1,355.

Ce tableau fut acheté pour l'Ermitage en 1811, de M. Colombé, consul général d'Espagne à St. Pétersbourg, et était considéré jusqu'à présent comme une oeuvre du peintre espagnol *Juan Ribalta*. — Gravé chez Klauber (au trait, pour la Galerie de l'Ermitage de F. Labensky).

VENEZIANO; voir Bonifacio.

VENUSTI (Marcello). Elève de Pierino del Vaga et imitateur de Michelangelo Buonarroti. Né à Mantoue, en 1515; mort en 1576 ou 1585. — *Ecole romaine*.

346. **Le martyre de St. Etienne.** — Le saint, vêtu d'une dalmatique rouge, est tombé à genoux non loin des murs de Jérusalem et succombe sous les coups de pierres lancées sur lui par les Juifs. Près de la porte de la ville, on voit un groupe de spectateurs, et, un peu plus loin, quelques chrétiens en fuite. Dans le haut du tableau, Dieu le Père, avec un globe crucigère, et Jésus-Christ.

Coesvelt—B—0,94×0,72.

Ce tableau était considéré autrefois comme une oeuvre incontestable du peintre espagnol *Pablo de Cespédes*, puis, ne lui fut qu'attribué et, dans le dernier catalogue de l'Ermitage, fut porté parmi les tableaux de l'école espagnole comme l'oeuvre d'un peintre inconnu, bien qu'il soit reproduit dans une gravure de Corn. Cort, en 1575, — gravure contemporaine de M. Venusti sur laquelle il est nommé comme auteur de ce tableau.

VERROCCHIO (Andrea del-), de nom du père, A. di Michele di Francesco-Cione; peintre, sculpteur et orfèvre. Elève de Donatello, ou bien l'artiste qui s'est développé sous l'in-

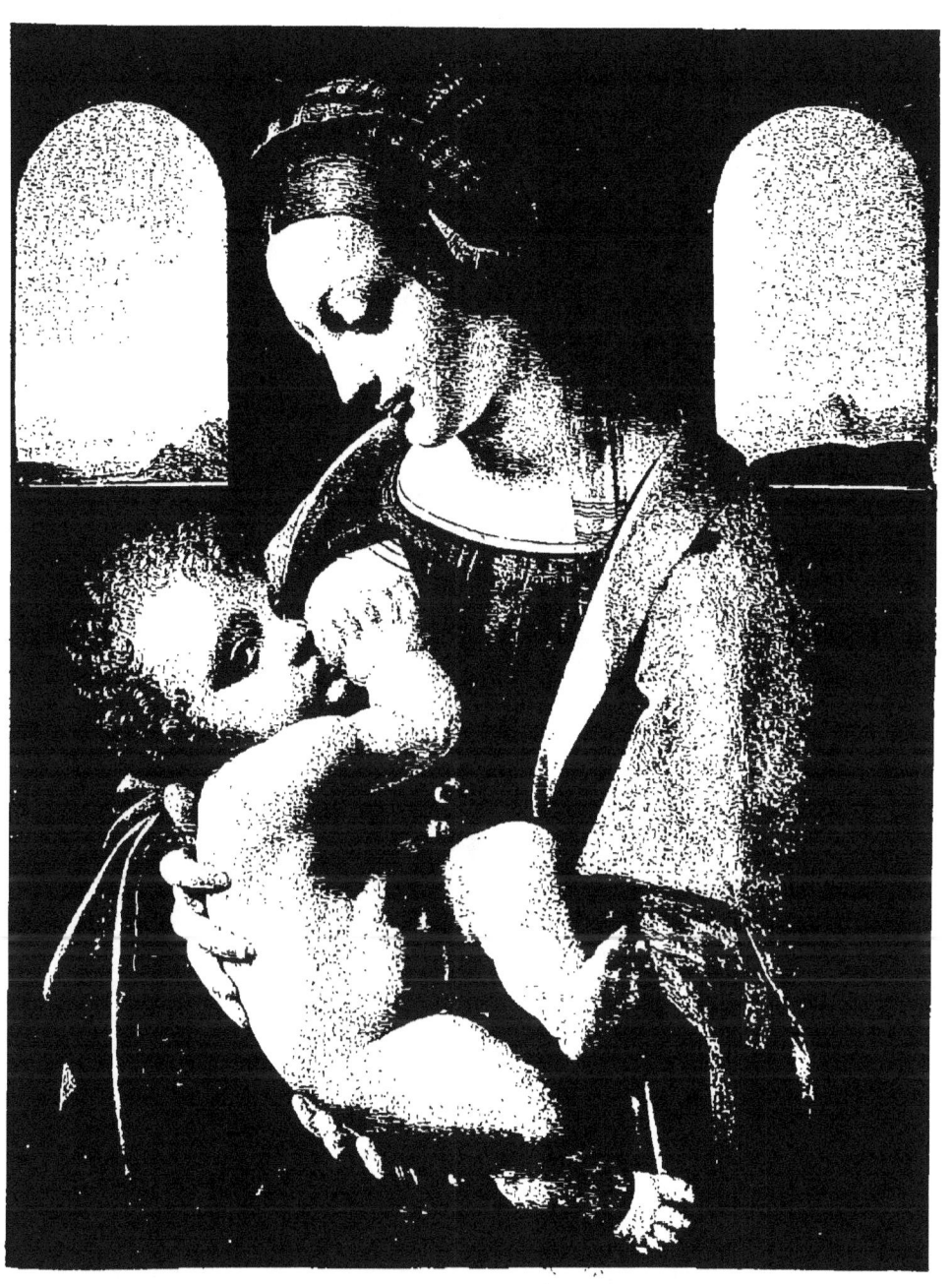

13a.

Лiонардо да-Винчи — Lionardo da Vinci.

fluence de celui-ci. Né à Florence, en 1425; mort dans la même ville, en 1488. — *Ecole florentine.*

1 (?). **La Vierge avec l'Enfant Jésus.** — La Vierge, assise sur un trône, tient sur ses genoux l'Enfant Jésus. A droite, un ange jouant du violon; à ganche, un autre ange jouant de la mandoline. Sur les marches du trône, le jeune St. Jean-Baptiste, à genoux et en prière.

H̊—T. T. 1842—Rond, diam. 1,27.

M. Waagen mentionne ce tableau comme une des meilleures oeuvres de Verrochio tant par l'ampleur que par le développement de la composition. Il y a des motifs de douter que ce tableau appartienne vraiment à ce peintre; il est permis de l'attribuer, sinon à *Lorenzo Credi,* au moins à un des ses imitateurs. Acheté du peintre Noé, en 1839.—Photographié par A. Braun.

VERONESE (Alessandro); voir Turchi.

VERONESE (Paolo); voir Caliari.

VINCI (Lionardo da-), peintre, sculpteur, architecte, musicien, ingénieur, etc. Elève d'Andrea del Verrocchio. Né à Vinci, près d'Empoli, en 1452; mort au chateau de Cloux, près d'Amboise, le 2 mai 1519. — *Ecole florentine.*

13ᵘ. **La Vierge avec l'Enfant Jésus,** tableau connu sour le nom de la Madone Litta. — La Vierge, vue à mi-corps, est assise dans une salle à deux fenêtres ouvertes, à travers lesquelles on voit un paysage aride. Vêtue d'une tunique rouge dont le bord est brodé d'or, et d'un manteau bleu doublé de jaune, elle porte sur la tête un voile grisâtre rayé de noir et enrichi d'ornements en or. Elle regarde avec tendresse son fils, en lui offrant le sein droit. L'Enfant Jésus tourne les yeux vers le spectateur et tient dans la main un chardonneret, emblème de la Passion.

Å—T. T. 1865—0,42×0,33.

Ce tableau se trouvait, en 1543, dans la galerie Contarini, à Venise, et au XVIII-me siècle appartenait à la famille du comte Litta, à Milan, duquel il fut acheté pour l'Ermitage en 1865. Lorsqu'il figurait dans la galerie Litta, il fut gravé par J. Bernardo. M. Waagen (Lionardo da Vinci-Album, I) le cite comme un des premiers tableaux, peints par le célèbre artiste durant son séjour à Milan, où il se rendit en 1477 et en 1482. Jusqu'à ce dernier temps, l'authenticité de cette Madone n'avait pas été révoquée en doute; plus que cela, on la considérait comme une perle parmi les oeuvres du maître. Crowe et Cavalcaselle (Hist. of Paint. in North-Italy, II, 38) les premiers ont énoncé l'opinion que c'est une composition de L. da Vinci, peinte non par lui-même, mais, probablement, par *Bernardo Martini Zenale* (1436—1526). A l'appui de cette opinion, ils montrent la ressemblance qu'il y a, sous le rapport de l'exécution, entre le tableau de l'Ermitage et la Madone votive de Milan, au musée Brera (№ 84), qui passe pour un tableau de Zenale, et comme cette dernière est d'une exécution plus faible que celle de la Madone de Litta, ils prétendent qu'elle ne fut pas peinte sous l'influence immédiate de Lionardo. Cependant, après les recherches de Lermolieff (Morelli), il serait bien difficile d'attribuer ce tableau à Zenale: Lermolieff est convaincu qu'il n'y a pas d'oeuvres certaines de ce peintre et que le tableau du musée Brera, ainsi que la Madone de l'Ermitage, appartiennent à *Bernardino de' Conti*. Mais cette opinion ne soutient pas non plus la critique parce que des tableaux incontestables de ce peintre obscure, au musée de Berlin et à la Pynacothèque de Munich, ressemblent bien peu au tableau du musée Brera et à celui de l'Ermitage. Si l'on admet que la Madone Litta n'est pas une oeuvre de Léonard, il est plus naturel d'en chercher l'auteur parmi les élèves les plus proches du grand maître. Crowe et Cavalcaselle citent en second lieu, après Zenale, *Beltrafio*; en admettant que la fresque du monastère St. Onofrio, à Rome, considérée de tout temps comme peinte par Léonard, soit de Beltrafio, ce que Frizzoni et Tausing cherchent à prouver, on pourrait alors affirmer que la Madone Litta est peinte par cet artiste. Enfin, toutes ces suppositions étant bien peu fondées, on peut admettre avec plus de vraisemblance que le magnifique tableau de l'Ermitage a été composé et commencé par L. da Vinci lui même, et achevé par quelqu'un de ses élèves, comme c'est le cas pour la plupart de ses tableaux.—Photographié par A. Braun.

14. La Sainte Famille. — La Vierge, vêtue d'une tunique rouge doublée de bleu clair et d'un manteau bleu doublé de vert, est assise et tient sur ses genoux l'Enfant Jésus qui cherche, en souriant, le sein de sa mère. A droite, St. Joseph, debout et appuyé sur son bâton, les regarde avec tendresse. Il porte une tunique blanche et un manteau brun. A gauche, Ste. Catherine, en tunique grise ornée au bord d'une broderie d'or, et avec un manteau rouge, tient une palme de la main gauche et lit dans un livre; près d'elle, on voit la roue, instrument de son matyre. Figures à mi-corps, à l'exception de celle de l'Enfant Jésus.
$—T. T. 1840—0,89×0,71.

Autrefois dans la galerie des ducs de Mantoue, d'où il fut dérobé en 1630, lors du pillage de cette ville par les troupes allemandes. Caché pendant plus d'un siècle, ce tableau devint, en 1770, la propriété de l'abbé Salvadori, secrétaire du gouverneur impérial comte Firmian. Les héritiers de l'abbé le cédèrent à l'Impératrice Catherine II. Selon M. Waagen (Gemäldegalerie der Ermitage, 33) cette toile fut peinte quelque temps après 1490. La tête de Ste. Catherine n'est pas idéale, mais assurément un portrait; cependant, elle ne représente pas, comme plusieurs auteurs le supposent, Philiberte de Savoie, épouse de Julien Médicis et belle-soeur du pape Leon X: cette princesse naquit en 1498, et le tableau est d'une époque antérieure. Le vieillard qui a posé pour la figure de St. Joseph se voit également dans le tableau de Léonard, connu sous le nom de „la Vierge au bas-relief" et faisant partie de la galerie lord Warwick à Gottonpark, en Angleterre. — Le tableau de l'Ermitage est gravé par J. Sanders (au trait, Description de l'Erm. I, 6), lithographié par Robillard (Galerie de l'Ermitage par Gohier et P. Petit, tom. I, cah. 3) et photographié par A. Braun. — Une copie inachevée, plus grande de dimension, figure dans la galerie Brera, à Milan; elle est donnée là pour un original de Cesare da Sesto.

15 (?). Portrait de femme. — Une dame debout et enveloppée d'une draperie grise qui laisse à découvert la partie supérieure du corps. Tournée à gauche, elle regarde le spectateur et appuie les mains sur une balustrade. Dans le lointain, un paysage. Figure à mi-corps.

Walpole—T. T. 1862—0,895×0,67.

Les uns ont voulu reconnaître dans ce portrait la belle Ferronière, l'amie de François I; d'autres, Lucrèce Crivelli, maîtresse de Lodovico Moro, duc de Milan, et plus tard épouse du comte Lodovico Pergamino. M. Waagen prétend que ce portrait est une étude de L. da Vinci faite pendant son séjour à Florence, entre 1499 — 1508, pour le fameux portrait de Monna Lisa, femme du noble florentin Francesco del Giocondo (conservé au musée du Louvre, à Paris). Mais l'authenticité du tableau de l'Ermitage est fortement révoquée en doute; on peut admettre avec plus de probabilité qu'il a été peint par un des élèves de Léonard d'après son dessin au crayon noir, qui se trouve dans la collection du duc d'Aumale.—Gravé par J. B. Michel (Recueil Walpole), lithographié par Huot (Galerie de l'Ermitage par Gohier et Petit, tom. II, cah. 28); photographié par A. Braun.

De l'école de L. da Vinci.

78. Buste de l'apôtre St. Jean.—Sa tête est un peu penchée vers l'épaule gauche, ses cheveux tombent en boucles sur les épaules.

$-B-0,67×0,46.

Reproduction de la figure de St. Jean d'après la célèbre „Cène" de Léonard da Vinci, au réfectoire du couvent de Santa Maria delle Grazie, à Milan (voir M. Oggione, № 16). Peint probablement par un des élèves du maître.

1637. Un Ange. — Un adolescent ailé, dont le corps nu est couvert d'une draperie blanche jeté sur l'épaule gauche et laissant à découvert le côté droit de la poitrine, est debout; la tête légèrement inclinée à gauche, il regarde le spectateur et lève la main droite, tandis que sa main gauche est appuyée contre la poitrine. Ses longs cheveux tombent en boucles sur les épaules. Figure à mi-corps. Fond sombre. Galitzine—T. T. 1888—0,665×0,475.

Ce tableau appartenait, en 1831, à Luigi Fineschi, à Florence, et fut bientôt après acheté par le prince M. A. Galitzine, comme un original de *L. da Vinci*. C'est sous le nom de ce maître qu'il a figuré au Musée Galitzine. Incontestablement, il est dû au pinceau d'un des élèves ou des imitateurs de Léonard et peut être attribué avec quelque vraisemblance à *Giovanni Pedrini*.

ZAMPIERI (Domenico), dit DOMENICHINO. Elève de Denis Calvaert et de l'Académie des Carracci. Né à Bologne, le 21 octobre 1581; mort à Naples, le 15 avril 1641.— *Ecole bolonaise.*

1643. St. Jean l'Evangéliste.—Le disciple bienaimé de Jésus est assis près d'une pierre, sur laquelle est posé un livre ouvert. Le corps tourné à gauche, il s'appuie de la main droite sur le bord du livre et tient dans cette main un parchemin à demi déroulé, en soutenant de la gauche l'autre bord du livre. Sa belle figure juvénile, ornée de cheveux chatain clair tombant sur ses épaules, est tournée à gauche; il regarde le ciel où un aigle vole vers lui, une plume dans le bec. L'evangéliste porte une robe verte et un manteau rouge. Derrière lui, à droite, on voit un calice en or d'où sort un petit serpent. Fond sombre. Figure à mi-corps. ♃—1,03×0,84.

Ce tableau, une des oeuvres les plus remarquables de l'artiste, a appartenu bien longtemps au Dr. Frohmann, à Stuttgart, et fut alors gravé par Ch.-F. Müller, en 1808—1812 (in f°, chef-d'oeuvre de ce graveur). Au début de ce siècle, le grand veneur D. A. Narischkine en fit l'acquisition, et c'est de ce dernier que l'Empereur Nicolas I l'acheta, moyennant 60,000 roubles assignat, pour en faire présent à l'Impératrice Alexandra Fédorovna. Du vivant de l'Impératrice, il ornait son cabinet au Palais d'Hiver; après sa mort, il fut légué à l'Impératrice Marie Alexandrovna et, selon le voeu exprimé dans son testament, il passa, en 1881, à l'Ermitage. Un tableau identique, qui figurait autrefois dans la galerie du duc d'Orléans, se trouve chez le comte Carlile, au château de Howard, dans le Yorkshire, en Angleterre; il a été gravé par Bersenieff et P. Fosseyeux. Une excellente copie du tableau de l'Ermitage, faite par Ch. Bruloff, se trouve au musée de l'Académie Impériale des beaux-arts, à St. Pétersbourg. Il existe une copie de la gravure mentionnée de Muller, publiée en 1812, puis une gravure sur acier et quelques lithographies d'après tableau de l'Ermitage, qui est aussi photographié par A. Braun.

179. La Madeleine portée au ciel.— Des anges et des chérubins enlèvent au ciel Ste. Marie-Madeleine qui étend les bras. L'un des anges tient un vase avec du baume et une discipline, et un autre un cilice, emblème de la pénitence de la sainte. En dessous, un rocher solitaire et la mer.

$$\text{Crozat}—1,3 \times 1,11.$$

Ce tableau caractéristique et admirablement conservé présente tant d'analogies avec le plafond à la fresque de Domenichino représentant des épisodes de la vie de sainte Cécile, à l'église de San Luigi de' Francesi, à Rome, qu'on peut supposer que les deux oeuvres ont été exécutées presque en même temps, et que le tableau a été peint après le plafond, parce celui-là est bien supérieur quant à la composition. — Photographié par A. Braun.

1644. Allégresse des Juives après leur passage de la mer Rouge.—A gauche, sur le rivage, la soeur de Moïse, Mariame, rend des actions de grâces à Dieu en chantant et frappant dans un tambourin; près d'elle, six autres femmes jouant divers instruments de musique; devant elles, cinq enfants. A gauche, on voit la mer qui engloutit les Égyptiens.

$$\text{Galitzine}—0,98 \times 1,33.$$

Dans le catalogue de l'ancien Musée Galitzine, ce tableau était porté comme une oeuvre de l'école de Domenichino.

180 (?). L'Amour.—Debout sur un piédestal, qui porte l'inscription:

AMOR, le dieu est appuyé de la main gauche sur son arc et tient de la main droite une flèche dont la pointe est tournée vers sa poitrine.

Coesvelt—1,13×0,95.

M. Waagen a douté, non sans raison, que ce tableau fût de Domenichino. A la galerie de Vienne, il y a un tableau semblable, qui est rangé par le catalogue de cette galerie (publié en 1882 par Ed. von Engerth) dans l'école de G. Reni et a été gravé F. John, J. Blaschke et S. Pergers (par le dernier, comme une oeuvre de de E. Sirani). Apparemment ce tableau est peint par un autre artiste que celui de l'Ermitage. — Gravé par E. Joubert (Recueil Coesvelt, au trait), lithographié par Michaïloff (Galerie de l'Ermitage par Gohier et P. Petit, tom. I, cah. 14), photographié par A. Braun.

De l'école de D. Zampieri.

214. **La Sibylle persique.** — Une jeune femme, coiffée d'un turban orné d'un bijou, tient une coupe et un des clous de la croix du Christ. Près d'elle, sur une table, un marteau. Figure à mi-corps.

Coesvelt—0,86×0,66.

Ce tableau qu'on prenait jadis pour un Domenichino, a été gravé par Joubert (au trait, Recueil Coesvelt, sous la dénomination erronée de „Sainte Hélène"). Sous les traits de la Sibylle on peut reconnaître ceux de la fille de Domenichino.

ZUCCHARELLI ou **ZUCCHERELLI (Francesco)**, peintre et graveur. Elève de Giov.-Maria Morandi et de Pietro Nelli. Né à Pitigliano (en Toscane), en 1702; mort à Florence, en 1788. — *Ecole romaine.*

324. **Paysage.** — Au milieu du tableau, un ruisseau; à gauche, une maison rustique et, dans le lointain, des montagnes. Au premier plan, une femme conduisant une vache, et un piéton causant avec deux jeunes filles.

0,69×0,51.

325. Paysage. — Au premier plan, un voyageur couché sous un arbre cause avec une femme qui porte un enfant sur le dos. Dans le lointain, une maison rustique et des montagnes.

H—0,6×0,88.

Acheté, en 1826, avec huit autres tableaux de la collection du comte Miloradovitch, à St. Pétersbourg, et payé 1,500 roubles assignat.—Gravé par Bartolozzi (presque de la grandeur de l'original).

PEINTURE ESPAGNOLE.

ANTOLINEZ (Jose). Elève de Ign. Iriarte, à Séville, et de Rizzi, à Madrid. Né à Séville, en 1639; mort à Madrid, en 1676. — *Ecole de Séville.*

398. **Fête champêtre.** — De jeunes villageois et villageoises dansent une ronde au son de la musette autour d'un arbre, non loin d'une fonda, à la porte de laquelle de vieux paysans regardent les danseurs.

Coesvelt—0,39×0,56.

<blockquote>Ce tableau a été évidemment inspiré par ceux de Rubens sur le même sujet, dont un se trouve à Madrid, et autre au musée du Louvre, à Paris.</blockquote>

ANTOLINEZ-Y-SARABIA (Francisco). Elève de B.-E. Murillo et neveu de Jose Antolinez. Né à Séville, en 1644; mort à Madrid, en 1700. — *Ecole de Séville.*

397. **Un Enfant dormant.** — Un enfant de deux à trois ans est couché nu sur une draperie blanche, les jambes tournées à droite. Sa tête repose sur un coussin blanc, ses yeux sont fermés. Un rideau violet est suspendu au-dessus de lui.

Coesvelt—0,58×0,74.

<blockquote>Considéré autrefois comme une oeuvre de *J. Antolinez.* — Photographié par A. Braun. — Un tableau sur le même sujet, attribué à Murillo, mais probablement de Fr. Antolinez, se trouve à la Grosvenor-Gallery, à Londres.</blockquote>

BARROSO (Miguel). Elève de G. Becerra. Né à Consuegra (Nouvelle Castille), en 1538; mort à l'Escurial, le 29 septembre 1590. — *Ecole de Madrid.*

408 (?). Saint André l'apôtre. — Il est représenté debout, sous les traits d'un vieillard à barbe blanche, enveloppé d'une chlamyde jaune et d'un manteau lilas clair. Vu de face il lève la main droite vers le ciel et tient de la main gauche le livre des Evangiles qui repose sur sa jambe. Derrière lui, une grande croix appuyée contre une colonne en marbre; dans le lointain, un paysage.

$\overset{*}{A}$—T. T. 1826—0,79×0,56

BECERRA (Gaspar), peintre, sculpteur et architecte. Elève de Berruguete (selon Huart, Vie compl. des peintres espagnols, Paris 1839), il s'est formé en Italie par l'étude des oeuvres de Raphaël, de Michel-Ange et de Daniel de Volterra. Né à Baeza (Andalousie), en 1520; mort à Madrid en 1570. — *Ecole de Madrid.*

403 (?). Une Sibylle. — Une jeune femme aux cheveux noirs, tournée à droite, la tête découverte, est représentée à mi-corps. Elle porte un vêtement jaune clair qui laisse à découvert sa gorge, et des boucles d'oreilles en or. Dans la main gauche elle tient des tablettes.

$\overset{*}{A}$—0,69×0,64

Acheté en 1834, de M. Gessler, consul général de Russie à Cadix.

BOCANEGRA (Pedro-Atanasio). Elève d'Alonso Cano, il s'est développé plus tard en étudiant les oeuvres d'Antony van Dyck et de Pedro de Moya. Né à Grenade, en 1636 (d'après Palomino) ou en 1638 (d'après Bermudez); mort dans la même ville, en 1688. — *Ecole de Grenade.*

396. La Mort de Sainte Claire. — La sainte, dont le visage est d'une pâleur mortelle, repose sur sa couche. A gauche à son chevet, sept soeurs de son ordre et trois moines; l'un, le plus proche du spectateur, tient un cierge; un autre, agenouillé, lit les prières des agonisants; le troisième, les bras croisés, s'incline au-dessus de la mourante. Au premier plan, à terre, un chandelier avec un cierge allumé, et un vase avec de l'eau bénite et un goupillon. A gauche, quatre vierges martyres, vêtues de blanc, des couronnes d'or sur la tête et des palmes à la main, apparaissent à la sainte et lui apportent un riche linceul rose. Au dernier plan, à droite, des nuages. A gauche, un mur sombre.

Coesvelt—1,18×1,6.

Considéré pendant un certain temps comme une oeuvre originale de *Murillo* (sous le nom duquel il en est fait mention dans „l'Histoire des peintres de toutes les écoles" par Charles Blanc), ce tableau n'est qu'une copie d'après un tableau de Murillo (plus grand de dimension) dont l'authenticité est cependant révoquée en doute par Tubino (voir la traduction allemande de T. Stromer, Berlin 1879). Cet original, conservé autrefois dans une église de Séville, etait apporté à Paris par le maréchal Soult, puis a appartenu au comte Pourtalès.

CAMILLO (Francisco). Elève de son beau-père, Pedro de las Cuevas. Né à Madrid (on ignore la date de sa naissance); mort dans la même ville, à la fleur de l'âge, en 1671. — *Ecole de Madrid*

428. **L'Assomption de la Vierge.** — Dans le haut du tableau, la Vierge, agenouillée et soutenue par des anges au milieu des nuages, monte au ciel d'où s'échappent des flots de lumière. A gauche, un ange tenant une palme et un petit ange tendant à la Vierge une couronne de roses. A droite, un ange lui pose une couronne d'or sur la tête. En bas, le sépulcre vide, entouré d'apôtres et des saintes femmes. Au bas du tableau, au milieu, la signature à demi-effacée:

f Camillo
f . año
1666

Coesvelt—0,74×0,59

CANO (Alonso), peintre et sculpteur. Elève de Francisco Pacheco et du sculpteur Juan-Martinez Montañes. Né à Grenade, le 19 mars 1601; mort dans la même ville, le 3 octobre 1667. — *Ecole de Grenade.*

352. **La Vierge avec l'Enfant Jésus.**—La Vierge, représentée de face, portant un voile bleu qui tombe de sa tête sur ses épaules, tient sur ses bras l'Enfant Jésus et le regarde en souriant. Le Sauveur, vu de face, bénit de la main droite et pose sa main gauche sur celle de sa mère. Figure de la Vierge à mi-corps.

Coesvelt—$0{,}91 \times 0{,}74$.

Répétition du tableau bien connu d'Alonso Cano: „Notre Dame de Belem" (Nuestra Señora de Belem) qui se trouve à la cathédenle de Séville et a été gravé par Adlar (dans les Annals of the Artists of Spain, by W. Stirling, London 1848, vol. II). — Le tableau de l'Ermitage est photographié par A. Braun.

353. **L'Enfant Jésus et le petit St. Jean.** — Le divin Enfant, âgé d'environ six ans, debout et appuyant la main gauche sur une croix de roseau, bénit de la main droite le petit St. Jean-Baptiste agenouillé devant lui, à gauche. Le Précurseur tient dans la main gauche une petite croix et pose l'autre main sur le dos d'un agneau couché à côté de lui. La scène se passe au milieu d'un paysage.

Coesvelt—Rond. diam. $0{,}43$.

Photographié par A. Braun.

354. **Apparition de la Vierge à un Dominicain.** — Un frère-prêcheur, à genoux, contemple la Vierge qui lui apparait accompagnée de la Madeleine et de Ste. Catherine. Elle lui montre comment il doit achever le portrait de St. Dominique. La Vierge porte un voile diaphane sur la tête, une tunique verte et un manteau rouge-jaune. De la main droite elle montre le portrait soutenu par

354.

Алонсо Кано —— Alonso Cano

Ste. Catherine. St. Dominique est représenté sur le portrait vêtu des habits de son ordre, un livre rouge à la main droite et une fleur de lis à la main gauche. Près de la Vierge, à droite, Ste. Madeleine tenant un vase à baume. Elle porte une tunique rouge et un manteau jaune. La scène se passe dans l'intérieur d'une église.

H—2,04×1,35.

Autrefois dans la galerie du roi Charles IV d'Espagne qui le donna à M. Edmond Burke, ministre de Dannemark près sa cour. Il figura plus tard dans la collection de la baronne d'Este, à Paris, où il fut acquis pour l'Ermitage en 1852. — Photographié par A. Braun.

356 (?). Portrait d'un chevalier de l'ordre de l'Eperon d'or. — Une homme de quarante ans environ, portant des moustaches et une barbe assez courte, est représenté à mi-corps; il porte un vêtement noir avec un col rabattu et des manchettes. Sur sa poitrine on voit la croix de l'ordre, suspendue à une chaîne d'or. Il est vu presque de face et regardant le spectateur. De la main droite, ornée d'une bague, il indique un livre qu'il tient dans la main gauche. Dans le lointain, à droite, un torse de Vénus en marbre ou en plâtre.

Barbarigo—0,73×0,6.

355. Portrait d'homme.—Un homme assez fort, d'un âge mûr, est repésenté à mi-corps, tourné de trois-quarts à droite. Ses cheveux noirs sont coupés ras; il porte des moustaches; sa barbe est rasée sur les joues. Ses vêtements sont noirs avec un col blanc rabattu.

H—T. T. 1850—Ovale, 0,58×0,43.

Acheté pour l'Ermitage en 1834, de M. Gessler, consul général de Russie à Cadix, ce tableau jusqu'à ces derniers temps a passé pour le portrait d'Alonso Cano, bien qu'il ait peu de ressemblance avec son portrait qui figurait dans la galerie de Louis-Philippe, roi des Français.

CARBAJAL (Luis de-). Elève de Juan de Villoldo. Né à Tolède, en 1534; mort à Madrid, en 1613 ou bientôt après.— *Ecole de Madrid.*

407. **La Circoncision de l'Enfant Jésus.** — Trois prêtres sont occupés autour du divin Enfant qui repose sur les genoux du plus âgé d'entre eux. Derrière, la Vierge debout, les mains croisées sur la poitrine; auprès d'elle, St. Joseph. A droite, une jeune femme dans la même attitude que la Vierge; des deux côtés de ce groupe, deux lévites tenant des cierges, et cinq spectateurs.

Coesvelt—0,95 × 0,73.

Parmi les fresques de Carbajal il y en a une, à l'église des Evangélistes à l'Escurial, représentant „la Circoncision"; il est bien possible que le tableau de l'Ermitage soit une répétition ou une esquisse de cette fresque, mais avec quelques changements.

CARDUCHO ou **CARDUCCI** (Vicencio), peintre et graveur. Elève de son frère, Bartolomé Carducho. Né à Florence, après 1570 (1575 ?); mort à Madrid, en 1638. — *Ecole de Madrid.*

412. **L'Extase de St. Antoine de Padoue.** — Du coin gauche, dans le haut du tableau, une trainée de lumière est projetée sur St. Antoine qui, en extase, tombe à genoux, ouvre ses bras et contemple l'Enfant Jésus qui lui apparait au milieu de cette gerbe de lumière. Le saint porte un cilice rapiécé muni d'un capuchon; il est ceint d'une corde. Au-dessus, dans le ciel, la Vierge, sur un nuage soutenu par des chérubins, étend ses bras pour recevoir l'Enfant Jésus. En haut du tableau, à droite, trois anges au milieu des nuages: l'un joue de la harpe, l'autre de la mandoline; le troisième chante. A gauche, également dans le ciel, six anges dont cinq chantent et le sixième, agenouillé à la tête des autres, joue du violoncelle. En bas, une table recouverte d'un tapis rose sur lequel on

voit un livre ouvert. Près de la table, un vase avec un bouquet de lis. Dans le fond, une balustrade. Sur le pied de la table, la signature:

$$\begin{array}{l} \text{VIN}^9 \\ \text{CAR}^9 \\ \text{F}_*1631 \end{array}$$

Coesvelt—2,47 × 1,7.

Ce tableau se trouvait dans l'église St. Gilles à Madrid jusqu'en 1809, époque où l'église fut démolie pour agrandir la Place Royale (voir Cean Bermudez, Diccionario historico, tom. I, pag. 254).— Photographié par A. Braun.

CARREÑO DE MIRANDA (Juan). Elève de Pedro de las Cuevas et de Bartolomé Roman, il s'est formé plus tard sous l'influence de Velazquez, de Rubens et d'Antony van Dyck. Né à Avilés (Asturies), le 25 mars 1614; mort à Madrid, en septembre 1685. — *Ecole de Madrid*.

429. Le Baptême du Christ. — Au bord du Jourdain, St. Jean-Baptiste, le pied gauche appuyé sur une pierre et tenant dans la main gauche une croix entourée d'un listel, verse, de la main droite, de l'eau sur la tête du Jesus qui est debout dans l'eau, les bras croisées sur la poitrine. A gauche, derrière St. Jean, deux hommes: l'un est vu du dos, l'autre regarde le spectateur par dessus l'épaule de St. Jean. A droite, quelques hommes attendant leur tour pour être baptisés. Dans le haut du tableau, Dieu le Père et le Saint-Esprit sous la forme d'une colombe blanche.

Coesvelt—B—0,6 × 0,51.

C'est, peut être, une esquisse du tableau qui se trouve, selon Cean Bermudez (Diccionario historico, tom. I, pag. 269), à l'église de San Juan, à Madrid.

430. Saint Damien. — Il est représenté à mi-corps, sous les traits d'un adolescent vêtu d'une tunique verte et d'un manteau rose. Ses longs cheveux blonds tombent en boucles sur les épaules. Dans la main gauche il tient une boîte de médicaments, sa main droite est appuyée contre sa poitrine, ses yeux sont levés au ciel vers deux anges dont l'un porte la couronne et l'autre la palme du martyre. Le haut du tableau est cintré.

Coesvelt—1,11×0,83.

St. Damien et son frère, St. Cosme, patrons des médecins, subirent leur martyre en 301, sous Lycias, proconsul d'Arabie.

CASTILLO-Y-SAAVEDRA (Antonio del-). Élève de son père, Antonio del-Castillo, et de F. de Zurbaran. Né à Cordoue, en 1603; mort dans la même ville, en 1667. — *Ecole de Cordone.*

357. La Visitation. — La Vierge, vêtue d'une tunique rose et d'un manteau vert foncé, embrasse Ste. Elisabeth qui est venue à sa rencontre. A droite, St. Joachim, debout devant sa maison.

Ḣ—B—0,54×0,25.

Autrefois dans la collection de Paez de la Cadeña, ministre d'Espagne à la cour de Russie. Acheté de lui pour l'Ermitage, en 1834. Ceau Bermudez (Diccionario hietorico, tom. I, pag. 293) fait mention d'un grand tableau sur le même sujet d'Antonio del-Castillo, qui orne le grand autel de l'église Ste. Isabelle, à Cordoue. Peut-être que le tableau de l'Ermitage est une esquisse achevée ou une copie reduite de ce tableau.

CEREZO (Mateo) le Jeune. Élève de son père, Mateo Cerezo le Vieux, et de Juan Carreño de Miranda, il s'est formé sous l'influence de B.-E. Murillo et d'Antony van Dyck. Né à Burgos, en 1635; mort à Madrid, en 1675. — *Ecole de Madrid.*

434. Portrait du cardinal Puerto-Carrero. — Il est représenté à l'âge de 40 ans environ, à mi-corps, le visage tourné de trois quarts à gauche. Il porte une barrette rouge et un camail de la même couleur avec un col blanc rabattu.

♄—M—Ovale, 0,59×0,42.

Acheté pour l'Ermitage en 1834, avec d'autres tableaux de la collection de M. Gessler, consul général de Russie à Cadix.

Luis Puerto-Carrero, né en 1629, était, à ce qu'il paraît, un ami des beaux-arts; ayant reçu le chapeau de cardinal en 1669, il fut plus tard ministre du roi Philippe V, et mourut à Madrid, en 1709.

351. Ste. Marie d'Egypte. — A gauche, près d'un rocher sur lequel croissent des arbres, la sainte est assise sur une pierre. Ses haillons et sa robe jaunâtre ne couvrent qu'en partie son corps nu. Elle pose sa main gauche sur la poitrine, et lève les yeux à droite, vers le ciel, d'où descendent des rayons lumineux et où l'on voit trois chérubins au milieu des nuages. A droite, en bas, un tronc d'arbre sur lequel est fixée une grossière croix en bois; dans le lointain, un paysage montueux. Sur la pierre où est assise Marie, une inscription dont quelques lettres sont cachées par la robe: M. EGIC... A.

♄—0,84×0,63.

Acquis en 1834, avec d'autres tableaux de la galerie du M. Paez de la Cadeña, ministre d'Espagne près la cour Impériale. Considéré comme un œuvre de Cerezo jusqu'à l'arrivée de M. Waagen à St. Pétersbourg. Ce dernier, sans preuves suffisantes, l'a classé parmi les œuvres de l'école de Zurbaran. Conformément à cette opinion, il a figuré dans cette école et etait porté comme tel dans le dernier catalogue de l'Ermitage.

COELLO (Alonso Sanchez). Elève d'Ant. Moro. Né à Benifayro, près de Valence, au commencement du XVI siècle (1515 ?); mort à Madrid, en 1590. — *Ecole de Madrid.*

402. Portrait de Marguerite, duchesse de Parme. — Elle porte une robe de damas noir, un long collier de perles, un bijou émaillé attaché sur la poitrine à gauche, une aigrette de perles sur la tête et une fraise en dentelles. Dans la main droite elle tient un mouchoir en guipure; sa main gauche repose sur le dossier d'un fauteuil garni de velours rouge. Dans le fond, une draperie rouge et le mur d'une salle en marbre avec une fenêtre ouverte. Figure à mi-corps.

$1,3 \times 0,99$.

Le catalogue de la galerie des tableaux de l'Ermitage, édit. 1869, contenait la remarque que ce tableau figurait autrefois dans la galerie de M. de Gessler, à Cadix, et qu'il est entré à l'Ermitage sous le règne de l'Empereur Nicolas I. C'est une erreur. Dans la liste des tableaux achetés de la collection de Gessler, ce portrait n'est pas mentionné. Dans le catalogue de 1838, il ne figure point non plus sous le nom de Coello, mais on y trouve, sous le nom de Federico Barroccio, le portrait d'une jeune dame, qui correspond beaucoup à celui-ci (Sale III, № 27), et il est dit que ce tableau-là fut acquis du temps de l'Impératrice Catherine II. Il est difficile de prouver l'identité des deux tableaux, de sorte que la provenance du portrait de la duchesse de Parme n'est pas établie. Qu'il représente cette princesse, cela est prouvé par la ressemblance de la personne avec les portraits de Marguerite, surtout avec celui qui figurait dans la galerie de Louis-Philippe, roi des Français, et se trouve maintenant au musée de Bruxelles.

Marguerite, fille naturelle de Charles V, naquit à Bruxelles, en 1522; elle épousa en 1533 le grand duc de Florence, Alexandre Médicis, et devenant veuve le 7 janvier 1537, donna sa main, en 1538, au duc Ottavio Farnese de Parme. De 1559 à 1567, elle fut gouvernante des Pays-Bas pour le roi Philippe II. Elle mourut en 1586, à Ortonna.

COELLO (Claudio), peintre et graveur. Elève de Francisco Rizi, il s'est perfectionné par l'étude des tableaux du Titien, de Rubens et de van Dyck. Né à Madrid, entre 1630 et 1650; mort dans la même ville, le 20 avril 1693.— *Ecole de Madrid*.

Алонсо Коэльо — Alonso Coello

431. Portrait du peintre. — Coello s'est représenté à l'âge de 40—50 ans. Il est vu en buste, tourné de trois quarts à gauche et regardant le spectateur. Ses cheveux sont bruns, ses yeux bleus, son front dépouvu de cheveux. Il porte des moustaches et une barbiche. Il est vêtu de noir avec un collet blanc.

Coesvelt—0,52×0,45.

432 (?) La Madeleine. — Agenouillée sur une natte devant un crucifix, à l'entrée d'une grotte, la sainte lève ses yeux et tend ses bras vers le ciel. Près d'elle, à terre, une tête de mort. Elle porte un cilice. Ses cheveux blonds flottent sur les épaules. A gauche, dans le haut, deux anges portant une guirlande de fleurs; à droite, un tronc d'arbre.

Coesvelt—0,51×0,71.

COLLANTES (Francisco). Elève de Vicencio Carducho. Né à Madrid, en 1599; mort dans la même ville, en 1656. — *Ecole de Madrid.*

417. St. Jean-Baptiste.—Au milieu d'un beau paysage, St. Jean, représenté sous les traits d'un adolescent, est assis par terre. Tourné à gauche et s'appuyant de la main droite sur un rocher, il lève la main droite et les yeux vers le ciel. Il est vêtu d'une peau de panthère et d'un manteau rouge qui tombe jusqu'à terre. Dans le lointain, entre les montagnes, on voit le Jourdain où sont représentés le baptême du Christ et un groupe de personnes au bord du fleuve.

Ĥ—1,19×1,72.

Acheté en 1834, avec d'autres tableaux de la galerie de Paez de la Cadeña, ministre d'Espagne à la cour de Russie.

ESCALANTE (Juan-Antonio). Elève de Fr. Rizi et imitateur de Tintoretto. Né à Cordoue, en 1630; mort à Madrid, en 1670. — *Ecole de Madrid.*

433. St. Joseph avec l'Enfant Jésus.—Vu à mi-corps et tourné à droite, St. Joseph tient entre ses bras l'Enfant Jésus nu, qu'il vient de prendre de sa couche au-dessus de laquelle une draperie rouge est tendue. A gauche, au premier plan, une scie et d'autres instruments de charpentier. Dans le fond, une fenêtre à travers laquelle on voit un paysage.
Coesvelt—0,83×0,64.

Photographié par Braun.

ESPINOSA (Jacinto-Geronimo de-). Elève de son père, Geronimo-Rodrignez de Espinosa, il s'est perfectionné probablement en Italie, par l'étude des maîtres de Bologne et des œuvres d'Antony van Dyck. Né à Cocentayna (royaume de Valence), le 20 juillet 1600; mort à Valence, en 1680.— *Ecole de Valence.*

343. La Fuite en Egypte. — La Vierge, tenant dans ses bras l'Enfant Jésus, est assise sur l'âne qui marche de gauche à droite. A côté chemine St. Joseph s'appuyant sur un bâton. A droite, en haut, un groupe d'anges, planant dans les airs, répand des fleurs sur la Sainte Famille. Dans le lointain, à droite, des arbres parmi lesquels on distingue un palmier chargé de fruits; à gauche, une plaine.
Coesvelt—1,27×1,07.

GOMEZ (Sebastian), dit el Mulato de Murillo. Domestique et élève de B.-E. Murillo. L'année et le lieu de sa naissances sont inconnus; mort vers 1690. — *Ecole de Séville.*

386. St. François d'Assise.—Le saint est représenté à mi-corps, portant l'habit de son ordre, la tête tournée de trois quarts à droite, les yeux levés au ciel. Dans ses mains jointes et stigmatisées il tient un crucifix. Des nuages sombres servent de fond.
Soult—0,76×0,64.

GRIECO (el-); voir Theotocopuli.

HERRERA (Francisco) le Jeune (el Mozzo), peintre, architecte et graveur. Elève de son père, Fr. Herrera le Vieux, il s'est perfectionné ensuite en Italie; un des fondateurs de l'académie de peinture à Séville. Né à Séville, en 1622; mort à Madrid, en 1685. — *Ecole de Séville.*

389. Apparition de la Vierge à un Dominicain.—Un Dominicain, à genoux auprès d'un tableau représentant le fondateur de son ordre, écoute les ordres de la Vierge qui apparaît sur des nuages au milieu de petits anges et lui indique comment il doit peindre l'image de St. Dominique. La Vierge, portant au cou un rosaire de corail et tenant dans la main gauche un autre chapelet, est accompagnée de Ste. Catherine d'Alexandrie vêtue de vert, ornée d'une couronne et tenant une palme à la main, et de la Madeleine en tunique gris de lin et en manteau jaune, et ayant un vase à baume dans les mains.

Coesvelt—1,2×1,03.

Photographié par A. Braun.

Peintres espagnols inconnus.

439. Portrait d'un vieillard.—Il est représenté en buste, tourné de trois quarts à droite, la tête penchée en arrière et regardant en haut. Il porte un vêtement noir. Fond sombre.

Ḃ—0,61×0,44.

Acquis pour l'Ermitage en 1834, avec d'autres tableaux de la collection de Paez de la Cadeña, ministre d'Espagne à la cour de Russie.

440. Un commandeur de l'ordre de San Jago de Compostella. — Un homme d'un âge moyen est représenté en pied, debout et tourné un peu à gauche, au milieu d'une salle, au fond de laquelle, à gauche, on voit une draperie rouge retenue par des noeuds. Ses bras sont baissés; dans la main droite, il tient une lettre, et dans la gauche, un chapeau noir à larges bords. Il porte un vêtement noir et un mantelet de la même couleur, avec la croix de l'ordre brodée dessus.

Tatistscheff—1,98×1,1.

441. Portrait d'homme. — Un homme âgé, vêtu de noir avec un grand collet blanc rabattu et des manchettes blanches, est représenté debout, tourné de trois quarts à gauche. Il s'appuie de la main droite sur un bâton; sa main gauche repose sur la garde de son épée. Figure un peu plus grande qu'à mi-corps. Dans le fond, à gauche, on voit la partie inférieure d'une colonne.

0,77×0,52.

442. Portrait d'homme. — Un jeune homme sans barbe ni moustaches, portant des cheveux assez longs, est représenté en buste, tourné de trois quarts à gauche et regardant le spectateur. Il porte un vêtement noir avec un petit collet blanc.

0,43×0,37.

IRIARTE (Ignacio). Elève de F. Herrera le Vieux, il fut un des fondateurs de l'académie de Séville. Né à Azcoitia (province de Guipuzcoa), en 1620; mort à Séville, en 1685.— *Ecole de Séville.*

388. Le Gué. — Dans un lieu solitaire coule un ruisseau qui tourne à gauche et disparaît dans le lointain, à l'horizon, où se dessinent des montagnes. A gauche, devant le ruisseau, on voit un édifice en ruines. Au centre du tableau, une femme, assise sur un âne, traverse le ruisseau; sur la croupe de sa monture veut sauter un berger. A la droite de ce groupe, deux boeufs traversant le ruisseau; à gauche, un chien derrière l'âne. Encore plus à gauche, près des ruines, un taureau et quelques chèvres couchées.

Coesvelt—0,62×0,84.

MACIP (Vicente-Juan), dit **VICENTE JUANES** et **JUAN de JUANES**. Il se forma à l'école de Raphaël, à Rome. Né à Fuente la Higuera (près de Valence), vers 1507; mort à Bocairente (près de la même ville), le 21 décembre 1579. — *Ecole de Valence.*

328. **Ste. Anne.** — La sainte debout, tournée à gauche, les mains jointes, regarde l'ange qui lui apparaît dans les nuages et qui lui annonce que Dieu a exaucé ses prières. Elle porte une tunique rose et un manteau gris. Au-dessus de sa tête, flotte dans les airs une banderole blanche avec l'inscription: NE TIMEAS ANNA, CONCIPIES ET PARIES MARIAM DEI MATREM.

Coesvelt—T. T. 1850—1,44×0,82.

Pendant du № 329. — Photographié par A. Braun.

329. **St. Dominique.** — Vu de face, il est debout et tient dans la main gauche baissée un livre à reliure rouge, tandis que sa main droite montre en haut une banderole blanche avec la devise de l'Inquisition: TIMETE DEVM ET DATE ILLI HONOREM QVIA VENIET HORA JVDICII EJVS. Il porte les habits de son ordre: une soutane blanche et un manteau noir.

Coesvelt—T. T. 1851—1,44×0,81.

Pendant du № 328. — Photographié par A. Braun.

MAYNO (Fray Juan-Bautista). Elève de D. Theotocopuli. Né probablement a Tolède, en 1569 (?); mort à Madrid, le 1 avril 1649. — *Ecole de Tolède.*

414. **L'Adoration des Bergers.**—La Vierge, les cheveux flottant sur ses épaules, vêtue d'une tunique rouge et d'un manteau bleu foncé, les mains jointes pour la prière, est agenouillée devant l'Enfant Jésus couché dans la crèche. A sa droite, on voit deux bergers: l'un, appuyé sur sa houlette, est debout près d'un fragment de colonne; l'autre est couché près d'un chien, de deux agneaux, d'une corbeille remplie d'oeufs et d'une paire de pigeons tués; au dernier plan, on voit un homme âgé (probablement un des donateurs du tableau) et la tête de l'âne. Derrière la crèche, le troisième berger, agenouillé et adorant l'Enfant Jésus. A gauche, St. Joseph est debout près de la crèche, un bâton à la main, et dans le fond, un boeuf et deux personnages, probablement les donateurs. La scène se passe dans les ruines d'un édifice converti en étable. Au-dessus, dans les rayons qui descendent du ciel, un groupe de chérubins et d'anges aux ailes diaprées. A droite, sur une colonne tronquée, on lit le monogramme.

$$.F. I\overset{o}{V} BA$$

Coesvelt—1,45 × 1,02

MAZO-MARTINEZ (Juan-Bautista del-). Elève et gendre de D. Velazquez. Né à Madrid, vers 1615—1620; mort dans la même ville, le 10 février 1687. — *Ecole de Madrid.*

344. **Le Sauveur.**—Représenté à mi-corps, vêtu d'une tunique foncée, tourné de trois quarts à droite et regardant le spectateur, il bénit de la main droite et tient dans la main gauche un globe. Ses cheveux longs et bouclés tombent sur les épaules; sa tête est entourée d'une auréole. Fond verdâtre.

Cœsvelt—0,56 × 0,42.

MENENDEZ (Miguel-Jacento). Il étudia à Madrid, mais on ignore le nom de son maître. Né à Oviedo, en 1679; mort à Madrid, vers 1726. — *Ecole de Madrid.*

381 (?). L'Enfant Jésus avec la couronne d'épines.—Le Sauveur, représenté à l'âge de quatorze ans environ, vêtu d'une chemise blanche et d'une tunique violette, est assis, tourné à gauche, dans un fauteuil à dossier rouge, et il examine l'index de la main droite qu'il s'est blessé à la couronne d'épines, laquelle repose sur ses genoux.

Tatistcheff—0,58×0,43.

Ce pourrait bien être le même tableau, qui, selon le témoignage de Tubino (Murillo, su epoca etc.), se trouvait autrefois à Londres, chez S. Hunter, et a été gravé par Strange. Quoi qu'il en soit, il est douteux que ce tableau soit de Murillo.

380 (?). Trois Saints. — Dans une prison, au fond de laquelle on voit une fenêtre grillée, St. Quirin de Sissek, en habit de diacre, est debout, la main droite appuyée sur une meule suspendue à son cou par une corde; il tient dans la main gauche une palme et serre dans ses bras une grande croix en sautoir. A sa droite, St. Dominique, une clef à la main, et à gauche, St. Raymond de Peñaforte levant l'index de la main droite. Ces deux saints sont revêtus des habits sacerdotaux. A travers la fenêtre de la prison, on voit, dans le lointain, St. Raymond assis sur son manteau, accompagné d'un ami et traversant de cette manière la mer entre Majorque et Barcelone, à l'étonnement du roi Jayme qui apparaît sur le rivage, entouré de sa suite.

Prince de la Paix—2,66×1,78.

Ce tableau peut-il être attribué à Murillo? M. Waagen a émis le premier des doutes fondés à cet égard, bien que l'œuvre accuse incontestablement un peintre de grand talent. Selon M. Stirling (Annals of the Artists of Spain, III, 1484), les trois saints qui figurent dans ce tableau sont: St. Florian, St. Dominique et St. Pierre le Dominicain.

St. Quirin, évêque de Sissek (en Croatie), considéré comme un des huits patrons de l'Autriche, subit son martyre en 309. St. Dominique, de la célèbre famille Guzman, né à Calaruga (en Castille), mourut à Bologne, le 6 avril 1221, et fut canonisé en 1223. St. Raymond de Peñaforte, né au château de ce nom (en Catalogne), fut canonisé en 1240.

Copies d'après B.-E. Murillo.

379. St. Jean-Baptiste. — Au milieu d'un paysage avec des arbres à droite et un ruisseau à gauche, le jeune St. Jean est debout, vêtu seulement d'une peau de mouton. Il enlace de ses bras l'agneau qu'on voit à droite sur un tertre. Près de lui, à ses pieds, une croix de roseau entourée d'un listel portant l'inscription: ECCE AGNUS DEI.
1,73—1,19.

L'original de cette copie se trouve à Londres, à la National Gallery; il appartenait jadis au comte de la Guiche, et à la vente de la collection, en 1771, fut vendu, avec un autre tableau de Murillo, pour 12,999 livres. Puis il a appartenu au marquis de Prasle et à M. Robit; à la vente de la collection de ce dernier, en 1840, il fut acheté par sir Simon H. Clarke pour 2,100 livr. sterl. et, bientôt après, revendu par lui à lord Ashburton qui le céda à la National Gallery.—Gravé d'après l'original par F. Bacon, L. Stocks, A. Payne, J. Rogers, J. Stow, Casenave, Richeton (à l'eau-forte). — Une répétition se trouve chez lord Lovelace (gravé par V. Green) et chez lord Dudley, en Angleterre; une ancienne copie dans l'église de St. Idelfouse, à Séville. La copie de l'Ermitage a été gravée par Gr. Skorodoumoff, en 1785. A cette époque, elle était considérée comme un original et appartenait au prince Gr. A. Potemkine. On ignore l'époque et les circonstances de l'acquisition de ce tableau pour l'Ermitage; mais en 1838, il ne s'y trouvait pas encore, car il n'en est point fait mention dans le catalogue de la galerie de tableaux, publié cette année-là.—Lithographié par Victor (Galerie de l'Ermit. par Gohier et P. Petit, tom. II, cah. 17), photographié par A. Braun.

382. L'Enfant Jésus et St. Jean-Baptiste.—Au milieu d'un paysage, l'Enfant Jésus est représenté vers l'âge de six ans, vêtu d'une tunique bleue. Il est penchée et embrasse le petit

St. Jean, représenté à droite. Le precurseur porte une peau de mouton et une espèce de manteau rouge qui laisse à découvert ses bras et ses pieds; de la main droite il s'appuie à une croix de roseau entourée d'un listel avec l'inscription: ECCE AGNUS DEI. Derrière lui, à droite, un agneau couché. Au-dessus de Jésus, trois anges dans les nuages. Au coin gauche du bas, sur l'herbe, un panier avec des fruits; il en tombe deux pommes sur une draperie rouge étendue à terre.

Ḣ—1,24×1,15.

Copie, avec quelques changements, du tableau qui se trouve à Madrid, au musée del Prado, —tableau connu sous le nom de „Los Niños de la Concha" (Les Enfants à la coquille). Acquis pour l'Ermitage en 1852, de la collection du maréchal Soult, comme une œuvre authentique de Murillo, pour 63,000 francs.—Gravé par Carmona (en 1799), lithographié par Dupressoir (pour la Galerie de l'Ermit. par Gohier et P. Petit).—D'anciennes copies se trouvent dans bien des endroits, entre autres, à Madrid, au palais royal, et à Séville, chez J. Govantes.

387. Deux garçons jouant aux dés.—Au milieu d'un paysage désert, deux garçons sont assis sur l'herbe et jouent aux dés sur un morceau de drap étendu à terre. Auprès de l'un, un panier dans lequel il y a une serviette, quelques pièces d'argent et une cruche.

Cœsvelt—1,25×1,05.

Ce tableau fort médiocre a été considéré jusqu'à ces jours comme une œuvre originale d'un des élèves et ami de Murillo, *Pedro Nuñez de Villavicencino* (1635 — 1700), bien qu'il ne soit qu'une copie de magnifique tableau de Murillo, à l'académie des beaux-arts de Vienne. Cette copie diffère de ce dernier par quelques modifications dans le paysage, mais il serait bien difficile de l'attribuer à Nuñez. L'original de Vienne est gravé par J. Klaus (dans Zeitschrift f. bild. Kunst, année 1876).

385. Jeune Paysan. — Il est représenté en buste, vêtue de jaune, tourné de profil à gauche. Autour de sa tête est nouée une bandelette blanche avec des feuilles de chêne au-dessus de l'oreille gauche. Fond sombre.

$\text{Ĥ}-0{,}51\times 0{,}38.$

Ce tableau fut acheté pour l'Ermitage en 1834, avec d'autres tableaux de la collection M. Paez de la Cadeña, ambassadeur d'Espagne à la cour de Russie. Il était considéré, sous le titre de „El hijo de las ballotas" (Le fils des chènes), comme une oeuvre originale de Murillo, tandis que ce n'est qu'une copie libre d'après la tête d'un des garçons représentés dans le tableau de Murillo à la galerie de Vienne, mentionné plus haut, au № 387.

Ecole de B.-E. Murillo.

383. La Présentation de Jésus au temple.—A l'entrée du temple, la Vierge agenouillée présente son divin Fils au grand-pontife. Ce groupe est entouré de douze personnages, dans ce nombre: St. Joseph debout derrière la Vierge et tenant de ses deux bras levés un panier avec deux pigeons, Ste. Anne et un garçon tenant un grand cierge. A droite, près de l'autel, un autre groupe composé d'une femme assise par terre et allaitant son enfant et d'un garçon vu du dos. Au dernier plan, à gauche, une partie du temple, et à droite, le ciel ouvert. Le haut du tableau est cintré.

$\text{Ĥ}-1{,}05\times 1{,}75.$

Acheté en 1834, avec d'autres tableaux de la collection de M. Gessler, consul général de Russie à Cadix.

384. Deux jeunes gens.—Un jeune paysan, coiffé d'un chapeau de paille et portant un vêtement foncé, est debout derrière une table sur laquelle repose sa main, tandis que sur la gauche il appuie la tête; il regarde gaiment le spectateur. Derrière lui, à gauche, un autre jeune homme qui regarde son camarade en souriant. Butes. Fond sombre.

$\text{Å}-0{,}65\times 0{,}46.$

Acheté en 1859, moyennant 500 roubles, du peintre Saja, à St. Pétersbourg, comme une œuvre authentique de Murillo.

NAVARRETE (Juan-Fernandes de-), dit **el Mudo** (le Muet). Elève de Fray Vicente de Sancto Domingo et de Titien. Né à Logroño (Vieille Castille), en 1526; mort à Tolède, le 28 mars 1579.—*Ecole de Tolède.*

404. St. Jean-Baptiste en prison.. — Le saint est représenté à mi-corps, tourné à droite et penché en avant. La partie supérieure de son corps est nue, ses mains sont liées avec des cordes. Il porte ses regards sur une croix de roseau, placée sur un parapet recouvert d'une draperie rouge. Dans le fond, à gauche, une fenêtre avec une grille.

Cœsvelt—0,8×8,67.

405 (?). Tête de jeune homme. — Le corps tourné à gauche, la tête renversée, le jeune homme regarde à gauche, avec une expression douloureuse. Sa chevelure est abondante, ses moustaches et sa barbe sont courtes. Fond grisâtre.

Cœsvelt—0,44×0,45.

Probablement, c'est une étude pour quelque tableau représentant un martyr.

ORRENTE (Pedro). Elève de D. Theotocopuli (selon Bermudez) et imitateur de J. Bassano. Né à Montealegre (en Murcie), vers 1560; mort à Tolède, en 1644. — *Ecole de Tolède.*

411ª. La Multiplication des poissons. — Au milieu d'un paysage, le Christ est assis, entouré de ses disciples. Du côté droit s'approche vers lui un jeune pêcheur portant un plat de poissons. Aux pieds du Sauveur, une corbeille remplie de pains, et un petit chien blanc. Le premier et le dernier plans sont occupés par la foule.

Cœsvelt—1,07×1,37.

PAREJA (Juan de-), dit **el Esclavo de Velazquez**. Domestique et élève de Velazquez. Né à Séville, en 1606 (selon Bermudez); mort à Madrid, en 1670. — *Ecole de Madrid.*

427. **Un Provincial des Capucins.**—Un capucin de soixante ans environ est représenté de face. Ses cheveux sont en désordre. Vêtu d'un froc noir, il tient dans sa main droite baissée un petit livre, ayant mis un doigt entre les feuillets; sa main gauche est appuyée sur la ceinture. Figure à mi-corps. Fond grisâtre.

Cœsvelt—0,93×0,72.

PEREDA (Antonio). Elève de Pedro de las Cuevas. Né à Valladolid, vers 1599; mort à Madrid, en 1669.— *Ecole de Madrid.*

415. **Nature morte.**—Sur une table de marbre, au milieu, une pendule ronde en bronze avec cadran argenté soutenu par un faune; à gauche, deux cruches en grès rouge et un verre; à droite, un vase en verre rouge monté en argent, une cruche en fayence blanche sur une soucoupe ornée d'un dessin bleu, et un bocal en verre. Devant ces objets, on voit sur la table, à gauche, une collection de diverses coquilles et, au milieu, une clef avec un ruban bleu. Au-dessus de la table, une draperie rouge relevée. Au coin gauche du bas, la signature:

D.ATONIO
PEREDA F
1652.

Cœsvelt—0,81×0.94.

Pendant du № 416.

416. **Nature morte.**—Sur une table, recouverte d'un tapis rouge, un écrin en ébène avec incrustations d'ivoire; il est entrouvert et laisse voir le bout d'une écharpe bigarrée

sortant du couvercle. Sur l'écrin sont posés quelques vases en verre et en grès; sur la table, du papier avec des biscuits et quelques boîtes rondes, et à droite, un morceau de beurre sur un autre bout de papier. Au milieu du tableau, sur une des boîtes, la signature:

pereda f.

Pendant du № 415. Cœsvelt—0,81×0,95.

PRADO (Blas de-). Elève de Berruguete (selon Palominio), ou de F. Comontes (selon Bermudez), il a imité les maitres florentins, principalement Fra Bartolommeo, et probablement a fait ses études en Italie. Né à Tolède, vers 1507; mort à Madrid, en 1557. — *Ecole de Tolède.*

409. Le Sauveur. — Le Christ, tourné un peu à droite, vêtu d'une tunique rose et d'un manteau vert-bleuâtre, bénit de la main droite et tient dans la main gauche un globe. Sa tête est entourée d'une auréole. Figure à mi-corps.

Pendant du № 410. Cœsvelt—B—0,68×0,52.

410. La Vierge.—Vêtue d'une tunique blanche et d'un manteau vert-bleuâtre, enrichi au bord de pierreries, elle est tournée un peu à gauche, les mains jointes, les yeux baissés. Ses cheveux longs flottent sur ses épaules; sa tête en entourée d'une auréole. Figure à mi-corps.

Pendant du № 409. Cœsvelt—T. T. 0,69×0,51.

PUGA (Antonio). Elève et imitateur de D. Velazquez, il travaillait à Madrid vers 1650—1660. — *Ecole de Madrid.*

435. Le Rémouleur ambulant.—Tourné à gauche, il est debout près de son métier et aiguise un couteau. A gauche, deux paysans, dont l'un donne une monnaie au rémouleur, l'autre, portant un chapeau à larges bords, s'appuie de la main droite sur un fusil, tandis que sa main gauche repose sur l'épaule de son camarade. Derrière eux, on voit une femme. Fond grisâtre.

Cœsvelt—1,18×1,59.

RIBALTA (Francisco). Elève d'un peintre inconnu de Valence, il s'est formé surtout par l'étude des maîtres italiens pendant un séjour de quatre ans qu'il fit en Italie. Né à Castellon de la Plana, le 25 mars 1551; mort à Valence, en janvier 1628. — *Ecole de Valence.*

338. St. Joachim et Ste. Anne. — St. Joachim, représenté sous les traits d'un vieillard grisonnant, vêtu d'une tunique vert foncé et d'un manteau rouge et tourné de profil à gauche, a posé sa main gauche sur l'épaule de Ste. Anne qui vient à sa rencontre, l'enlace des deux bras et lui dit quelque chose à l'oreille. La sainte porte une tunique rouge et un manteau jaune. A droite, derrière St. Joachim, un adolescent portant un agneau sur ses épaules, et dans le lointain, un paysage avec un château sur une montagne. A gauche, les colonnes du portique sous lequel se passe la scène.

Cœsvelt—0,83×0,63.

Considéré jadis comme une œuvre de *Juan Ribalta.*

339. Le Christ au Golgotha.—Au milieu d'un paysage rocheux, six soldats s'apprêtent à élever la croix qui est à terre et sur laquelle est assis le Christ les mains jointes pour prier. Au second plan, à gauche, une troupe d'hommes, avec trois femmes à leur tête, se dirigent vers le Golgotha.

En bas, à droite, une inscription comme sur une feuille de papier blanc :

> FRAN͑°RIBA.FCAFA
> LOPIN TOEN MÐD
> AÑO Ð MDLXXXII

Cœsvelt—1,44 × 1,03.

340. **La Madeleine et les apôtres au sépulcre du Seigneur.** — Dans l'intérieur d'une grotte, la Madeleine est debout et regarde, en se tordant les mains de désespoir, le sépulcre vide dont une partie est représentée à gauche. Près de la sainte, St. Pierre debout, et derrière elle, trois autres apôtres. A gauche, à travers l'ouverture de la grotte, on voit un paysage.

Cœsvelt—0,91 × 0,66.

RIBALTA (Juan). Elève de son père, Francisco Ribalta. Né à Valence, en 1597 ; mort dans la même ville, le 10 octobre 1628. — *Ecole de Valence.*

342. **Le Martyre de Ste. Catherine.** — La sainte est représentée au milieu du tableau, vêtue d'un long vêtement blanc, sous lequel se dessinent les formes de son corps. Ses mains sont liées derrière le dos ; elle a tourné la tête à gauche et porte ses regards en haut, vers un ange qui lui apparaît dans les cieux. Entouré d'une lumière et armé de la foudre, il vient briser la roue, instrument préparé pour le martyre de la sainte, et tue ou met en fuite ses bourreaux.

Cœsvelt—1,23 × 1,08.

RIBERA (Jose), surnommé **lo SPAGNOLETO,** peintre et graveur. Elève de Fr. Ribalta, il s'est formé dans la suite en Italie, principalement sous l'influence de M.-A. da Caravaggio. Né à Xativa (aujourd'hui San Felipe, en Valence), le 12 janvier 1588; mort à Naples, en 1656. — *Ecoles de Valence et de Naples.*

330. St. Sébastien.—Le saint martyr est attaché à un poteau par la main droite, à laquelle est suspendu son corps nu recouvert seulement aux hanches d'un linge blanc et penché du côté gauche. La tête du saint est inclinée sur la poitrine; sa main gauche est attachée au poteau, derrière le dos. A gauche, derrière le poteau, Ste. Irène et sa suivante; la première tient un vase de baume. Fond ciel bleu. Figures plus grandes qu'à mi-corps.

H—1,18×1,06.

Acheté en Italie, en 1846.

331. St. Sébastien.—Le saint est couché par terre, les jambes tournées à gauche, auprès d'un poteau fiché en terre, auquel il est attaché par la main gauche. Son corps nu n'est recouvert qu'aux hanches d'une draperie blanche. A gauche, penchées vers lui et agenouillées, Ste. Irène et sa suivante. La première extrait une flèche de la poitrine du saint, la seconde tient un vase de baume. Dans le coin gauche du bas, la signature:

IOSEPH À RIBERA HISP.
VALÊTIN, SET-BÊ ACC.
ROM. PARTENOPE . F.
1628.

Saint-Leu—1,56×1,89.

A la vente de la collection de la duchesse de Saint-Leu, en 1829, acquis pour l'Ermitage moyennant 25,000 fr.

332. St. Jérôme dans le désert de Syrie. — Le saint ermite, vieillard à tête chauve et à barbe blanche, est assis sur une pierre, sous un arbre, près d'un roc. Il est tourné à gauche et tient dans ses mains un grand livre qu'il lit, la tête inclinée en avant. Une draperie rouge recouvre le bas de son corps nu. Devant lui, à gauche, sur un quartier de rocher, une tête de mort posée sur un in-folio fermé. En bas, près de ce rocher, un lion couché, et derrière, sur un fond de paysage, se détache une croix faite de branches.

Brühl—T. T.—2×1,49.

Sur la page gauche du livre que tient le saint, on voit le chiffre 1651, probablement l'année où le tableau a été peint.

333. St. Jérôme écoutant la trompette céleste. — Le saint a fléchi le genou gauche devant un grand rocher représenté à la droite du tableau; il est tourné à droite et s'appuie sur ce rocher. La partie inférieure de son corps nu est recouverte d'une draperie rouge. Sur le rocher, on voit une tête de mort posée sur un livre fermé. Tenant dans la main gauche le bout d'un rouleau de parchemin sur le rocher, et dans la droite une plume, le saint écoute la trompette que sonne un ange planant au-dessus de lui. A gauche, un lion couché, et à droite, près du roc, deux livres. Sur le rocher, la signature:

*Joseph a ribera
Valentinus et
academicus Roma
faciebat 1626*

Prince de la Paix—T. T. 1850—1,87×1,34.

Photographié par A. Braun. Le même sujet a été gravé à l'eau-forte par Ribera lui même.

334. St. Procope, roi de Bohême. — Un vieillard à cheveux blancs et à barbe blanche, représenté à mi-corps, est debout, tourné à gauche, près d'un fragment de rocher sur lequel sont posés une tête de mort, une couronne d'or et un sceptre. Son corps nu n'est recouvert qu'aux hanches d'une guirlande de feuilles. Il regarde en haut, les mains pieusement jointes, tenant dans la main droite un chapelet. Dans le lointain, à droite, on voit le versant du rocher. Fond gris. A droite, en bas, la signature:

Jusepe de Ribera español. F, 1637

1,0×1,04.

Photographié par A. Braun.

335 (?). Tête de vieillard. — Il est représenté en buste, tourné à droite, les yeux levés, avec une expression de piété sur le visage; sa main gauche repose sur la poitrine; l'épaule droite est couverte d'une draperie rouge. Fond sombre.

ȣ—0,66×0,49.

336 (?). St. François de Paule. — Le fondateur de l'ordre des Minimes est représenté à mi-corps, vêtu du costume de l'ordre, le capuchon rabattu sur la tête. Tourné un peu à droite et les yeux levés au ciel, il s'appuie de la main droite sur un bâton, tandis que de la droite il presse contre sa poitrine un livre ouvert dans lequel on lit la devise de son ordre: CHARITAS. Fond sombre.

Cœsvelt—0,72×0,58.

Photographié par A. Braun.—Un tableau semblable, considéré comme une œuvre de Ribera et gravé par Prenner, se trouvait naguère au Belvédère, à Vienne, où actuellement il n'est plus exposé.

337 (?). Ste. Lucie.— Elle est représentée à mi-corps, tournée à droite, les yeux levés vers ciel et portant une tunique rouge et un manteau de brocart. Elle tient une palme et un plat d'argent, sur lequel on voit deux yeux, emblème de son martyre. Fond sombre.

Coesvelt—0,75×0,64.

De l'école de J. Ribera.

1676. Le Philosophe.—Un vieillard à figure ridée, aux cheveux blancs, coupés et en désordre, la barbe rasée, est vu de face, la tête un peu penchée sur l'épaule droite. Il porte un vêtement noir qui laisse voir une chemise blanche avec un col déboutonné. Dans la main droite il tient une feuille de papier, et de la gauche il indique les mots tracés sur cette feuille:

> Nemo sine
> crimine
> viuit.

Figure à mi-corps. Fond sombre.

Galitzine—0,74×0,62.

Au musée Galitzine, ce tableau était considéré comme une ancienne copie d'après Ribera.

RINCON (Antonio del-). Elève d'Andrea del Castagno, de Dom. Ghirlandaio ou de quelque autre maître italien. Né à Guadalaxara, en 1446; mort à Séville, en 1500. — *Ecole de Tolède.*

345 (?). La Vierge et l'Enfant Jésus. — La Vierge, portant un voile diaphane sur la tête, une robe verdâtre et un manteau rouge doublé de fourrure foncée, est tournée à gauche et offre son sein droit au petit Jésus tout nu qu'elle tient dans ses mains enveloppé de son manteau. Le Christ pose sa main droite sur la main gauche de sa mère et tient dans la gauche une grenade. Fond sombre.

Coesvelt—B.—0,3×0,23.

Considéré autrefois comme une oeuvre incontestable del Rincon. M. Waagen a le premier émis l'opinion qu'il peut à peine être attribué à ce peintre, dont les oeuvres sont complétement disparues, mais lequel, comme le prouvent des renseignements authentiques, s'est formé définitivement en Italie. L'honorable critique allemand fonde son jugement sur la considération suivante: le tableau, peint certainement après 1500, n'a rien d'italien; au contraire, „dans toutes ses parties il porte à tel point l'empreinte de la vieille école hollandaise, qu'on se demande, s'il n'appartient pas à un des maîtres les plus habiles de cette école".

ROELAS (Juan de las-), dit **el Licenciado** ou **el Clerigo Roelas.** Il se forma à Séville. Né dans cette ville, en 1558 ou en 1560; mort à Olivarez, le 23 avril 1625. — *Ecole de Séville.*

347(?). La Communion de Ste. Thérèse.—Au milieu du tableau, au second plan, un autel, sur lequel on voit un tabernacle en forme d'un temple octogone, un livre fermé et quatre cierges allumés dans des chandeliers. Au premier plan, Ste. Thérèse agenouillée, dans les vêtements de son ordre, tournée de profil à droite et les mains dévotement jointes. Devant elle, un prêtre, tenant dans la main gauche un calice, lui offre l'hostie. Des deux côtes de l'autel sont debout, à droite, St. Ignace, et à gauche, St. Polycarpe, en habits sacerdotaux; le premier tient un cierge et un encensoir, le second seulement un cierge. Au-dessus de ces deux figures, les inscriptions: S. IGNACIO et S. POLICARPO. Coesvelt—B—0,45×0,3.

ROMERO (Simon). On ignore les détails sur sa vie et ses études. Il vivait et travaillait à Séville au milieu du XVII siècle. — *Ecole de Séville.*

390(?). Paysans dans un estaminet.—Près d'un tonneau qui sert de table, à gauche, sont assis deux paysans: l'un tient un couteau et cause avec le second, placé derrière le tonneau. Plus à droite, un troisième paysan assis sur une chaise; c'est un homme âgé, qui s'appuie sur un bâton et tient dans la droite un verre de vin. Entre lui et les deux autres convives, on voit un jeune garçon qui les sert; il s'éloigne, en tournant la tête. A droite, au second plan, une servante courtisée par un jeune homme.

H—0,78×0,96.

Acquis pour l'Ermitage en 1838, du comte Potocki.

SPAGNOLETO (lo-); voir Ribera.

THEOTOCOPULI (Dominico), dit **el Griego** ou **el Greco** (le Grec), peintre, sculpteur et architecte. Elève du Titien. Né en Grèce, vers 1548; mort à Tolède, en 1625. — *Ecole de Tolède.*

411. Le Poète Alonso Ercilla y Zuniga. — Représenté vers l'âge de quarante ans, en buste, tourné de trois quarts à droite et regardant le spectateur, il porte un habit noir avec fraise tuyautée. Sa barbe noire est taillée en pointe, ses cheveux noirs sont coupés ras; une couronne de laurier ceint sa tête. Fond sombre.

Coesvelt—0,45×0,42.

Photographié par A. Braun.

A. Ercilla y Zuniga, auteur du poème „Araucana", était capitaine dans l'armée espagnole du Chili et chambellan d'honneur de l'empereur Rodolphe. Il naquit à Bermeo (en Biscaye), en 1530, et mourut à Madrid, en 1595.

TOBAR (Alonso-Miguel de-). Elève d'un peintre médiocre G.-A. Faxardo et imitateur de B.-E. Murillo. Né à Higuera (près d'Aracena, dans l'Andalousie), en 1678; mort à Madrid, en 1758. — *Ecole de Séville.*

399. Jeune garçon faisant des bulles de savon. — Un garçon de huit ans, à cheveux blonds, couronné de pampres, est assis derrière une balustrade en marbre gris. Il porte une chemise blanche laissant à découvert l'épaule gauche, et une draperie rouge qui couvre ses genoux. Tourné à gauche, il tient de la main droite une paille entre ses lèvres et fait une bulle de savon sur une tasse en bois qu'on voit dans sa main gauche. Dans le lointain, un paysage montueux. Figure à mi-corps.

Coesvelt—0,75×0,59.

438 (?). L'Enfant Jésus. — Debout sur un nuage et entouré d'une lumière, il tient dans la main gauche un globe d'azur surmonté d'une croix d'or, et bénit de la main droite. Il porte un vêtement blanc à demi-transparent et un collier de corail, auquel est suspendu une petite croix.

Coesvelt—0,66×0,52.

TORRES (Clemente de-). Elève de J. Valdes Leal. Né à Cadix, vers 1665; mort dans la même ville, en 1730. — *Ecole de Séville.*

395. St. Joseph.—Il est représenté vers l'âge moyen, au cheveux et à barbe noirs, assis sur un banc en pierre. En soutenant de la main gauche sur ses genoux l'Enfant Jésus, qu'il regarde avec tendresse, il tient dans la main droite un lis. Au-dessus, le St. Esprit sous la forme d'une colombe, et des deux côtés, cinq chérubins au milieu des nuages: deux à droite, et trois à gauche. Au second plan, se détachent sur le fond bleu du ciel, à droite, une partie d'une pyramide, à gauche, un piédestal avec la base d'une colonne tronquée. La figure de St. Joseph est à mi-corps.

⛌—1,29×1,01.

Acquis pour l'Ermitage en 1834, avec d'autres tableaux de la collection de M. Gessler, consul général de Russie à Cadix.

TORRES (Matias de-). Elève de son oncle, Tomazo Torriño, peintre peu connu, et de F. Herrera le Jeune. Né à Espinosa de los Monteros, en 1631; mort à Madrid, en 1711.— *Ecole de Séville.*

437. La Présentation de l'Enfant Jésus au temple.—St. Siméon, debout près de l'autel qu'on voit du côté droit, tient dans ses mains l'Enfant Jésus. Devant lui, à gauche, la Vierge agenouillée, et à côté d'elle, sur les degrés de l'autel, une corbeille avec une paire de pigeons; derrière la Vierge, St. Joseph, un cierge allumé à la main, et quelques spectateurs. L'autel est desservi par quatre lévites tenant des cierges allumés. La scène se passe dans le vestibule du temple avec une vue sur Jérusalem. A gauche, en bas, la signature:

Mathias de Torres f.ª 1697.

Coesvelt—1,3 × 1,04.

Dans le dernier catalogue de l'Ermitage, ce tableau était indiqué comme une oeuvre d'un peintre espagnol inconnu, malgré la signature qui s'y trouve et bien qu'il fût porté, dans la collection Coesvelt et dans les anciens catalogues de l'Ermitage, comme une peinture de M. de-Torres.

TRISTAN (Luis). Elève de D. Theotocopuli. Né aux environs de Tolède, vers 1586; mort dans cette ville, en 1640. — *Ecole de Tolède.*

413 (?). Portrait du poète Lope de Vega.—Il est représenté en buste, tourné de trois-quarts à gauche et vu de face. Il porte un vêtement noir avec un collet blanc. Dans le fond brun foncé, en haut, on lit l'inscription:
LVPVS ■ DE · VEGA · CARPIO *

Coesvelt—0,65 × 0,5.

Selon l'observation fort juste de M. Waagen, la médiocrité du dessin, la dureté des formes, la lourdeur et la fausseté du coloris de ce portrait font bien douter s'il est vraiment d'un peintre aussi habile que L. Tristan.

Félix Lope de Vega Carpio, naquit à Madrid, en 1562, et mourut dans la même ville en 1635. Il a écrit à peu près 1.800 comédies, tragédies, autos sacramentales et d'autres poésies.

VALDES LEAL (Juan de-). Elève d'Ant. del Castillo, il s'est développé plus tard sous l'influence de B.-E. Murillo. Né à Cordoue, en 1630; mort à Séville, le 14 octobre 1691.—*Ecole de Séville.*

391. **La Naissance de Jésus-Christ.**—Au milieu, dans le bas du tableau, on voit la crèche où est couché le nouveau né; près de lui, à gauche, la Vierge agenouillée. Derrière elle et de deux côtés de la crèche entourée de rayons lumineux, un groupe d'anges. A droite, un berger, portant un agneau sur ses épaules, s'approche de la crèche, et une femme a fléchi les genoux. A gauche, quelques figures dans diverses attitudes. Dans le haut du tableau, des anges chantant des louanges au Messie. Coesvelt—0,37×0,51.

<small>Probablement l'esquisse de quelque grand tableau</small>

392. **Le Baptême du Christ.**—Le Seigneur, debout dans les eaux du Jourdain, les genoux appuyés contre le rivage, a croisé ses bras et incliné la tête devant St. Jean lequel est représenté du côté droit du tableau, versant de l'eau sur la tête du Sauveur avec une coquille et tenant dans la main gauche une croix. Au-dessus de Jésus-Christ, au ciel, le St. Esprit, sous la forme d'une colombe, entouré d'anges. ₣—0,39×0,31.

<small>Esquisse d'un grand tableau. Pendant du № 393. Acheté en 1834, avec d'autres tableau de la collection de M. Paez de la Cadeña, ambassadeur d'Espagne à la cour de Russie.</small>

393. **La Descente de croix.**—Le corps du Seigneur est appuyé contre le roc; un ange, représenté du côté droit, le soutient de la main gauche et éclaire la scène avec une torche allumée qu'il tient dans l'autre main. Derrière le Christ, la Vierge plongée dans la douleur; à gauche, St. Jean et Ste. Marie Madeleine agenouillée. Au premier plan, la couronne d'épines sur un drap blanc.

₣—0,39×0,3.

Esquisse de quelque grand tableau. Pendant du № 392. Acheté pour l'Ermitage en 1834, avec d'autres tableaux de la collection de M. Paez de la Cadeña, ambassadeur d'Espagne à la cour de Russie.

394. Une jeune femme.—Elle est représentée en buste, tournée de trois-quarts à gauche, la tête un peu penchée vers l'épaule droite. Elle porte une tunique rouge, une écharpe jaune et un manteau bleu; un ruban rose est entrelacé dans ses cheveux; ses boucles d'oreilles sont ornés de perles. Fond sombre.

Coesvelt—0,44×0,43.

VELAZQUEZ (Diego Rodrignez de Silva y-). Elève de Fr. Herrera le Vieux et de Fr. Pacheco. Né à Séville, au commencement du mois de juin 1599 (baptisé le 6 juin); mort à Madrid, le 6 août 1660. — *Ecole de Séville.*

418. Le pape Innocent X. — Il est représenté en buste, tourné de trois quarts à gauche, vu de face, coiffé d'une calotte rouge et portant une mozette de la même couleur, sur laquelle est rabattu un collet blanc. Fond sombre.

Walpole—0,49×0,41.

Selon toutes les probabilités, ce n'est pas, comme on le supposait jadis, l'étude d'après nature, faite par l'artiste pour son grand portrait peint en 1649 et conservé maintenant au palais Doria, à Rome, mais une répétition de la tête de ce portrait, comme l'indique C. Justi (Diego Velazquez und sein Jahrhundert, Bonn 1888, II, 191). A la vente de la galerie Walpole, ce tableau fut évalué par West et Cipriani 60 liv. sterl. Au sujet du portrait de la galerie Doria, on raconte dans les „Aedes Walpolianae" (London 1747, pag. 63), que lorsque le pape envoya à l'artiste son chambellan pour le rémunérer, il ne voulut point accepter l'argent, disant que le roi, son maître, le paye toujours de sa propre main, et le pape remplit ce désir du peintre. Une copie du tableau de l'Ermitage se trouve à l'académie de San Fernando, à Madrid; d'autres répétitions: 1) dans la galerie du duc de Wellington, à Apsley-House, à Londres (peut-être le tableau qui a été gravé dans la galerie Lebrun (II, 146) et fut vendu en 1810, à Paris, à Morice, pour 1,150 francs); 2) chez le marquis Landsdowne, à Londres; 3) chez Alfred Seymour, à Knoyle (Wilts), en Angleterre. — Le tableau de l'Ermitage a été gravé par V. Green (à la manière noire, en sens inverse, en 1770, Recueil Walpole), par M. Mossoloff (à l'eau-forte, Chefs d'oeuvre de l'Erm.) et par H. Struck (à l'eau-forte, dans le journal: Вѣстникъ изящн. искусствъ, tom. VI); photographié par A. Braun.

Innocent X, Giambattista Pamfili, né le 7 mai 1574, monta sur le trône pontifical le 15 septembre 1644, et mourut le 7 janvier 1655.

419. Le roi Philippe IV d'Espagne. — Le roi est représenté en pied, tourné de trois quarts à droite, debout près d'une table recouverte d'un tapis rouge. Il a trente cinq ans environ. Son visage est encadré de cheveux blonds assez longs, les pointes de ses moustaches sont retroussées. Il est vêtu de velours noir et porte un manteau noir également en velours; les hauts de chausse, les bas et les souliers sont de la même couleur. Sur la poitrine, l'ordre de la Toison d'or, suspendu à un ruban noir. Sa main gauche, qui est gantée, repose sur la garde de l'épée; dans la main droite baissée il tient une lettre. Derrière le roi, sur la table, son chapeau noir. Une pièce avec une draperie rouge, à gauche, et une arcade ouverte donnant sur une terrasse, à droite, servent de fond.

$\text{Ḣ}—2,03 \times 1,21$.

Philippe IV, fils du roi Philippe III et de Marguerite d'Autriche, né à Madrid, le 8 avril 1605, monta au trône le 30 mars 1621, et mourut le 17 septembre 1665. Velazquez, attaché à sa cour, était son peintre favori et fit souvent ses portraits qu'on rencontre maintenant dans plusieurs collections publiques et privées de l'Europe. Le portrait mentionné ci-dessus a appartenu autrefois à A. Delahante et, à la vente de ses tableaux à Londres, en 1817, fut acquis par M. Lapeyrière. De la collection de cet amateur, il fut acheté, en 1825, par le marchand Nieuwenhuys moyennant 7,920 francs et fut revendu au roi de Hollande, Guillaume II; enfin, à la vente de la galerie privée de ce prince, en 1850, il fut acquis pour l'Ermitage et fut payé, avec le portrait du comte Olivarez (№ 421), 38,815 florins. D'après Nagler, ces deux portraits se trouvaient autrefois dans le cabinet Erard et furent vendus, avec deux tableaux de van Dyck, pour 60,000 francs. Un portrait de Philippe IV, par Velazquez, ressemblant beaucoup à celui de l'Ermitage par la pose, le costume et les accessoires, mais représentant le roi à mi-corps, figure à la galerie de Vienne. — Le tableau de l'Ermitage est photographié par A. Braun.

420. **Le roi Philippe IV d'Espagne.**—Il est représenté en buste, tourné un peu à droite et regardant le spectateur. Il a l'air d'avoir 45 ans. Ses longs cheveux blonds tombent sur les épaules, la pointe de ses moutaches est relevée. Il est vêtu d'un justaucorps avec des boutons brillants qui ornent aussi ses épaules. Un collet blanc entoure son cou, auquel est suspendue une chaîne d'or. Fond gris-foncé.
Coesvelt—0,66×0,53.

Photographié par A. Braun. — Répétition du portrait peint vers 1655 et qui se trouve actuellement à la National Gallery, à Londres, pour laquelle il fut acheté à Paris, en 1865, de la collection du prince Demidoff San Donato (gravé par Rajon, dans „The Portofolio" pour 1874, et dans les „Etchings from the National Gallery"). D'autres répétitions se trouvent: 1) chez M. Robert, S. Holford, à Londres, 2) à la galerie de Vienne, 3) au musée du Louvre à Paris (de la collection de La Caze) et 4) au musée del Prado, à Madrid. Une copie par Carreño de Miranda, à l'académie San Fernando, à Madrid.

421. **Le Compte d'Olivarès, duc de Sanlucar.** — Le premier ministre du roi Philippe IV d'Espagne est représenté en pied, près d'une table recouverte de drap rouge. Son visage est encadré de cheveux noirs épais, de favoris coupés court et d'une assez grande barbiche; ses moustaches sont relevées et ébouriffées. Tourné un peu à gauche et regardant le spectateur, il appuie la main gauche sur la garde de son épée qui est en bandoulière sur

une écharpe de soie noire, tandis que sa main droite armé d'une cravache est posée sur la table. Son costume est tout noir: un justaucorps en soie, des culottes genouillères, des bas, des souliers et un manteau. Sur le manteau on voit brodés les insignes de l'ordre d'Alcantara. Sur la table, un chapeau noir. Fond gris-brun.

₴—2,08×1,25.

Ce portrait figurait jadis dans la collection A. Delahante, puis dans cette de Lapeyrière, et, à la vente de sa galerie en 1825, à Paris, fut acheté pour 11,520 francs par le marchand Nieuwenhuys qui le revendit au roi Guillaume II des Pays-Bas. A la mort de ce prince, il fut acquis pour l'Ermitage avec son pendant, le portrait du roi Philippe IV (voir le № 419), moyennant 38,815 florins. — Photographié par A. Braun. — Velazquez a peint le comte d'Olivarez plus d'une fois; le tableau de l'Ermitage n'est qu'une répétition du portrait qui se trouve à Dorcester-House, en Angleterre; d'autres répétitions chez M-me Henry Huth, à Wyxehurst, dans le Surrey, en Angleterre, et chez Robert S. Holford, à Londres.

Gaspard Guzman, comte d'Olivarès, duc de San Lucar la Major, né à Rome, en 1587, devint premier ministre de Philippe IV en 1621, et dirigea pendant vingt-deux ans la politique d'Espagne; il mourut en exil, à Toro, en 1645.

422. Le Comte d'Olivarès, duc de San Lucar.—Il est représenté en buste, tourné un peu à gauche et vu de face. Son visage est encadré de cheveux noirs épais, de favoris coupés ras et d'une assez grande barbiche; ses moustaches sont relevées et ébouriffées. Il est vêtu d'un justaucorps noir avec un collet blanc et une écharpe noire jetée sur l'épaule droite. Par dessus il porte un manteau de la même couleur. Sur le côté gauche de son costume on voit brodés les insignes de l'ordre de l'Alcantara. Fond gris-brun.

Coesvelt—0,68×0,55.

Photographié par A. Braun. Répétition du portrait qui se trouve à la galerie de Dresde et provient de la galerie des ducs

421.

Д. Р. Веласкесъ — D. R. Velazquez

de Modène. D'autres répétitions figurent chez M. le marquis de Lansdowne, à Londres, et chez M. Francin Clare Ford, dans la même ville.

423(?). Jeune garçon riant. — Une jeune paysan, représenté en buste, tourné de trois quarts à gauche, rit avec bonhomie, la tête un peu penchée et clignotant des yeux. Il porte une casaquine grise, déboutonnée sur la poitriue et qui laisse voir sa chemise blanche. Fond gris-brun.

Coesvelt — $0,27 \times 0,22$.

Photographié par A. Braun. — C. Justi (Diego Velazquez und sein Jahrhundert, Bonn 1888, I, pag. 138, rem.) nie l'authenticité de ce tableau, mais son opinion n'est pas absolument incontestable. Jusqu'à présent on a cru que c'est une de ces études d'après nature, comme Velazquez aimait à en faire pour s'exercer à rendre des expressions. Ce même garçon, probablemeut le domestique et élève de Velazquez, Juan de Parecha, se retrouve, représenté riant et montrant au spectateur un bouton de rose, dans l'étude du maître, à la galerie de Vienne, et goûtant la soupe, dans une autre étude ayant appartenu au graveur espagnol V. Pelequer et vendue à Paris, en 1867, pour 2,930 francs.

424(?). Un Vieillard lisant. — Un vieillard à longue barbe blanche, tourné un peu à gauche, la tête penchée en avant, lit dans un grand livre qu'il tient devant lui de deux mains. Il porte un fronteau vert foncé qui descend jusqu'aux épaules. Figure à mi-corps. Fond sombre.

Â — $0,68 \times 0,52$.

Acheté pour l'Ermitage en 1817, à St. Pétersbourg, avec neuf autres tableaux, à la vente de la collection du docteur Creighton. On le considérait toujours comme un original de Velazquez, mais M. Waagen a trouvé que cette oeuvre, bien qu'elle aie des qualités indiscutables, ne peut être attribué à ce peintre, et l'a classé dans l'école italienne. — Photographié par A. Braun.

425(?). Paysage. — Au milieu d'un site montagneux, à l'ombre des arbres, on voit, au centre du tableau, un hangar recouvert de chaume et, à la droite de celui-ci, une chaumière. Au premier plan, une femme assise, un muletier, un piéton et d'autres figures. $\mathrm{H}{-}0{,}6 \times 0{,}81$.

Acheté pour l'Ermitage en 1834, à St. Pétersbourg, avec d'autres tableaux de la collection de M. Paez de la Cadeña, ambassadeur d'Espagne à la cour de Russie. Considéré comme un original de Velazquez jusqu'à ce que M. Waagen ait émis l'opinion contraire. Le critique allemand dit avec raison que, malgré ses grandes qualités, ce tableau ne saurait être de Velazquez, parce qu'il diffère notablement des paysages du maître à Londres.

Imitation de D. Velazquez.

426. Portrait d'un jeune prince espagnol. — Le prince, âgé de six ans environ, est représenté galopant à gauche sur un cheval marron. Il porte un justaucorps vert-foncé galonné d'or et un chapeau noir à larges bords orné de plumes blanches; sur sa poitrine brillent les insignes de l'ordre de la Toison d'or. Dans la main droite le prince tient le bâton de commandement. Un paysage montueux, au milieu duquel on voit une ville, sert de fond. $\mathrm{H}{-}2{,}03 \times 1{,}42$.

Acheté pour l'Ermitage en 1834, de M. Gessler, consul général de Russie à Cadix, et payé 1,500 piastres. On croyait jadis qu'il représentait Don Baltasar-Carlos, fils aîné du roi Philippe IV (l'infant naquit en 1629 et mourut en 1646). Cependant M. Waagen (Die Gemäldesammlung der K. Ermitage, St. Petersburg 1870, pag. 107) suppose, non sans raison, que c'est plutôt le portrait d'un autre jeune prince espagnol, d'une époque plus récente, et trouve en outre que la facture de ce tableau rappelle la manière de Careño de Miranda. C. Justi (Diego Velazquez und sein Jahrhundert, Bonn 1888, II, pag. 109) émet la supposition que ce portrait pourrait bien représenter Charles II. Dans tous les cas, l'attitude du prince, la manière dont le cheval est campé, la plupart des accessoires et en général toute la composition du tableau rappellent beaucoup le célèbre portrait de Don Baltasar-Carlos, peint en 1635 par Velazquez et conservé jusqu'à présent au musée del Prado, à Madrid (gravé par F. Goya, par Milius, par J. Burnet et par R. Earlom et lithographié par G. Jollivet et par E. Cos). C'est peut-être le tableau de *Sanchez Coello*, que le comte Raczynski vit autrefois chez Gessler (voir „Art en Portugal" pag. 517).

VILLOLDO (Juan de-). Elève de son oncle, Perez de Villoldo. Né vers 1480; mort probablement à Tolède, après 1551. — *Ecole de Tolède.*

406. L'Annonciation.—Au milieu d'un temple, on voit, à droite, la Vierge tournée à gauche, et agenouillée devant un prie-Dieu. Elle porte une tunique rose et un manteau bleu; ses longs cheveux châtains flottent sur les épaules. Devant elle, à gauche, l'archange Gabriel a fléchi le genou sur un nuage soutenu par des chérubins. Vêtu d'une longue tunique blanche, il tient dans la main gauche une fleur de lis et indique de la main droite le St. Esprit qui descend sur la Vierge sous la forme d'une colombe. Dans le haut du tableau, au milieu du ciel ouvert, Dieu le Père entouré de huit anges qui chantent et jouent divers instruments.
$\hfill$ Coesvelt—1,46 × 1,11.

ZURBARAN (Francisco de-), dit **el Carabagio español.** Elève de Juan de las Roelas. Né à Fuente de Cantos (aux confins de l'Estramadure), à la fin de 1598 (baptisé le 7 novembre); mort à Madrid, en 1662. — *Ecole de Séville.*

348. L'Enfance de la Vierge.—La Vierge, représentée sous les traits d'une enfant de six ans, vêtue d'une tunique rouge et d'un manteau bleu, est assise sur une petite chaise. Tournée à droite, elle tient sur ses genoux un coussin vert et un morceau de toile blanche. Joignant les mains, elle vient d'interrompre son travail d'aiguille et porte pieusement ses regards au ciel. Fond brun.
$\hfill$ Coesvelt—0,75 × 0,54.

Photographié par A. Braun.

349. St. Laurent. — Le saint revêtu de riches habits sacerdataux, est debout au milieu d'un champ; les yeux levés vers le ciel avec l'expression d'une extase religieuse, il appuie sa main droite sur la poitrine et tient dans la gauche un grand gril, dont l'extrémité inférieure repose à terre. Dans le lointain, un paysage avec des ruines à droite. Sur le bord du gril, à droite, l'inscription:

H—2,92×2,26.

Acheté pour l'Ermitage en 1852, à Paris, à la vente de la collection du maréchal Soult, moyennant 3000 fr. Apporté d'Espagne en France lors de l'occupation de ce pays par les armées de Napoléon I.—Photographié par A. Braun.

350(?). Jeune Paysan. — Il est représenté en buste, tourné de profil à gauche, la bouche béante, portant des moustaches courtes, les yeux grands ouverts, les sourcils relevés. En général sa figure exprime l'étonnement. Il porte un vêtement jaune avec un col blanc rabattu. Fond brun-verdâtre.

Coesvelt—0,39×0,36.

Cette étude d'après nature, considérée dans la collection Coesvelt comme une oeuvre de *Velazquez,* figurait sous ce nom dans le catalogue de l'Ermitage, édition 1838. Plus tard elle fut attribuée à Zurbaran. Au sujet de ce tableau, M. Waagen remarque que son ton chaud, jaunâtre, bien qu'il soit un peu chargé, rappelle beaucoup M.-A. da Caravaggio, et que par tout son caractère, cette étude diffère notablement des oeuvres de Zurbaran.

349.

Фр. Сурбаранъ — Fr. Zurbaran.

Tableau comparatif des attributions du présent catalogue avec celles du catalogue précedent.

№	ANCIEN CATALOGUE.	NOUVEAU CATALOGUE.
1	A. del Verrocchio.	A. del Verrocchio.
2	C. Rosselli.	A. Baldovinetti.
3	A. Filipepi (Sandro Botticelli).	A. Filipepi (Sandro Botticelli).
4	Giov. Bellini.	G.-B. Cima da Conegliano.
5	Ecole de Giov. Bellini.	Ecole de Giov. Bellini.
6	— —	P.-Fr. Bissolo.
7	Ecole de P. Vanucci (P. Perugino).	Ecole de P. Vanucci (P. Perugino).
8	G. da Pietro (lo Spagna).	D. Alfani.
9	V. da Biagio (Catena).	V. di Biagio (Catena).
10	R. Marcone.	R. Marcone.
11	Fr. Rizo da Santa Croce.	Fr. Rizo da Santa Croce.
12	Ecole venitienne.	Ecole venitienne.
13a	P. Cavallini *(copie d'aprés-)*.	P. Cavallini *(copie d'aprés-)*.
13	L. da Vinci.	L. da Vinci.
14	—	—
15	—	—
16	M. d'Oggiono.	M. d'Oggiono.
17	S. Luciano (S. del Piombo).	S. Luciano (S. del Piombo).
18	— —	— —
19	— —	— —
20	Fra Bartolommeo.	Fra Bartolommeo.
21	M. Albertinelli.	Ecole florentine.
22	Fr. Granacci.	Fr. Granacci.
23	Ecole de M.-A. Buonarroti.	Ecole de M.-A. Buonarotti.
24	A. Vannuchi (A. del Sarto).	A. Vannuchi (A. del Sarto).

№	ANCIEN CATALOGUE.	NOUVEAU CATALOGUE.
25	A. Vannucchi (A. del Sarto).	A. Vannucchi (A. del Sarto (?).
26	— —	— (copie d'après-).
27	Fr. d'Cristofano (Francia-Bigio).	Fr. Cristofano (Franciabigio).
28	Ecole florentine.	Ecole florentine.
29	P. Corrado (Ghirlandajo).	G. Bugiardini.
30	— —	R. Corrado (Ghirlandaio) (?).
31	— —	— — (?).
32	D. Ricciarelli (D. da-Volterra).	Ecole de M.-A. Buonarroti.
33	Ecole florentine.	— —
34	Ecole florentine.	G. Bugiardini.
35	G. del Pacchia	G. del Pacchia (?).
36	—	—
37	Raffaello Sanzio.	Raffaello Sanzio.
38	—	—
39	—	—
40	—	—
41	— (copie d'après-).	— (copie d'après),
42	— —	— —
43	— —	— —
44	— —	— —
45	— —	— —
46	— —	— —
47	Ecole de R. Sanzio.	Ecole de R. Sanzio.
48	— —	— —
49	— —	— —
50	— —	— —
51	— —	— —
52	— —	— —
53	— —	— —
54	— —	— —
55	— —	— —
56	G. Pippi (G. Romano).	G. Pippi (G. Romano).
57	— —	— —
58	— —	— —

№	ANCIEN CATALOGUE.	NOUVEAU CATALOGUE.
59	B. Tisio (Garofalo).	B. Tisio (Garofalo).
60	—	—
61	—	—
62	—	—
63	Ecole de B. Tisio.	Ecole de B. Tisio.
64	G.-B. Benvenuti (Ortolano).	G.-B. Benvenuti (Ortolano) (?).
65	—	—
66	Inn. Francucci (Inn. da-Imola).	Inn. Francucci (Inn. da-Imola).
67	M.-A. Anselmi.	M.-A. Anselmi.
68	Fr. Francia (Raibolini).	Fr. Francia (Raibolini).
69	—	—
70	G. Francia (Raibolini).	G. Francia (Raibolini).
71	B. Luini.	B. Luini.
72	—	—
73	—	—
74	—	—
75	—	— (?).
76	C. da-Sesto.	L. Lotto.
77	G. Pedrini.	G. Pedrini (?).
78	Un des élèves de L. da-Vinci.	Ecole de L. da Vinci.
79	A. Solario.	A. Solario.
80	Ecole de L. da-Vinci.	Ecole de L. da-Vinci.
81	A. Allegri (Correggio).	A. Allegri (Correggio).
82	—	—
82a	—	—
83	— (copie contemp. d'après-).	— (copie contemp. d'après-).
84	— (attribié á-)	Ecole lombarde.
85	Fr. Mazzola (Parmigianino).	J. Carricci (Pontormo).
86	—	Fr. Mazzola (Parmigianino).
87	Fr. Rondani.	Fr. Rondano.
88	L. Longhi.	L. Longhi.
89	Fr. Domenico.	D. Capriolo.
90	J. Palma le Vieux.	Bonifacio Veneziano le Jeune (?).

№	ANCIEN CATALOGUE.	NOUVEAU CATALOGUE.
91	J. Palma le Vieux.	J. Palma le Vieux.
92	— —	Bonifacio Veneziano le Jeune (?)
93	Tiziano Vecellio.	Tiziano Vecellio.
94	— —	— —
95	— —	— —
96	— —	— —
97	— —	— —
98	— —	— —
99	— —	— —
100	— —	— —
101	— —	— —
102	— —	— —
103	— —	— — (?)
104	— —	— — (copie d'après-)
105	— —	— —
106	— — (copie d'après-).	— — —
107	Ecole de Tiziano Vecellio.	Bonifacio Veneziano le Jeune (?)
108	— —	Tiziano Vecellio (copie d'après-)
109	Bonifacio.	Bonifacio Veneziano le Vieux.
110	P. Bordone.	P. Bordone.
111	—	— (?)
112	A. Buonvicino (Moretto da Brescia)	G. Barbarelli (Giorgione).
113	— —	A. Buonvicino (Morello da Brescia)
114	— —	— —
115	L. Lotto.	L. Lotto.
116	G.-A. Licinio (Pordenone).	G.-A. Licinio (Pordenone) (?).
117	— (attribué à-).	— —
118	— —	— —
119	B. Licinio (Pordenone).	J. da Ponte (Bassano).
120	— —	B. Licinio (Pordenone).
121	A. Meldola (Schiavone).	A. Meldola (Schiavone).
122	Ecole vénitienne.	Ecole vénitienne.
123	— —	G.-A. Licinio (Pordenone).
124	Ang. Allori (Bronzino).	Ang. Allori (Bronzino).

№	ANCIEN CATALOGUE.	NOUVEAU CATALOGUE.
125	Ang. Allori (Bronzino).	Ang. Allori (Bronzino) (?).
126	Aless. Allori (Bronzino).	Aless. Allori (Bronzino).
127	—	—
128	F. Barocci.	F. Barocci (?).
129	—	F. Barocci.
130	—	—
131	G. Cesari.	G. Cesari.
132	J. Robusti (Tintoretto).	J. Robusti (Tintoretto).
133	—	—
134	—	— (?)
135	—	Tiziano Vecellio (?).
136	—	P. Bordone.
137	—	J. Robusti (Tintoretto) (?).
138	P. Caliari (P. Veronese).	P. Caliari (P. Veronese).
139	—	—
140	—	—
141	—	— (?)
142	—	—
143	—	— (?)
144	—	—
145	—	—
146	—	— (?)
147	—	— (?)
148	—	— (?)
149	—	—
150	—	—
151	—	—
152	—	—
153	—	— (?)
154	G.-B. Moroni.	G.-B. Moroni.
155	P. Farinato.	P. Farinati.
156	—	Ecole de P. Caliari.
157	J. da Ponte (Bassano).	J. da Ponte (Bassano).
158	L. da Ponte (Bassano).	Ecole de J. da Ponte (Bassano).

№	ANCIEN CATALOGUE.	NOUVEAU CATALOGUE.
159	L. da Ponte (Bassano).	Ecole de J. da Ponte (Bassano)
160	—	—
161	—	—
162	F. Riccio.	F. Riccio.
162a	L. Fontana.	L. Fontana.
163	L. Carracci.	L. Carracci.
164	—	—
165	—	—
166	—	—
167	—	—
168	Ann. Carracci.	Ann. Carracci (?).
169	—	Ann. Carracci.
170	—	—
171	—	— (?)
172	—	—
173	—	—
174	—	—
175	—	P. Faccini.
176	—	Ann. Carracci.
177	—	—
178	—	—
179	D. Zampieri (Domenichino).	D. Zampieri (Domenichino).
180	—	—
181	G. Geni.	G. Reni.
182	—	—
183	—	—
184	—	—
185	—	— (?)
186	—	—
187	—	—
188	—	—
189	—	—
190	—	—
191	—	—

№	ANCIEN CATALOGUE.	NOUVEAU CATALOGUE.
192	G. Reni *(copie contemp. d'après-)*.	G. Reni *(copie d'après-)*.
193	P.-Fr. Cittadini.	P.-Fr. Cittadini.
194	D. Canlassi (Cagnacci).	D. Canlassi (Cagnacci).
195	A. Tiarini.	A. Tiarini.
196	S. Cantarini (Pesarese).	S. Cantarini (Pesarese).
197	—	— — (?)
198	—	— — (?)
199	E. Sirani.	E. Sirani.
200	—	—
201	Fr. Albani.	G. Lanfranco.
202	—	Fr. Albani.
203	—	—
204	—	—
205	P.-F. Mola.	P.-F. Mola.
206	—	*Ne figure plus dans la galerie.*
207	—	P. F. Mola.
208	A. Sacchi.	A. Sacchi.
209	—	—
210	—	—
211	P.-Fr. Mazzuchelli (Morazzone.).	P.-F. Mazzuchelli (Morazzone).
212	Ecole bolonaise.	Ecole bolonaise.
213	— —	— —
214	— —	Ecole de D. Zampieri (Domenichino).
215	M.-A. Amerighi (da Caravaggio).	M.-A. Amerighi (da-Caravaggio).
216	— —	— —
217	— —	— —
218	— —	— —
219	B. Strozzi (Prete Capuccino).	B. Strozzi (Prete Capuccino).
220	S. Rosa.	S. Rosa.
221	—	—
222	—	—
223	—	—
224	—	—

№	ANCIEN CATALOGUE.	NOUVEAU CATALOGUE.
225	R. Rosa.	R. Rosa.
226	—	—
227	—	—
228	—	—
229	—	— (?)
230	—	— (?)
231	D. Feti.	D. Feti.
232	—	—
233	—	—
234	—	—
234 a	—	
235	—	— (?)
236	—	—
237	G.-Fr. Barbieri (Guercino).	G. Lanfranco.
238	— —	G.-Fr. Barbieri (Guercino).
239	— —	— —
240	— —	— —
241	— —	— —
242	— —	— —
243	— —	— —
244	L. Cardi (Cigoli).	G. Canlassi (Cagnacci) (?).
245	— —	G. Biliverti.
246	— —	L. Cardi (Cigoli).
247	— —	— — (?)
248	Cr. Allori.	Cr. Allori.
249	Gr. Pagani.	Gr. Pagani.
250	G. Biliverti.	G. Biliverti.
251	C. Dolci.	C. Dolci.
252	—	—
253	—	—
254	—	—
255	—	—
256	Fr. Vanni.	Fr. Vanni.
257	G.-B. Salvi (Sassoferrato).	G.-B. Salvi (Sassoferrato).

№	ANCIEN CATALOGUE.	NOUVEAU CATALOGUE.
258	G.-B. Salvi (Sassoferrato).	G.-B. Salvi (Sassoferrato).
259	—	— *(copie d'après-)*.
260a	—	—
261	P. Testa.	P. Testa.
262	C. Procaccini.	G.-C. Proccaccini.
263	—	—
264	—	—
265	B. Schidone.	G.-C. Amidano.
266	—	B. Schidone.
267	—	—
268	—	—
269	—	G.-C. Amidano.
270	—	B. Schidone (?).
271	—	—
272	—	—
273	J. Scarzella (Scarzellino).	J. Scarzello (Scarzellino).
274	A. Turchi (A. Veronese, Orbetto).	A. Turchi (A. Veronese, Orbetto)
275	—	—
276	A. Varotari.	A. Varotari.
277	P. Liberi.	P. Liberi.
278	—	—
279	P. Berrettini (P. da Cortona).	P. Berrettini (P. da Cortona).
280	—	—
281	—	—
282	—	— (?)
283	—	—
284	—	—
285	—	— (?)
286	C. Ferri.	C. Ferri.
287	G.-B Castiglione (Grechetto).	G.-B. Castiglione.
288	B. Luti.	B. Luti.
289	—	—
290	A. Vaccaro.	A. Vaccaro.
291	L. Giordano.	L. Giordano.

№	ANCIEN CATALOGUE.	NOUVEAU CATALOGUE.
292	L. Giordano.	Tiziano Vecellio *(copie d'après-)*.
293	—	L. Giordano.
294	—	—
295	P. de-Matteis.	P. de-Matteis.
296	C. Maratta.	C. Maratti.
297	—	—
298	—	—
299	—	—
300	—	— (?)
301	—	— (?)
302	—	—
303	—	—
304	—	G. Reni *(copie d'après-)*.
305	—	C. Maratti.
306	—	—
307	—	
308	C. Cignani.	C. Cignani.
309	A. Balestra.	A. Balestra.
310	Fr. Lauri.	Fr. Lauri.
311	—	
312	M.-A. Franceschini.	M.-A. Franceschini (?).
313	G.-M. Crespi.	G.-M. Crespi.
314	—	—
315	—	—
316	Ecole bolonaise.	Ecole bolonaise.
317	G.-B. Tiepolo.	G.-B. Tiepolo.
318	A. da-Canal (A. Canaletto).	A. da-Canal (A. Canaletto).
319	—	—
320	B. Bellotto (B. Canaletto).	B. Bellotto (B. Canaletto).
321	G.-P. Panini.	G.-B. Panini.
322	—	—
323	Fr. Solimena.	Fr. Solimena.
324	Fr. Zuccharelli.	Fr. Zuccharelli.
325	—	—

№	ANCIEN CATALOGUE.	NOUVEAU CATALOGUE.
326	P. Battoni.	P. Battoni.
327	Fr. Casanova.	Fr. Casanova.
328	J. Macip.	V.-J. Macip (J. de Juanes).
329	—	—
330	J. Ribera (Spagnoletto).	J. Ribera (Spagnoletto).
331	— —	— —
332	— —	— —
333	— —	— —
334	— —	— —
335	— —	— — (?)
336	— —	— — (?)
337	— —	— — (?)
338	Fr. Ribalta.	Fr. Ribalta.
339	—	—
340	—	—
341	J. Ribalta.	P. della-Vecchia.
342	—	J. Ribalta.
343	J.-J. de Espinosa (?).	J.-J. de Espinosa.
344	J.-B. del Mazo y Martinez.	J. B. del Mazo y Martinez.
344a	— —	*Ne figure plus dans la galerie.*
345	A. del Rincon.	A. del Rincon.
346	J. de las Roelas.	J. de las Roelas.
347	Fr. de Zurbaran.	Fr. de Zurbaran.
348	—	—
349	—	—
350	— (?)	— (?)
351	Ecole de Fr. de Zurbaran.	M. Cerezo le Jeune.
352	A. Cano.	A. Cano.
353	—	—
354	—	—
355	—	— (?)
356	—	— (?)
357	A. del Castillo.	A. del Castillo.
358	P. de Moya.	P. de Moya.

№	ANCIEN CATALOGUE.	NOUVEAU CATALOGUE.
359	B.-E. Murillo.	B.-E. Murillo.
360	—	—
361	—	—
362	—	—
363	—	—
364	—	—
365	—	—
366	—	—
367	—	—
368	—	—
369	—	—
370	—	—
371	—	—
372	—	—
373	—	—
374	—	—
375	—	—
376	—	—
377	—	—
378	—	—
379	— (copie d'après-).	— (copie d'après-).
380	— (?)	— (?)
381	— (?)	— (?)
382	— (copie d'après-).	— (copie d'après-).
383	Ecole de B.-E. Murillo.	Ecole de B.-E. Murillo.
384	—	—
385	—	—
386	S. Gomez.	S. Gomez.
387	P. Nunez de Villavicencio.	B.-E. Murillo (copie d'après-).
388	J. Iriarte.	J. Iriarte.
389	Fr. Herrera le Jeune.	Fr. Herrera le Jeune.
390	S. Romero (?).	S. Romero (?).
391	J. de Valdes Leal.	J. de Valdes Leal.
392	—	—

№	ANCIEN CATALOGUE.	NOUVEAU CATALOGUE.
392	J. de Valdes Leal.	J. de Valdes Leal.
393	—	—
394	—	—
395	Cl. de Torres.	Cl. de Torres.
396	P.-A. Bocanegra.	P.-A. Bocanegra.
397	J. Antolinez.	Fr. Antolinez y Sarabia.
398	—	J. Antolinez.
399	A.-M. de Tobar.	A.-M. de Tobar.
400	L. de Morales.	L. de Morales.
401	—	—
402	A.-S. Coello.	A.-S. Coello.
403	G. Becera (?).	G. Becera (?).
404	J.-F. Navarrete.	J.-F. Navarrete.
405	— (?)	— (?)
406	J. de Villoldo.	J. de Villoldo.
407	L. de Carbajal.	L. de Carbajal.
408	M. Barroso (?).	M. Barroso (?).
409	B. del Prado.	B. del Prado.
410	—	—
411	D. Theotocopuli.	D. Theotocopuli.
411a	P. Orrente.	P. Orrente.
412	V. Carducho.	V. Carducho.
413	L. Tristan.	L. Tristan (?).
414	J.-B. Mayno.	J.-B. Mayno.
415	A. Pereda.	A. Pereda.
416	—	—
417	Fr. Collantes.	Fr. Collantes.
418	D.-R. Velazquez.	D.-R. Velazquez.
419	—	—
420	—	—
421	—	—
422	—	—
423	— (?)	— (?)
424	— (?)	— (?)

№	ANCIEN CATALOGUE.	NOUVEAU CATALOGUE.
425	D.-R. Velázquez (?).	D. R. Velázquez (?).
426	Ecole de de D.-R. Velázquez.	Un imitateur de D.-R. Velázquez.
427	J. de Pareja.	J. de Pareja.
428	Fr. Camillo.	Fr. Camillo.
429	J. Careno de Miranda.	J. Careno de Miranda.
430	— —	— —
431	C. Coello.	C. Coello.
432	—	— (?)
433	J.-A. Escalante.	J.-A. Escalante.
434	M. Cerezo.	M. Cerezo le Jeune.
435	A. Puga.	A. Puga.
436	M.-J. Menendez.	M.-J. Menendez (?).
437	Ecole espagnole.	M. de Torres.
438	— —	A.-M. de Tobar (?).
439	— —	Ecole espagnole.
440	— —	— —
441	— —	— —
442	— —	— —

LISTE

des tableaux des écoles italienne el espagnole, entrés à l'Ermitage pendant les dernières années et qui ne sont pas decrits dans l'ancien catalogue.

№	
1634	A. Allegri (il Correggio) *(copie d'après-)*.
1635	M.-A. Amerighi da Caravaggio.
1636	Ecole de Tiziano Vecellio.
1637	Ecole de L. da Vinci.
1638	L. Giordano.
1639	C. Dolci.
1640	—
1641	Fr. Casanova.
1642	—
1643	D. Zampieri (Domenichino).
1644	—
1645	P. Cagliari (P. Veronese).
1646	—
1647	P. Caldara da Caravaggio.
1648	A. Canal (Canaletto).
1649	A. Carracci.
1650	A. del Castagno.
1651	C. Maratti.
1652	—
1653	G. Migliara.
1654	—
1655	Ecole vénitienne du XV sc.
1656	— — — XVI sc.
1657	— — — —
1658	Ecole florentine du XV.
1659	Ecole de Sienne du XIV sc.
1660	G.-P. Panini.

№	
1661	G.-P. Panini.
1662	G. Pippi (Giulio Romano) (?).
1663	L. da Ponte (Bassano).
1664	— —
1665	G. Reni.
1666	Raffaello Santi.
1667	— —
1668	Ecole de Raffaello Santi.
1669	B. Strozzi.
1670	B. Tisi (Garofalo).
1671	G.-B. Tiepolo.
1672	Ecole de Sienne du XVI sc.
1673	Fr. Furini.
1674	Fra Giovanni da Fiesole (Beato Angelico).
1675	G.-B. Cima da Conegliano.
1676	J. Ribera (Spagnoletto).
1677	A. Carracci.

www.ingramcontent.com/pod-product-compliance
Lightning Source LLC
Chambersburg PA
CBHW071332150426
43191CB00007B/716